敦煌與絲綢之路研究叢書

鄭炳林 主編

新刊唐代墓誌所見世系考訂及相關專題研究

吴炯炯 著

「十三五」國家重點圖書出版規劃項目
教育部人文社會科學重點研究基地蘭州大學敦煌學研究所項目

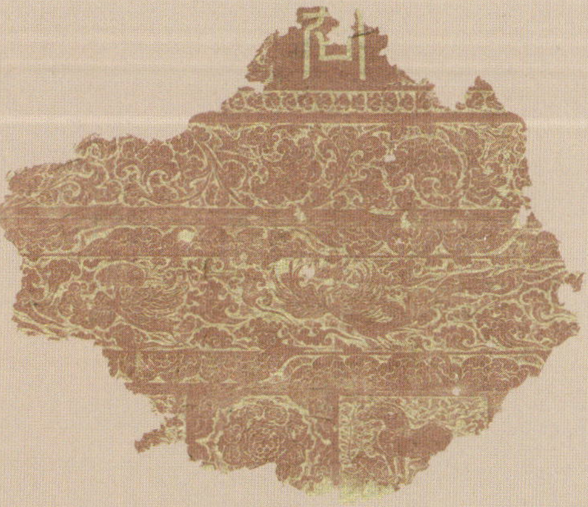

甘肅文化出版社

甘肅·蘭州

圖書在版編目（CIP）數據

新刊唐代墓誌所見世系考訂及相關專題研究 / 吴炯炯著. -- 蘭州 : 甘肅文化出版社, 2023.11
(敦煌與絲綢之路研究叢書 / 鄭炳林主編)
ISBN 978-7-5490-2532-9

Ⅰ. ①新… Ⅱ. ①吴… Ⅲ. ①墓誌-研究-中國-唐代 Ⅳ. ①K877.454

中國版本圖書館 CIP 數據核字(2022)第 113656 號

新刊唐代墓誌所見世系考訂及相關專題研究
吴炯炯 | 著

策　　劃 | 郧軍濤
項目負責 | 甄惠娟
責任編輯 | 甄惠娟　杜艷梅
封面設計 | 馬吉慶

出版發行 | 甘肅文化出版社
網　　址 | http://www.gswenhua.cn
投稿郵箱 | gswenhuapress@163.com
地　　址 | 蘭州市城關區曹家巷 1 號 | 730030(郵編)

營銷中心 | 賈　莉　　王　俊
電　　話 | 0931-2131306

印　　刷 | 甘肅發展印刷公司
開　　本 | 787 毫米×1092 毫米　1/16
字　　數 | 280 千
印　　張 | 22.5　　插　頁 | 2
版　　次 | 2023 年 11 月第 1 版
印　　次 | 2023 年 11 月第 1 次
書　　號 | ISBN 978-7-5490-2532-9
定　　價 | 108.00 元

國家科技支撑計劃國家文化科技創新工程項目“絲綢之路文化主題創意關鍵技術研究”

（項目編號：2013BAH40F01）

國家社科基金冷門絶學研究專項學術團隊項目“敦煌河西碑銘與河西史研究”

（項目編號：21VJXT002）

蘭州大學中央高校基本科研業務費專項資金優秀青年支持計劃項目

“新刊唐代墓誌整理研究與數據庫建設”

（項目編號：2023lzujbkyjh002）

總　序

絲綢之路是東西方文明之間碰撞、交融、接納的通道，絲綢之路沿綫産生了很多大大小小的文明，絲綢之路文明是這些文明的總彙。敦煌是絲綢之路上的一顆明珠，它是絲綢之路文明最高水平的體現，敦煌的出現是絲綢之路開通的結果，而絲綢之路的發展結晶又在敦煌得到了充分的體現。

敦煌學，是一門以敦煌文獻和敦煌石窟爲研究對象的學科，由於敦煌學的外緣和内涵並不清楚，學術界至今仍然有相當一部分學者否認它的存在。有的學者根據敦煌學研究的進度和現狀，將敦煌學分爲狹義的敦煌學和廣義的敦煌學。所謂狹義的敦煌學也稱之爲純粹的敦煌學，即以敦煌藏經洞出土文獻和敦煌石窟爲研究對象的學術研究。而廣義的敦煌學是以敦煌出土文獻爲主，包括敦煌漢簡，及其相鄰地區出土文獻，如吐魯番文書、黑水城出土文書爲研究對象的文獻研究；以敦煌石窟爲主，包括河西石窟群、炳靈寺麥積山隴中石窟群、南北石窟爲主的隴東石窟群等絲綢之路石窟群，以及關中石窟、龍門、雲岡、大足等中原石窟，高昌石窟、龜兹石窟及中亞印度石窟的石窟藝術與石窟考古研究；以敦煌歷史地理爲主，包括河西西域地區的歷史地理研究，以及中古時期中外關係史研究等。嚴格意義上説，凡利用敦煌文獻和敦煌石窟及其相關資料進行的一切學術研究，都可以稱之爲敦煌學研究的範疇。

敦煌學研究是隨着敦煌文獻的發現而興起的一門學科，敦煌文獻經斯坦因、伯希和、奥登堡、大谷探險隊等先後劫掠，王道士及敦煌鄉紳等人爲流散，現分别收藏於英國、法國、俄羅斯、日本、瑞典、丹麥、印度、韓國、美國等國家博物館和圖書館中，因此作爲研究敦煌文獻的敦煌學一開始興起就是一門國際性的學術研究。留存中國的敦煌文獻除了國家圖書館之外，還有十餘省份的圖書館、博物館、檔案館都收藏有敦煌文獻，其次臺北圖書館、臺北故宫博物院、臺灣中央研究院及香港也收藏有敦煌文獻，敦煌文獻的具體數量没有一個準確的數字，估計在五萬卷號左右。敦煌學的研究隨着敦煌文獻的流散開始興起，敦煌學一詞隨着敦煌學研究開始在學術界使用。

敦煌學的研究一般認爲是從甘肅學政葉昌熾開始，這是中國學者的一般看法。而20世紀敦煌學的發展，中國學者將其分爲三個階段：1949年前爲敦煌學發展初期，主要是刊布敦煌文獻資料；1979年中國敦煌吐魯番學會成立之前，敦煌學研究停滯不前；1979年之後，由於中國敦煌吐魯番學會的成立，中國學術界有計劃地進行敦煌學研究，也是敦煌學發展最快、成績最大的階段。目前隨着國家“一帶一路”倡議的提出，作爲絲路明珠的敦煌必將焕發出新的光彩。新時期的敦煌學在學術視野、研究内容拓展、學科交叉、研究方法和人才培養等諸多方面都面臨一系列問題，我們將之歸納如下：

第一，敦煌文獻資料的刊布和研究穩步進行。目前完成了俄藏、英藏、法藏以及甘肅藏、上博藏、天津藝博藏敦煌文獻的刊布，展開了敦煌藏文文獻的整理研究，再一次掀起了敦煌文獻研究的熱潮，推動了敦煌學研究的新進展。敦煌文獻整理研究上，郝春文的英藏敦煌文獻漢文非佛經部分輯録校勘工作已經出版了十五册，盡管敦煌學界對其録文格式提出不同看法，但不可否認這是敦煌學界水平最高的校勘，對敦煌學的研究起了很大的作用。其次有敦煌經部、史部、子部文獻整理和俄藏敦煌文獻的整理正在有序進行。專題文獻整理研究工作也出現成果，如關於敦煌寫本解夢書、相書的整理研究，鄭炳林、王晶波在黄正建先生的研究基礎上已經有了很大進展，即將整理完成的還有敦煌占卜文獻合集、敦煌類書合集等。文獻編目工作有了很大進展，編撰《海内外所藏敦煌文獻聯合總目》也有了初步的可能。施萍婷先生的《敦煌遺書總目索引新編》在王重民先生目録的基礎上，增補了許多内容。榮新江先生的《海外敦煌吐魯番文獻知見録》《英國國家圖書館藏敦煌漢文非佛經文獻殘卷目録（S.6981—13624）》爲進一步編撰聯合總目做了基礎性工作。在已有可能全面認識藏經洞所藏敦煌文獻的基礎上，學術界對藏經洞性質的討論也趨於理性和全面，基本上認爲它是三界寺的藏書庫。特别應當引起我們注意的是，甘肅藏敦煌藏文文獻的整理研究工作逐漸開展起來，甘肅藏敦煌藏文文獻一萬餘卷，分别收藏於甘肅省圖書館、甘肅省博物館、酒泉市博物館、敦煌市博物館、敦煌研究院等單位，對這些單位收藏的敦煌藏文文獻的編目定名工作已經有了一些新的進展，刊布了敦煌市檔案局、甘肅省博物館藏品，即將刊布的有敦煌市博物館、甘肅省博物館藏品目録，這些成果會對敦煌學研究産生很大推動作用。在少數民族文獻的整理研究上還有楊富學《回鶻文獻與回鶻文化》，這一研究成果填補了回鶻歷史文化研究的空白，推動了敦煌民族史研究的進展。在敦煌文獻的整理研究中有很多新成果和新發現，如唐代著名佛經翻譯家義净和尚的《西方記》殘卷，就收藏在俄藏敦煌文獻中，由此我們可以知道義净和尚在印度巡禮的情况和遺迹；其次對《張議潮處置涼州進表》拼接復原的研究，證實敦煌文獻的殘缺不但是在流散中形成的，而且在唐五代的收藏中爲修補佛經就已經對其進行分割，這個研究引起了日本著名敦煌學家池田温先生的高度重視。應當説敦煌各類文獻的整理研究都有類似的發現和研究成果。敦煌學論著的出版出現了一種新的動向，試圖對敦煌學進行總結性的出版計劃正在實施，如2000年甘肅文化出版社出版的《敦煌學百年文庫》、甘肅教育出版社出版的“敦煌學研究”叢書，但都没有達到應有的目的，所以目前還没有一部研究叢書能够反映敦煌學研究的整個進展情况。隨着敦煌文獻的全部影印刊布和陸續進行的釋録工作，將敦煌文獻研究與西域出土文獻、敦煌漢簡、黑水城文獻及絲綢之路石窟等有機結合起來，進一步拓展敦煌學研究的領域，才能促生標志性的研究成果。

第二，敦煌史地研究成果突出。敦煌文獻主要是歸義軍時期的文獻檔案，反映當時敦煌政治經濟文化宗教狀況，因此研究敦煌學首先是對敦煌歷史特别是歸義軍歷史的研究。前輩學者圍繞這一領域做了大量工作，20世紀的最後二十年間成果很多，如榮新江的《歸義軍史研究》等。近年來，敦煌歷史研究圍繞歸義軍史研究推出了一批顯著的研究成果。在政治關係方面有馮培紅、榮新江同志關於曹氏歸義軍族屬研究，以往認爲曹氏歸義軍政權是漢族所建，經過他們的詳細考證認爲曹議金屬於敦煌粟特人的後裔，這是目前歸義軍史研究的最大進展。在敦煌粟特人研究方面，池田温先生認爲敦煌地區的粟特人從吐蕃占領之後大部分闖到粟特和回鶻地區，少部分成爲寺院的寺户，經過蘭州大學各位學者的研究，認爲歸義軍時期敦煌地區的粟特人並没有外遷，還生活在敦煌地區，吐蕃時期屬於絲棉部落和行人部落，歸義軍時期保留有粟特人建立的村莊聚落，祆教賽神非常流行並逐漸成爲官府行爲，由蕃部落使來集中管理，粟特人與敦煌地區漢族大姓結成婚姻聯盟，聯合推翻吐蕃統治並建立歸義軍政權，擔任了歸義軍政權的各級官吏。這一研究成果得到學術界的普遍認同。歸義軍職官制度是唐代藩鎮縮影，歸義軍職官制度的研究實際上是唐代藩鎮個案研究範例，我們對歸義軍職官制度的探討，有益於這個問題的解決。歸義軍的婦女和婚姻問題研究交織在一起，歸義軍政權是在四面六蕃圍的情况下建立的一個區域性政權，因此從一開始建立就注意將敦煌各個民族及大姓團結起來，借助的方式就是婚姻關係，婚姻與歸義軍政治關係密切，處理好婚姻關係歸義軍政權發展就順利，反之就衰落。所以，歸義軍政權不但通過聯姻加强了與粟特人的關係，得到了敦煌粟特人的全力支持，而且用多妻制的方式建立了與各個大姓之間的血緣關係，得到他們的扶持。在敦煌區域經濟與歷史地理研究上，搞清楚了歸義軍疆域政區演變以及市場外來商品和交换中的等價物，探討出晚唐五代敦煌是一個國際性的商業都會城市，商品來自於内地及其中亞、南亞和東羅馬等地，商人以粟特人爲主且有印度、波斯等世界各地的商人雲集敦煌，貨幣以金銀和絲綢爲主，特别值得我們注意的是棉花種植問題，敦煌與高昌氣候條件基本相同，民族成分相近，交往密切，高昌地區從漢代開始種植棉花，但是敦煌到五代時仍没有種植。經研究，晚唐五代敦煌地區已經開始種植棉花，並將棉花作爲政府税收的對象加以征收，證實棉花北傳路綫進展雖然緩慢但並没有停止。歸義軍佛教史的研究逐漸展開，目前在歸義軍政權的佛教關係、晚唐五代敦煌佛教教團的清規戒律、科罰制度、藏經狀況、發展特點、民間信仰等方面進行多方研究，出産了一批研究成果，得到學術界高度關注。這些研究成果主要體現在《敦煌歸義軍史專題研究續編》《敦煌歸義軍史專題研究三編》和《敦煌歸義軍史專題研究四編》中。如果今後歸義軍史的研究有新的突破，主要體現在佛教等研究點上。

第三，絲綢之路也可以稱之爲藝術之路，景教藝術因景教而傳入，中世紀西方藝術風格隨着中亞藝術風格一起傳入中國，並影響了中古時期中國社會生活的方方面面。中國的漢文化和藝術也流傳到西域地區，對西域地區産生巨大影響。如孝道思想和藝術，西王母、伏羲女媧傳説和藝術等。通過這條道路，産生於印度的天竺樂和中亞的康國樂、安國樂和新疆地區龜兹樂、疏勒樂、高昌樂等音樂舞蹈也傳入中原，迅速在中原傳播開來。由外來音樂舞蹈和中國古代清樂融合而産生的西涼樂，成爲中古中國樂舞的重要組成部分，推進了中國音樂舞蹈的發展。佛教藝術進入中原之後，形成自己的特色又回傳到河西、敦煌及西域地區。絲綢之路上石窟衆多，佛教藝術各有特色，著名的有麥積山石窟、北石窟、南石窟、大象山石窟、水簾洞石窟、炳靈寺石窟、天梯山石窟、馬蹄寺石窟、金塔寺石窟、文殊山石窟、榆林窟、莫高窟、西千佛洞等。祆教藝術通過粟特人的墓葬石刻表現並保留下來，沿着絲綢之路和中原商業城市分布。所以將絲綢之路稱之爲藝術之路，一點也不爲過，更能體現其特色。絲綢之路石窟藝術研究雖已有近百年的歷史，但是制約其發展的因素並没有多大改善，即石窟藝術資料刊布不足，除了敦煌石窟之外，其他石窟藝術資料没有完整系統地刊布，麥積山石窟、炳靈寺石窟、榆林窟等只有一册圖版，北石窟、南石窟、拉梢寺石窟、馬蹄寺石窟、文殊山石窟等幾乎没有一個完整的介紹，所以刊布一個完整系統的圖册是學術界迫切需要。敦煌是絲綢之路上的一顆明珠，敦煌石窟在中國石窟和世界石窟上也有着特殊的地位，敦煌石窟藝術是中外文化交融和碰撞的結果。在敦煌佛教藝術中有從西域傳入的内容和風格，但更豐富的是從中原地區傳入的佛教内容和風格。佛教進入中國之後，在中國化過程中產生很多新的内容，如報恩經經變和報父母恩重經變，以及十王經變圖等，是佛教壁畫的新增内容。對敦煌石窟進行深入的研究，必將對整個石窟佛教藝術的研究起到推動作用。20世紀敦煌石窟研究的專家特别是敦煌研究院的專家做了大量的工作，尤其在敦煌石窟基本資料的介紹、壁畫内容的釋讀和分類研究等基本研究上，做出很大貢獻，成果突出。佛教石窟是由彩塑、壁畫和建築三位一體構成的藝術組合整體，其内容和形式，深受當時、當地的佛教思想、佛教信仰、藝術傳統和審美觀的影響。過去對壁畫内容釋讀研究較多，但對敦煌石窟整體進行綜合研究以及石窟藝術同敦煌文獻的結合研究還不够。關於這方面的研究工作，蘭州大學敦煌學研究所編輯出版了一套“敦煌與絲綢之路石窟藝術”叢書，比較完整地刊布了這方面的研究成果，目前完成了第一輯20册。

第四，敦煌學研究領域的開拓。敦煌學是一門以地名命名的學科，研究對象以敦煌文獻和敦煌壁畫爲主。隨着敦煌學研究的不斷深入，敦煌學與相鄰研究領域的關係越來越密切，這就要求敦煌學將自身的研究領域不斷擴大，以適應敦煌學發展的需要。從敦煌石窟藝術上看，敦煌學研究對象與中古絲綢之路石窟藝術密切相關，血肉相連。敦煌石窟藝術與中原地區石窟如雲岡石窟、龍門石窟、大足石窟乃至中亞石窟等關係密切。因此敦煌學要取得新的突破性進展，就要和其他石窟藝術研究有機結合起來。敦煌石窟藝術與中古石窟藝術關係密切，但是研究顯然很不平衡，如甘肅地區除了敦煌石窟外，其他石窟研究無論是深度還是廣度都還不够，因此這些石窟的研究前景非常好，只要投入一定的人力物力就會取得很大的突破和成果。2000年以來敦煌學界召開了一系列學術會議，這些學術會議集中反映敦煌學界的未來發展趨勢，一是石窟藝術研究與敦煌文獻研究的有力結合，二是敦煌石窟藝術與其他石窟藝術研究的結合。敦煌學研究與西域史、中外關係史、中古民族關係史、唐史研究存在内在聯繫，因此敦煌學界在研究敦煌學時，在關注敦煌學新的突破性進展的同時，非常關注相鄰學科研究的新進展和新發現。如考古學的新發現，近年來考古學界在西安、太原、固原等地發現很多粟特人墓葬，出土了很多珍貴的文物，對研究粟特人提供了新的資料，也提出了新問題。2004年、2014年兩次“粟特人在中國”學術研討會，反映了一個新的學術研究趨勢，敦煌學已經形成多學科交叉研究的新局面。目前的絲綢之路研究，就是將敦煌學研究沿着絲綢之路推動到古代文明研究的各個領域，不僅僅是一個學術視野的拓展，而且是研究領域的拓展。

第五，敦煌學學科建設和人才培養得到新發展。敦煌學的發展關鍵是人才培養和學科建設，早在1983年中國敦煌吐魯番學會成立初期，老一代敦煌學家季羨林、姜亮夫、唐長孺等就非常注意人才培養問題，在蘭州大學和杭州大學舉辦兩期敦煌學講習班，並在蘭州大學設立敦煌學碩士學位點。近年來，敦煌學學科建設得到了充分發展，1998年蘭州大學與敦煌研究院聯合共建敦煌學博士學位授權點，1999年蘭州大學與敦煌研究院共建成教育部敦煌學重點研究基地，2003年人事部博士後科研流動站設立，這些都是敦煌學人才建設中的突破性發展，特别是蘭州大學將敦煌學重點研究列入國家985計劃建設平臺——敦煌學創新基地得到國家財政部、教育部和學校的1000萬經費支持，將在資料建設和學術研究上以國際研究中心爲目標進行重建，爲敦煌學重點研究基地走向國際創造物質基礎。同時國家也在敦煌研究院加大資金和人力投入，經過學術隊伍的整合和科研項目帶動，敦煌學研究呈現出一個新的發展態勢。隨着國家資助力度的加大，敦煌學發展的步伐也隨之加大。甘肅敦煌學發展逐漸與東部地區研究拉平，部分領域超過東部地區，與國外交流合作不斷加强，研究水平不斷提高，研究領域逐漸得到拓展。研究生的培養由單一模式向複合型模式過渡，研究生從事領域也由以前的歷史文獻學逐漸向宗教學、文學、文字學、藝術史等研究領域拓展，特别是爲國外培養的一批青年敦煌學家也嶄露頭角，成果顯著。我們相信在國家和學校的支持下，敦煌學重點研究基地一定會成爲敦煌學的人才培養、學術研究、信息資料和國際交流中心。在2008年蘭州“中國敦煌吐魯番學會”年會上，馬世長、徐自强提出在蘭州大學建立中國石窟研究基地，因各種原因没有實現，但是這個建議是非常有意義的，很有前瞻性。當然敦煌學在學科建設和人才培養中也存在問題，如教材建設就遠遠跟不上需要，綜合培養中缺乏一定的協調。在國家新的“雙一流”建設中，敦煌學和民族學牽頭的敦煌絲路文明與西北民族社會學科群成功入選，是蘭州大學敦煌學研究發展遇到的又一個契機，相信敦煌學在這個機遇中會得到巨大的發展。

第六，敦煌是絲綢之路上的一顆明珠，敦煌與吐魯番、龜兹、于闐、黑水城一樣出土了大量的文物資料，留下了很多文化遺迹，對於我們了解古代絲綢之路文明非常珍貴。在張騫出使西域之前，敦煌就是絲綢之路必經之地，它同河西、羅布泊、崑崙山等因中外交通而名留史籍。漢唐以來敦煌出土簡牘、文書，保留下來的石窟和遺迹，是我們研究和揭示古代文明交往的珍貴資料，通過研究我們可以得知絲綢之路上文明交往的軌迹和方式。因此無論從哪個角度分析，敦煌學研究就是絲綢之路文明的研究，而且是絲綢之路文明研究的核心。古代敦煌爲中外文化交流做出了巨大的貢獻，在今天也必將爲“一帶一路”的研究做出更大的貢獻。

由蘭州大學敦煌學研究所資助出版的“敦煌與絲綢之路研究叢書”，囊括了蘭州大學敦煌學研究所這個群體二十年來的研究成果，盡管這個群體經歷了很多磨難和洗禮，但仍然是敦煌學研究規模最大的群體，也是敦煌學研究成果最多的群體。目前，敦煌學研究所將研究領域往西域中亞與絲綢之路方面拓展，很多成果也展現了這方面的最新研究水平。我們將這些研究成果結集出版，一方面將這個研究群體介紹給學術界，引起學者關注；另一方面這個群體基本上都是我們培養出來的，我們有責任和義務督促他們不斷進行研究，力争研究出新的成果，使他們成長爲敦煌學界的優秀專家。

鄭炳林

目 録

緒論 …… 1
一、學術史的回顧與研究現狀 …… 1
二、研究内容及選題意義 …… 11
三、基本觀點、學術創新及其他 …… 13
上編 新刊唐代墓誌所見家族世系考訂 …… 15
凡例 …… 15
一、裴氏 …… 18
二、蕭氏 …… 42
三、長孫氏 …… 54
四、杜氏 …… 56
五、隴西李氏 …… 62
六、趙郡李氏 …… 87
七、王氏 …… 100
八、魏氏 …… 114
九、温氏 …… 117
十、張氏 …… 118
十一、崔氏 …… 128
十二、來氏 …… 159
十三、吉氏 …… 162

十四、盧氏 …… 164
十五、鄭氏 …… 202
十六、第五氏 …… 215
中編　新刊唐代碑誌所見唐代刺史考補 …… 217
卷一　京畿道　京兆府（雍州）上 …… 218
卷三　京畿道　華州（太州、華陰郡）…… 219
卷四　京畿道　同州（馮翊郡）…… 220
卷八　關内道　坊州（中部郡）…… 221
卷一〇　關内道　延州（延安郡）…… 221
卷一一　關内道　寧州（彭原郡）…… 222
卷一二　關内道　慶州（安化郡、順化郡）…… 222
卷一五　關内道　隴州（汧陽郡）…… 222
卷一六　關内道　夏州（朔方郡）…… 224
卷一七　關内道　綏州（上郡）…… 225
卷一八　關内道　靈州（靈武郡）…… 226
卷一九　關内道　鹽州（五原郡）…… 226
卷二〇　關内道　會州（會寧郡）…… 227
卷二一　關内道　銀州（銀川郡）…… 228
卷二四　關内道　勝州（榆林郡）…… 229
卷二七　隴右道　秦州（天水郡）…… 230
卷二八　隴右道　成州（同谷郡）…… 231
卷二九　隴右道　渭州（隴西郡）…… 231
卷三〇　隴右道　蘭州（金城郡）…… 232
卷三三　隴右道　河州（安鄉郡）…… 232
卷三五　隴右道　岷州（和政郡）…… 233
卷三六　隴右道　廓州（寧塞郡）…… 233
卷三七　隴右道　疊州（合川郡）…… 234
卷三九　隴右道　凉州（武威郡）…… 235

卷四〇　隴右道　甘州（張掖郡）…… 235
卷四二　隴右道　瓜州（晉昌郡）…… 236
卷五六　河南道　宋州（睢陽郡）…… 237
卷五九　河南道　許州（潁川郡）…… 238
卷六〇　河南道　陳州（淮陽郡）…… 238
卷六一　河南道　豫州（汝南郡、蔡州）…… 238
卷六二　河南道　潁州（信州、汝陰郡）…… 240
卷六三　河南道　亳州（譙郡）…… 241
卷六七　河南道　濮州（濮陽郡）…… 241
卷六八　河南道　曹州（濟陰郡）…… 241
卷六九　河南道　兖州（魯郡）…… 242
卷七〇　河南道　沂州（琅邪郡）…… 243
卷七一　河南道　密州（高密郡）…… 243
卷七三　河南道　齊州（臨淄郡、濟南郡）…… 244
卷七四　河南道　淄州（淄川郡）…… 244
卷七五　河南道　濟州（濟陽郡）…… 245
卷七七　河南道　萊州（東萊郡）…… 246
卷七八　河南道　登州（東牟郡）…… 246
卷八二　河東道　慈州（汾州、南汾州、文城郡）…… 247
卷八六　河東道　潞州（上黨郡）…… 249
卷八七　河東道　澤州（高平郡）…… 249
卷八八　河東道　儀州（遼州、箕州、樂平郡）…… 250
卷八九　河東道　太原府（并州）上 …… 251
卷九一　河東道　代州（雁門郡）…… 251
卷九二　河東道　蔚州（安邊郡、興唐郡）…… 251
卷九五　河東道　石州（昌化郡）…… 252
卷九六　河東道　朔州（馬邑郡）…… 253
卷一〇〇　河北道　相州（鄴郡）…… 253

卷一〇一　河北道　衛州（汲郡）…… 253
卷一〇二　河北道　貝州（清河郡）…… 254
卷一〇五　河北道　趙州（趙郡）…… 255
卷一〇六　河北道　恒州（常山郡、鎮州）…… 256
卷一〇七　河北道　冀州（魏州、信都郡）…… 257
卷一〇八　河北道　深州（饒陽郡）…… 257
卷一〇九　河北道　滄州（景城郡）…… 257
卷一一四　河北道　瀛州（河間郡）…… 258
卷一一六　河北道　幽州（范陽郡）…… 259
卷一一八　河北道　檀州（密雲郡）…… 259
卷一二三　淮南道　揚州（兖州、邗州、廣陵郡）…… 259
卷一二四　淮南道　楚州（淮陰郡）…… 260
卷一二五　淮南道　滁州（永陽郡）…… 261
卷一二六　淮南道　和州（歷陽郡）…… 262
卷一二八　淮南道　舒州（同安郡、盛唐郡）…… 262
卷一三一　淮南道　蘄州（蘄春郡）…… 263
卷一三三　淮南道　申州（義陽郡）…… 264
卷一三五　淮南道　安州（安陸郡）…… 264
卷一三六　淮南道　沔州（漢陽郡）…… 266
卷一三七　江南東道　潤州（丹陽郡）…… 266
卷一三八　江南東道　常州（晉陵郡）…… 267
卷一四一　江南東道　杭州（餘杭郡）…… 267
卷一四三　江南東道　明州（餘姚郡）…… 268
卷一四五　江南東道　婺州（東陽郡）…… 268
卷一五〇　江南東道　温州（東嘉州、永嘉郡）…… 268
卷一五三　江南東道　泉州（豐州、武榮州、清源郡）…… 269
卷一五八　江南西道　江州（潯陽郡）…… 269
卷一五九　江南西道　饒州（鄱陽郡）…… 270

卷一六四　江南西道　鄂州（江夏郡）…………………………… 270
卷一六五　江南西道　岳州（巴州、巴陵郡）…………………… 271
卷一六六　江南西道　潭州（長沙郡）…………………………… 271
卷一六七　江南西道　衡州（衡陽郡）…………………………… 271
卷一七〇　江南西道　道州（營州、南營州、江華郡）……… 272
卷一七二　江南西道　邵州（南梁州、邵陽郡）……………… 272
卷一七三　江南西道　朗州（武陵郡）…………………………… 273
卷一七四　江南西道　澧州（澧陽郡）…………………………… 273
卷一七五　黔中道　黔州（黔中郡）……………………………… 274
卷一七八　黔中道　辰州（盧溪郡）……………………………… 274
卷一七九　黔中道　錦州（盧陽郡）……………………………… 275
卷一八四　黔中道　珍州（夜郎郡）……………………………… 275
卷一九二　山南東道　隋州（漢東郡）…………………………… 275
卷一九三　山南東道　郢州（富水郡）…………………………… 276
卷一九四　山南東道　復州（竟陵郡）…………………………… 276
卷一九七　山南東道　房州（房陵郡）…………………………… 276
卷一九八　山南東道　峡州（夷陵郡）…………………………… 277
卷一九九　山南東道　歸州（巴東郡）…………………………… 278
卷二〇〇　山南東道　夔州（信州、雲安郡）…………………… 278
卷二〇二　山南東道　忠州（臨州、南賓郡）…………………… 278
卷二〇三　山南東道　金州（安康郡、漢陰郡）……………… 279
卷二〇五　山南西道　梁州（褒州、漢中郡、興元府）……… 279
卷二〇六　山南西道　鳳州（河池郡）…………………………… 280
卷二〇九　山南西道　洋州（洋川郡）…………………………… 280
卷二一一　山南西道　開州（盛山郡）…………………………… 280
卷二一二　山南西道　壁州（始寧郡）…………………………… 281
卷二一三　山南西道　集州（符陽郡）…………………………… 281
卷二一四　山南西道　巴州（清化郡）…………………………… 282

卷二一六　山南西道　閬州（隆州、閬中郡）…… 282
卷二二〇　山南西道　渝州（南平郡）…… 283
卷二二一　山南西道　涪州（涪陵郡）…… 283
卷二二二　劍南道　益州（蜀郡、成都府）…… 284
卷二二九　劍南道　梓州（梓潼郡）…… 284
卷二三一　劍南道　普州（安岳郡）…… 284
卷二三四　劍南道　榮州（和義郡）…… 285
卷二三五　劍南道　簡州（陽安郡）…… 285
卷二三七　劍南道　邛州（臨邛郡）…… 286
卷二三八　劍南道　雅州（盧山郡）…… 286
卷二三九　劍南道　黎州（洪源郡）…… 287
卷二四六　劍南道　嶲州（越嶲郡）…… 287
卷二四八　劍南道　文州（陰平郡）…… 287
卷二五三　劍南道　静州（南和州、静川郡）…… 288
卷二五七　嶺南道　廣州（南海郡）…… 288
卷二五八　嶺南道　韶州（番州、東衡州、始興郡）…… 289
卷二六〇　嶺南道　潮州（潮陽郡）…… 289
卷二六二　嶺南道　賀州（臨賀郡）…… 290
卷二七五　嶺南道　桂州（始安郡、建陵郡）…… 290
卷二八八　嶺南道　柳州（昆州、南昆州、龍城郡）…… 291
附編　京畿道　五　西韓州 …… 292
附編　都畿道　三〇　仙州 …… 292
附編　山南東道　七八　淅州 …… 292
附編　京畿道　鴻州 …… 293
附編　河南道　鼎州 …… 294
下編　新刊唐代墓誌專題研究二題 …… 295
一、《大唐故集州刺史韋公（孝謇）墓誌銘》考補 …… 295
二、唐中宗朝宰相于惟謙家族世系輯考 …… 315
主要參考文獻 …… 338

緒 論

一、學術史的回顧與研究現狀

中國古代誌墓之葬俗由來已久，墓誌[①]發展到中古隋唐時期，踵事增華，動輒千言，詳載誌主姓氏流源、家世鄉貫、婚姻族屬、身份地位、經歷生平及宗教信仰等，頗類正史之“列傳”。雖因體例所限，誌文內容敘述較“列傳”簡略，兩者之側重點亦有所不同，且難免有浮誇虛讚、褒揚諛美的成分，但一般説來，關於姓氏、生平、官階、年壽、卒葬、子孫等方面的內容大都真實可靠，爲中古史研究提供了豐富的新資料。

1. 新出唐墓誌的刊布與整理

1996年之前所見唐代墓誌，録文大多收録於《唐代墓誌彙編》[②]及《唐代墓誌彙編續集》[③]二書，共收各類唐代墓誌5240方，極便學者利用。拓片圖版則以《隋唐五代墓誌匯編》[④]《北京圖書館藏中國歷代石刻拓

① 趙超《古代墓誌通論》，北京：紫禁城出版社，2003年。又毛遠明《碑刻文獻學通論》第二章第四節《墓誌》，北京：中華書局，2009年，第104—132頁。

② 周紹良主編《唐代墓誌彙編》(上、下册)，上海：上海古籍出版社，1992年。

③ 周紹良、趙超主編《唐代墓誌彙編續集》，上海：上海古籍出版社，2001年。

④ 同書總編輯委員會編《隋唐五代墓誌匯編》(八卷三十册)，天津：天津古籍出版社，1991—1992年。

本匯編》[①]二書堪稱集大成之作。1996年之後陸續出土的唐代墓誌爲數甚衆，作爲不斷涌現的中古史研究“新資料”，唐誌在中古史研究中的價值日益凸顯，受到學界的重視。其刊布的形式大體可分爲釋文類、圖版類、圖文對照類、編目索引類、零星考釋類等。

(1) 釋文類：以彙集墓誌録文爲目的，將一定數量的墓誌録文彙集成編，極便學者在研究中閲讀和使用，以《全唐文補遺》第三至九輯及千唐誌齋新藏專輯[②]爲代表，還包括《全唐文補編》[③]《全唐文新編》[④]等，因爲是現成的録文，故而省了研究時自己移録的麻煩，但是其缺點亦顯而易見，因爲没有拓片圖版可參照對讀，録文的質量全憑釋讀者的水平。

(2) 圖版類：顧名思義，即只刊布拓片圖版，無文字釋讀，其優點是大致保存了墓誌拓片的原貌，其缺點是研究中需要花費更多的時間去釋讀和校正文字。以《邙洛碑誌三百種》[⑤]（251方）、《河洛墓刻

① 北京圖書館金石組編《北京圖書館藏中國歷代石刻拓本匯編》(全一百册)，鄭州：中州古籍出版社，1989—1991年。

② 吴鋼主編《全唐文補遺》第三輯(1996年)、第四輯(1997年)、第五輯(1998年)、第六輯(1999年)、第七輯(2000年)、第八輯(2005年)、千唐誌齋新藏專輯(2006年)、第九輯(2007年)，西安：三秦出版社。其中第九輯除收録唐代石刻資料(以山東桓臺拿雲美術博物館新藏唐代墓誌數十方爲大宗)外，以現存敦煌文獻爲主要内容。此外陳尚君關於第一、二輯的書評，見榮新江主編《唐研究》第三卷，北京：北京大學出版社，1997年，第471—475頁，蒙曼關於第三至六輯的書評，見榮新江主編《唐研究》第六卷，北京：北京大學出版社，2000年，第431—435頁；陳尚君《唐代石刻文獻的重要收穫—評〈全唐文補遺·千唐誌齋新藏專輯〉》，見趙力光主編《碑林集刊》(十二)，西安：陝西人民美術出版社，2006年，第328—335頁。

③ 陳尚君輯校《全唐文補編》(上、中、下三册)，北京：中華書局，2005年。

④ 周紹良總主編《全唐文新編》(全二十二册)，長春：吉林文史出版社，2000年。關於此書的質量和評價參陳尚君《對〈全唐文新編〉的一些看法》，收入氏著《漢唐文學與文獻論考》，上海：上海古籍出版社，2008年，第98—99頁。

⑤ 趙君平編《邙洛碑誌三百種》，北京：中華書局，2004年。

拾零》[①]（436方）、《秦晉豫新出墓誌蒐佚》[②]新出墓誌“三部曲”最爲重要。

（3）圖文對照類：此種形式堪稱墓誌整理的最佳模式，當代較爲大宗的唐代墓誌刊布時大多采用此種形式，如洛陽市第二文物工作隊《洛陽新獲墓誌》[③]（113方）及《續編》[④]（268方），中國文物研究所聯合各地方文物機構編輯《新中國出土墓誌》[⑤]系列叢書，分省刊布1949年後出土的全部墓誌材料，唐代墓誌是其中的重要組成部分。爲紀念西安碑林九百二十周年華誕而編輯出版的《西安碑林博物館新藏墓誌彙編》[⑥]（346方），刊布了1980—2006年新入藏的歷代墓誌，仍以唐代墓誌爲主。

---

① 趙君平、趙文成編《河洛墓刻拾零》，北京：北京圖書館出版社，2007年。

② 趙君平、趙文成編《秦晉豫新出墓誌蒐佚》，北京：國家圖書館出版社，2012年。

③ 洛陽市第二文物工作隊、李獻奇、郭引强編著《洛陽新獲墓誌》，北京：文物出版社，1996年。

④ 洛陽市第二文物工作隊、喬棟、李獻奇、史家珍編著《洛陽新獲墓誌續編》，北京：科學出版社，2008年。

⑤ 1996年以後出版的《新中國出土墓誌》（文物出版社）計有陝西壹[中國文物研究所、陝西省古籍整理辦公室編《新中國出土墓誌·陝西〔壹〕》（上、下册），2000年]、河南貳[中國文物研究所、河南文物考古研究所編《新中國出土墓誌·河南〔貳〕》（上、下册），2002年]、重慶[中國文物研究所、重慶市博物館編《新中國出土墓誌·重慶》（全一册），2002年]、陝西貳[中國文物研究所、陝西省古籍整理辦公室編《新中國出土墓誌·陝西〔貳〕》（上、下册），2003年]、北京壹[中國文物研究所、北京石刻藝術館編《新中國出土墓誌·北京〔壹〕》（上、下册），2003年]、河北壹[中國文物研究所、河北省文物研究所編《新中國出土墓誌·河北〔壹〕》（上、下册），2004年]、江蘇壹[中國文研究所、常熟博物館編《新中國出土墓誌·江蘇〔壹〕·常熟》（上、下册），2006年]、河南叁[中國文物研究所、千唐誌齋博物館編《新中國出土墓誌·河南〔叁〕·千唐誌齋〔壹〕》（上、下册）》，2008年]。關於該套叢書編纂的緣起、體例、價值等參榮新江先生有關《新中國出土墓誌·河南〔壹〕》的書評文章，見榮新江主編《唐研究》第一卷，北京：北京大學出版社，1995年，第557—560頁。

⑥ 趙力光主編《西安碑林博物館新藏墓誌彙編》，北京：綫裝書局，2007年。

(4) 編目索引類：及時且系統地掌握新出唐代墓誌相關信息，從而有效地依托新出唐代墓誌資料展開研究工作，一直是唐史學界面臨的挑戰之一，因此學界急需有關新出唐代墓誌資料的編目索引類成果。在這方面，日本學者做了大量工作，其中以氣賀澤保規《新版唐代墓誌所在總合目録（增訂版）》[①]高橋繼男《中國石刻關係圖書目録(1949—2007)》[②]兩書最爲有用。而復旦大學陳尚君教授近編《唐五代文作者索引》[③]一書，“是至今爲止編録唐五代文章最基本的幾個系列圖書的作者索引”(編者原語)，其中有相當一部分出自唐人墓誌，故爲檢索唐人文章大有裨益。中國學者王素[④]、仇鹿鳴[⑤]等有專文對近年來墓誌資料的整理與研究進行總結。

---

① 由日本明治大學氣賀澤保規教授主持編纂，東京汲古書院出版的《唐代墓誌所在總合目録》(1997年)出版以來(劉健明書評，見榮新江主編《唐研究》第五卷，北京：北京大學出版社，1999年，第551—557頁)，已經成爲唐代文史學界檢索唐代墓誌最爲常用、最爲便利的工具書，對於活躍唐代石刻墓誌領域的研究起到了相當大的作用，隨後繼續追蹤新見唐代墓誌資料的刊布與整理，兩度增訂再版：《新版唐代墓誌所在總合目録》(2004年)，《新版唐代墓誌所在總合目録（增訂版）》(2009年，仇鹿鳴書評，見榮新江主編《唐研究》第十七卷，北京：北京大學出版社，2011年，第599—603頁)，據最新增訂版前言，其收録範圍爲2008年底之前公開發表的唐代墓誌，總共收録唐代墓誌、誌蓋8737方(其中誌蓋369方)，較2004年版《新版目録》新增1909方(其中誌蓋僅1方)。

② [日]高橋繼男編《中國石刻關係圖書目録(1949—2007)》，東京：汲古書院，2009年。該書中日學者皆有書評，中國學者仇鹿鳴書評，見榮新江主編《唐研究》第十五卷，北京：北京大學出版社，2009年，第633—639頁；日本學者梶山智史書評，見日本《唐代史研究》第13號，2010年，第127—136頁。

③ 陳尚君編《唐五代文作者索引》，北京：中華書局，2010年。

④ 王素《近年以來魏晉至隋唐墓誌資料的整理與研究——兼談中國文物研究所的墓誌整理工作》，日本《唐代史研究》第5號，2002年，第87—105頁，同氏《近年來中國出土文獻整理研究概況》，日本《唐代史研究》第9號，2006年，第106—113頁。

⑤ 仇鹿鳴《近年來中古史研究的新進展·石刻》，收入《第四届中國中古史青年學者聯誼會會議論文集》，臺灣大學歷史系，2010年8月。後以《大陸學界中國中古史研究的新進展·六、石刻史料》爲題，收入《中國中古史研究：中國中古史青年學者聯誼會會刊》第三卷，北京：中華書局，2013年，第247—253頁。

(5) 研究考釋類：除了上述石刻專書中所刊布的大宗新出唐代墓誌外，還有不少在各類學術期刊、研究著作、專題論文集中零星刊布的唐代墓誌，其中有關新見唐代墓誌的專題論文集主要介紹三種：楊作龍等編著《洛陽新出土墓誌釋録》[①]，全書共分三編：第一編，墓誌研究與考釋，收録洛陽地區出土墓誌的整理和研究論文共15篇；第二編，新出土部分墓誌叙録，對32方墓誌進行了整理；第三編，新出土墓誌目録，將洛陽師範學院圖書館館藏的163方北魏至明清墓誌進行編目，其中唐誌140方。榮新江主編《唐研究》第十七卷《中古碑誌與社會文化研究專號》，其中多篇專題文章爲北京大學中國古代史研究中心和西安大唐西市博物館共同主持的"《大唐西市博物館藏墓誌》整理與研究"項目成果，内容涉及未刊西安大唐西市博物館藏墓誌，學術價值重大。杜文玉主編《唐史論叢》第十四輯《"新出土唐墓誌與唐史研究"國際學術研討會專集》[②]，收録各類墓誌考證文章約20篇，爲我們集中展現了一批新出唐代墓誌。主要以新見單方墓誌的刊布與研究爲主，在《文物》《考古與文物》《唐研究》《碑林集刊》《唐史論叢》《出土文獻研究》《書法叢刊》《中國書法》《文博》《陝西歷史博物館館刊》《乾陵文化研究》等雜誌刊布數量日益增多、速度日益加快，尤其值得唐史研究者關注。

除了中原地區出土的唐代墓誌外，在今新疆吐魯番地區出土有大量磚誌、墓表，前有《吐魯番出土磚誌集注》[③]，後有《新獲吐魯番出土文獻》[④]共同刊布了新疆舊吐魯番出土磚誌、墓表，爲數亦不少。綜上

---

① 楊作龍、趙水森等編著《洛陽新出土墓誌釋録》，北京：北京圖書館出版社，2004年。毛陽光書評，見《河南科技大學學報（社會科學版）》2006年第4期，第25—27頁。

② 杜文玉主編《唐史論叢》第十四輯，西安：陝西師範大學出版總社有限公司，2012年。

③ 侯燦、吴美琳《吐魯番出土磚誌集注》，成都：巴蜀書社，2003年。

④ 榮新江、李肖、孟憲實主編《新獲吐魯番出土文獻》，北京：中華書局，2008年。

所論，新出唐代墓誌粗略估計總數不下2000方。

榮新江先生在其近著《學術訓練與學術規範——中國古代史研究入門》[①]一書中專列石刻史料，從傳統的石刻文獻、新出土的石刻史料、石刻資料目録等方面總結了石刻史料——"現在史學研究所不可不予理會的文獻材料"（著者原語）的收集和利用問題，指導從事中國古代史研究的學者和研究生如何有效利用石刻史料，意義重大。

2. 唐代墓誌與中古家族世系的整理

利用碑誌資料研究中古家族史是傳統熱門課題，有關中古家族世系的傳世文獻最爲重要者有二，曰《元和姓纂》（以下簡稱《姓纂》）、曰《新唐書·宰相世系表》（以下簡稱《表》或《新表》）。

(1)《姓纂》詳載中唐以前姓氏族望，可惜亡佚已久，賴《永樂大典》的引録和"四庫館臣"的輯録，今存輯本約恢復原書十之七八，但已缺皇族及崔、盧、李、鄭、王、楊、裴、蕭、薛等中古高門大族之家世譜系，殊爲可惜。岑仲勉集前人成果，並廣羅各類傳世文獻及當時獲見之碑誌資料，作《四校記》[②]進行校理。自岑氏《四校記》出版至今，中古新材料屢見不鮮，其中岑氏未及見者甚衆，尤以新出唐代墓誌爲大宗，誠如陳尚君先生在書評中所叙："可資訂補《姓纂》和岑氏《四校

① 榮新江《學術訓練與學術規範——中國古代史研究入門》，北京：北京大學出版社，2011年，第19—38頁。

② 岑仲勉《元和姓纂四校記》，上海：商務印書館，1948年，見[唐]林寶撰，岑仲勉校記，郁賢皓、陶敏整理，孫望審訂《元和姓纂（附四校記）》，北京：中華書局，1994年。20世紀80年代，中華書局約請專攻唐代文史並致力於唐代人事研究的郁賢皓、陶敏教授整理《姓纂》及《四校記》，此書爲當今學界公認《元和姓纂》的優秀整理本，將《姓纂》原文與岑氏《四校記》合爲一編，整理者又是學界專長於此的學者，整理質量自不待言。見卞岐書評《〈元和姓纂（附四校記）〉（郁賢皓、陶敏整理）》，傅璇琮、郁賢皓主編《唐代文學研究年鑒（1995、1996合輯）》，桂林：廣西師範大學出版社，1997年，第313—317頁。

記》的材料極其豐富。郁、陶二位在整理中爲體例所限，僅利用了很少的一部分，未能承岑氏體例而續作五校的工作，只能留待以後了。”[①]這樣就爲我們留下了足够的研究空間來繼續這項工作。

(2)《新表》[②]臚列有唐一代宰相凡九十八族三百六十九人的世系，基本上涵蓋了唐代政治舞臺上最爲活躍的一批家族世系，雖然《新表》錯亂之處確實很多，但是不能因此而否定它的參考價值。它不但能補紀傳之不足，有時還可以校正紀傳及《姓纂》等書。自《新唐書》修成之後不久，便不斷有人對其進行校正、補闕，主要有宋代吴縝《新唐書糾謬》、[③]清代沈炳震《唐書宰相世系表訂譌》、[④]羅振玉《唐書宰相世系表補正》、[⑤]周紹良《〈新唐書·宰相世系表〉校異》[⑥]等，趙超取用1985年前之文獻資料，集前賢著述、今人研究、自家考述於《新唐書宰相世系表集校》[⑦]一書，將上述《訂譌》《補正》《校異》及《四校記》中與《新表》相關之内容彙集爲一編，極便學者使用，嘉惠學林。此外，又利用協助周紹良先生編《唐代墓誌彙編》之機遇，大量采用當時其他學

① 陳尚君書評，見榮新江主編《唐研究》第七卷，北京：北京大學出版社，2001年，第457—466頁。此外，陳尚君《〈古今姓氏書辨證〉校點本的成就和遺憾》，程章燦主編《古典文獻研究》第十輯，南京：南京大學出版社，2007年，第54—60頁。

② ［北宋］歐陽修、宋祁《新唐書·宰相世系表》分爲卷七一（上、下）、卷七二（上、中、下）、卷七三（上、下）、卷七四（上、下）、卷七五（上、下），今中華書局點校本第七至十一册，北京：中華書局，1975年，第2179—3466頁。

③ ［北宋］吴縝《新唐書糾謬》，四部叢刊三編本，上海：商務印書館，1935年。

④ ［清］沈炳震《唐書宰相世系表訂譌》，收入《二十五史補編》第六册，北京：中華書局，1955年。

⑤ 羅振玉《唐書宰相世系表補正》，收入上虞羅氏石印本《七經堪叢刊》，見《羅雪堂先生全集》第五編第十六册，臺北：大通書局，1976年，第6283—6482頁。

⑥ 周紹良《〈新唐書·宰相世系表〉校異》，收入氏著《紹良文集》中册，北京：北京古籍出版社，2005年，第890—1120頁。

⑦ 趙超編著《新唐書宰相世系表集校》，北京：中華書局，1998年。陳尚君書評，見榮新江主編《唐研究》第七卷，第457—466頁。

人極難遍覽的新舊唐代出土墓誌資料，訂補《新表》，創見尤多，另外從其具體的考證及文獻的徵引，我們不難發現，趙超先生對清代以來的金石學論著有非常廣泛而仔細的閱讀。胡俊《〈新唐書·宰相世系表〉校補》[①]，繼踵趙氏，可惜未能運用新刊大宗碑誌材料，所得有限，所補世系以《新表》所不載的女性人物爲多。

此外，《新表》的校補成果，還有以單篇論文的形式發表於各類刊物上，如馬興榮《〈新唐書·宰相世系表〉校議》[②]、趙吕甫《〈新唐書·宰相世系表〉訂補》[③]、張書城《〈新唐書〉隴西李氏敦煌房辨疑》[④]、魯才全《〈新唐書·宰相世系表〉苗氏訂補——上黨苗氏家族墓誌研究》[⑤]、劉璞等《鄭氏墓誌釋讀——〈新唐書·宰相世系表〉校補四則》[⑥]、胡俊《唐代李氏墓誌考補〈新唐書·宰相世系表〉一則》[⑦]、李海葉《〈新唐書·宰相世系表〉之"豆盧氏"源出考》[⑧]、柳金福《唐代博陵安平大房

① 胡俊《〈新唐書·宰相世系表〉校補》，西南大學碩士學位論文，2007年。

② 馬興榮《〈新唐書·宰相世系表〉校議》，《徐州師範學院學報(哲學社會科學版)》1994年第1期，第87—91、86頁。

③ 趙吕甫《〈新唐書·宰相世系表〉訂補》，《四川師範學院學報(哲學社會科學版)》1995年第1期，第21—27頁。

④ 張書城《〈新唐書〉隴西李氏敦煌房辨疑》，《敦煌研究》1997年第1期，第113—119頁。

⑤ 魯才全《〈新唐書·宰相世系表〉苗氏訂補——上黨苗氏家族墓誌研究》，武漢大學中國三至九世紀研究所編《魏晉南北朝隋唐史資料》第十七輯，武漢：武漢大學出版社，2000年，第144—153頁。

⑥ 劉璞、寧欣《鄭氏墓誌釋讀——〈新唐書·宰相世系表〉校補四則》，《中國歷史文物》2003年第3期，第63—67頁。

⑦ 胡俊《唐代李氏墓誌考補〈新唐書·宰相世系表〉一則》，《中國歷史文物》2007年第2期，第41—45頁。

⑧ 李海葉《〈新唐書·宰相世系表〉之"豆盧氏"源出考》，《中國邊疆史地研究》2008年第4期，第127—132頁。見高然《鮮卑豆盧氏世系補論》，《中國邊疆史地研究》2010年第4期，第135—137頁。

崔氏出土墓誌考》[①]、鄭芳《〈新唐書·宰相世系表〉博陵崔氏訂補》[②]、李向菲《〈新唐書·宰相世系表〉尉氏劉氏世系勘正》[③]、王其禕等《長安新出隋大業九年〈杜祐墓誌〉疏證——兼爲梳理隋唐墓誌所見京兆杜氏世系》[④]等。

除了從運用墓誌資料對中古姓氏書進行研究外，更有諸多學者利用出土的大量碑誌資料研究中古時期的單姓家族個案，如：David Johnson, "The Last Years of a Great Clan：The Li Family of Chao chün in Late T'ang and Early Sung"[⑤]、毛漢光《中國中古社會史論》[⑥]、郭鋒《唐代士族個案研究》[⑦]、李浩《唐代關中士族與文學》[⑧]、王力平《中古杜氏家族的變遷》[⑨]等均利用碑誌材料對中古張、韋、崔、李、杜等世家大族進行研究。隨着近年來中古時期在華外族人物碑誌的出土，出現了榮新

① 柳金福《唐代博陵安平大房崔氏出土墓誌考》，樊英峰主編《乾陵文化研究》(四)，西安：三秦出版社，2008年，第393—419頁。

② 鄭芳《〈新唐書·宰相世系表〉博陵崔氏訂補》，《和田師範專科學校學報（漢文綜合版)》2009年第2期，第95—96頁。

③ 李向菲《〈新唐書·宰相世系表〉尉氏劉氏世系勘正》，《中國歷史文物》2010年第2期，第81—84頁。

④ 王其禕、周曉薇《長安新出隋大業九年〈杜祐墓誌〉疏證——兼爲梳理隋唐墓誌所見京兆杜氏世系》，杜文玉主編《唐史論叢》第十四輯，第1—25頁。

⑤ David Johnson, "The Last Years of a Great Clan: The Li Family of Chao chün in Late T'ang and Early Sung", *Harvard Journal of Asiatic Studies*, Vol. 37-1, 1977.漢譯見[美]姜士彬著，范兆飛譯《一個大族的末年——唐末宋初的趙郡李氏》，收入范兆飛編譯《西方學者中國中古貴族制論集》，北京：生活·讀書·新知三聯書店，2018年，第212—303頁。

⑥ 毛漢光《中國中古社會史論》，臺北：聯經出版事業公司，1988年。

⑦ 郭鋒《唐代士族個案研究—以吴郡、清河、范陽、敦煌張氏爲中心》，厦門：厦門大學出版社，1999年。

⑧ 李浩《唐代關中士族與文學(增訂本)》，北京：中國社會科學出版社，2003年。

⑨ 王力平《中古杜氏家族的變遷》，北京：商務印書館，2006年。

江對入唐波斯景教家庭的探究[①]，羅丰對固原史姓粟特家族個案的梳理[②]，王義康對突厥世系的新證[③]，楊富學對僕固部世系的考訂[④]等成果。

3. 新刊唐代墓誌與唐代地方牧守編年研究

1987年郁賢皓大著《唐刺史考》[⑤]問世，赢得學界很高贊譽。此後，郁先生不斷對該書進行修訂增補，又積十年之功，新考出二千多名刺史的任職年代和相關情況，訂正了原書的一百條疏誤，更名《唐刺史考全編》（以下簡稱《全編》）[⑥]，於2000年出版。傅璇琮先生評價該書涵蓋了"全部唐代歷史的近三百年、籠蓋全部疆域的三百幾十個州郡的地方行政長官，盡可能考出其大部分人名，並列出其任職年代及相關行迹，這實在是大大擴展了唐史人物研究的範圍。……這不但對於唐代作家研究，而且對於唐代地理、疆域、官制、軍事，以及過去視爲難點的少數民族地區行政設置等研究，都能提供系統而信實的史料依據"[⑦]。誠非虚言謬奬，該書確實是一部具有學術價值的大型唐代文史工具書。

郁先生除了運用過去已有的墓誌拓片資料外，還盡可能地搜羅和利用近二十年來新出土的碑誌資料。自《全編》出版至今，又過了十餘年，如上面所述，近十五年間新出土的唐代墓誌數量衆多，其中與地方州郡刺史（牧守）相關之材料亦不在少數，故隨着墓誌的刊布，

① 榮新江《一個入仕唐朝的波斯景教家族》，葉奕良編《伊朗學在中國論文集》第二集，北京：北京大學出版社，1998年，後收入氏著《中古中國與外來文明》，北京：生活·讀書·新知三聯書店，2001年，第238—257頁。

② 羅丰編著《固原南郊隋唐墓地》，北京：文物出版社，1996年。

③ 王義康《突厥世系新證——唐代墓誌所見突厥世系》，《民族研究》2010年第5期，第87—94頁。

④ 楊富學《唐代僕固部世系考——以蒙古國新出僕固氏墓誌銘爲中心》，《西域研究》2012年第1期，第69—76頁。

⑤ 郁賢皓《唐刺史考》，南京：江蘇古籍出版社，1987年。

⑥ 郁賢皓《唐刺史考全編》，合肥：安徽大學出版社，2000年。

⑦ 傅璇琮《〈唐刺史考全編〉序一》，郁賢皓《唐刺史考全編》，第1—7頁。

郁先生本人在《全編》出版不久即利用新見墓誌資料進行過訂補[①]，之後學者繼踵而有續作，主要以利用新出土唐代墓誌文獻爲主，計有如下諸家：潘明福[②]、毛陽光[③]、吴炯炯[④]、趙望秦[⑤]、馬建紅[⑥]、客洪剛[⑦]、陳翔[⑧]等。但由於缺乏對學術史的普查及所寓目的新刊唐代墓誌不廣，這些研究成果中存在重複考補、考訂不確等諸多問題，需要認真對待。此外，這兩年可謂是唐代墓誌刊布的興盛期，各種唐代墓誌資料的結集及各類單篇考證文章大量涌現，其中便有很多資料與唐代刺史人物相關，可資補訂該書。

二、研究内容及選題意義

1. 研究内容

唐代的高門大姓子弟，出將入相，在唐代政治舞臺上扮演着重要的

① 郁賢皓《〈唐刺史考全編〉訂補》,《南京師大學報(社會科學版)》2001年第3期,第147—155頁。

② 潘明福《〈唐刺史考全編〉補遺》,《文獻》2005年第2期,第149—156頁。

③ 毛陽光《〈唐刺史考全編〉新補訂》,《文獻》2006年第1期,第31—40頁;《〈唐刺史考全編〉再補訂》,《文獻》2007年第2期,第53—65頁。

④ 吴炯炯《〈唐刺史考全編〉補正》,《中國歷史文物》2010年第3期,第83—88頁。楊曉、吴炯炯《〈唐刺史考全編〉補正(二)》,《甘肅社會科學》2011年第1期,第173—176頁。吴炯炯、楊曉《〈唐刺史考全編〉補正(三)》,《敦煌研究》2012年第3期,第97—103頁。

⑤ 趙望秦《〈唐刺史考全編〉補遺》,趙力光主編《碑林集刊》(十六),西安:三秦出版社,2010年,第250—289頁。

⑥ 馬建紅《〈唐刺史考全編〉拾補》,杜文玉主編《唐史論叢》第十二輯,西安:三秦出版社,2010年,第215—219頁。

⑦ 客洪剛《〈唐刺史考全編〉輯補》,《圖書館理論與實踐》2012年第1期,第58—61、93頁。

⑧ 陳翔《〈唐刺史考全編〉拾遺、訂正》,杜文玉主編《唐史論叢》第十四輯,第272—281頁。此文對學術史的收集不够,所采用之資料與所考,大部分與前引趙望秦文同。

角色，同時也活躍在唐代社會的文化、經濟等各個領域中，但由於《姓纂》散佚日久，今輯本中有關崔、盧、李等的記載僅寥寥數條，實屬雪泥鴻爪、吉光片羽，因此《新表》成爲記載崔、盧、李、鄭等重要門第詳細世系的唯一傳世記録，如陳尚君先生言："《集校》的最主要學術價值也在於對這些家族世系的考訂。"[①]而新刊唐代墓誌資料在世系考訂中不可或缺。

⑴ 以1996年後新刊唐代墓誌資料爲基本素材，結合其他各類文獻，以中古高門崔、盧、李、鄭、王等爲中心，紹趙氏《集校》之踵，結合以往之研究成果，同樣以表之形式考訂《宰相世系表》中諸姓之世系，着力復原各姓之完整譜系，並努力建構史傳失落、闕逸之世系。

⑵ 以1996年後新刊唐代墓誌資料爲基本素材，輯録其中與唐代地方州郡行政長官相關的材料，結合其他各類文獻，詳細比對《全編》及相關研究成果，排比考訂，希望能補《全編》之闕而證其微瑕。

⑶ 本文選取了當下有關墓誌研究的兩種方法：一，以單方墓誌爲中心，就其所包含的各類學術信息開展研究，包括字詞的校訂、句段的點逗、內容的考訂等。二，以單方墓誌爲引子，選擇竭澤而漁的方式，搜羅與該方墓誌相關的其餘石刻、傳世文獻等，就某一個專題集中展開討論。

2. 研究意義

近世所出中古史研究"新材料"，除敦煌吐魯番文獻外，隋唐碑誌以其數量大、字數多、信息量大、涵蓋面廣等特點，爲學界所重，誠如饒宗頤先生所言："墓誌可校補世系，與地志、史傳、文集參證，史料

① 陳尚君書評，見榮新江主編《唐研究》第七卷，第457—466頁。

價值尤高。”學術意義自不待言。

⑴ 唐代墓誌所載中古家族世系材料，多爲其他文獻所闕載，對其進行全面清理，於中古家族史研究具有特殊的意義。

⑵ 利用新出唐代碑誌材料研究中古家族世系，從匡補《宰相世系表》所載世系出發，藉此將中古世家大族的人物譜系較爲完整的勾勒復原，並考察以正史傳記人物爲主的各類人物的關聯，釐清各重要人物間的關係，爲研究中古家族、社會、政治、民族等課題研究提供素材。

⑶ 結合傳世典籍、敦煌文書等新舊中古史研究資料，對唐代墓誌所承載的中古家族世系資料進行系統梳理，可爲今後類似專項碑刻文獻資料的清理研究提供鏡鑒。

三、基本觀點、學術創新及其他

1. 基本觀點

⑴ 我國古代是宗法社會，宗支譜系作爲宗族聯繫的紐帶，備受重視。作於當時，未經史官裁剪的中古碑誌之文往往備載誌主家世，雖也有遠攀望族以自高的情況，但於誌主近世家族世系、支派傳承，則大多可信，可視爲中古家世譜系研究最原始的資料。

⑵ 我國舊有“據史傳以考遺刻，復以遺刻還正史傳”的史、石互證傳統。通過新刊唐代墓誌資料與各種文獻的互證互補，系統的考證、建構中古家族世系，不僅可以對傳世正史內文進行補正，亦能通過透視家族郡望世系、歷官婚媾等因素，進而深入探討中古家族與政治、社會、文化之間的關係。

2. 學術創新

（1）世系之復原與考訂：《新表》一定程度上補足了《姓纂》已佚崔、盧、李、鄭等族之世系，限於體例，非宰相之門不獲列入。恰可藉碑誌資料結合傳世史傳以重構復原，爲中古史研究提供更多的素材。

（2）資料之拾遺與補闕：新刊碑誌除輯補遺文、佚詩外，其中所載姓名、籍貫、世系、婚姻、仕宦、喪葬等資料，多可匡補人名索引、題名占籍、職官制度、登科記考等各種工具書，爲學界提供更加豐富、準確的研究資料。

3. 重點難點

（1）重點：從碑刻文獻學的角度出發，充分搜集近年新刊唐代墓誌資料，從未經史官加工的第一手人物“傳記”資料中，輯録、考訂、整理有關崔、盧、李、鄭、王等家族世系；從家族譜系學的角度出發，利用隋唐碑誌在内的多種“地下新材料”，對《姓纂》（附《四校記》）、《宰相世系表》（附《集校》）等“紙上舊材料”中所載所考各類中古家族世系詳加建構與考證。

（2）難點：材料散碎、原始，搜集、整理不够。近十五年來出土的隋唐碑誌數量遠多於以往同期，學界尚未開展及時的追蹤、全面的搜集、有效的整理；研究缺乏系統性、科學性。過去對隋唐碑誌的研究大多比較零散，没有宏觀規劃，缺乏科學合理的研究理論、手段、方法；隋唐碑誌在書寫時俗訛夾雜，加之文字舛誤衍脱，内容生僻闕泐等，需要盡力做忠實於原意的辨僞、録文、標點、考釋等。

上編　新刊唐代墓誌所見家族世系考訂

凡　例

一、本編以今通行本中華書局一九七五年點校本《新唐書》卷七一上至卷七五下《宰相世系表》（簡稱《表》）所載家族世系爲考訂對象，以《表》有而《元和姓纂（附四校記）》無的崔、盧、李、鄭、王等家族爲中心展開。

二、本編考訂内容是在趙超編著《新唐書宰相世系表集校》（簡稱《集校》）、胡俊《〈新唐書·宰相世系表〉校補》（簡稱《校補》）的基礎上展開的，以1996年後新刊唐代墓誌作爲基本的考訂材料，多是二書未及獲見的新材料，又兼及各類傳世文獻，同時盡可能地參考前賢今人的相關研究成果。

三、本編體例一仍趙氏之書：先從世系表中以表的形式録出需要考訂的内容（爲了便於檢索和核對原文，在所節録之表格上方標出其載《表》中的卷數和頁碼，如《集校》已有涉及，亦列出《集校》頁碼），其次節録相關墓誌的録文，然後進行考訂，最終將考訂所得還原以表之形式。

四、本編所引墓誌資料題名采用葬日（無葬日者用卒日）+墓誌原題（無首題者擬題）的形式表現，字有殘泐者以闕字符“□”表示，節録誌文中的省略部分用“……”表示，盡可能詳細地注出墓誌資料的各種來源和收録情況。本書一般使用規範繁體字，特殊情況（如涉及人名等專有名詞）或采用墓誌原文異體字。

五、本編一如《表》及《集校》，不將女性家族成員列入；對於新增人物，知其排行則遵其雁序，如無明確之排行關係記載，則順次列於原表人物之後。

六、爲節省篇幅，本編所引書多用簡稱，主要者如下：

全稱	簡稱
[清] 沈炳震《唐書宰相世系表訂譌》 (收入《二十五史補編》第六册，北京：中華書局，1955年)	《訂譌》
羅振玉《唐書宰相世系表補正》 (收入上虞羅氏石印本《七經堪叢刊》，見《羅雪堂先生全集》第五編，臺北：大通書局，1976年)	《補正》
洛陽市文物工作隊編《洛陽出土歷代墓誌輯繩》 (北京:中國社會科學出版社,1991年)	《輯繩》
周紹良主編《唐代墓誌彙編》 (上海:上海古籍出版社,1992年)	《彙編》
[唐]林寶撰,岑仲勉校記,郁賢皓、陶敏整理,孫望審訂《元和姓纂(附四校記)》 (北京:中華書局,1994年)	《姓纂(附四校記)》
吴鋼主編《全唐文補遺》五至九輯、千唐誌齋新藏專輯 (西安：三秦出版社，1998—2007年)	《補遺》五至九、千唐
周紹良、趙超主編《唐代墓誌彙編續集》 (上海:上海古籍出版社,2001年)	《續編》

續表

全稱	簡稱
中國社會科學院考古研究所編著《偃師杏園唐墓》 （北京：科學出版社，2001 年）	《杏園》
中國文物研究所、河南文物考古研究所編《新中國出土墓誌·河南〔貳〕》 （北京：文物出版社，2002 年）	《河南貳》
趙君平編《邙洛碑誌三百種》 （北京：中華書局，2004 年）	《邙洛》
楊作龍、趙水森等編著《洛陽新出土墓誌釋録》 （北京：北京圖書館出版社，2004 年）	《新出》
陳尚君輯校《全唐文補編》 （北京：中華書局，2005 年）	《補編》
周紹良《〈新唐書·宰相世系表〉校異》 （收入氏著《紹良文集》中册，北京：北京古籍出版社，2005 年）	《校異》
胡俊《〈新唐書·宰相世系表〉校補》 （西南大學碩士學位論文，2007 年）	《校補》
趙君平、趙文成編《河洛墓刻拾零》 （北京：北京圖書館出版社，2007 年）	《河洛》
趙力光主編《碑林博物館新藏墓誌彙編》 （北京：綫裝書局，2007 年）	《碑林新藏》
中國文物研究所、千唐誌齋博物館編《新中國出土墓誌·河南〔叁〕·千唐誌齋新藏》 （北京：文物出版社，2008 年）	《河南叁》
洛陽市第二文物工作隊、喬棟、李獻奇、史家珍編著《洛陽新獲墓誌續編》 （北京：科學出版社，2008 年）	《續編》

一、裴氏①

【西眷裴氏】

【《表》一上·七·二一八〇】

	韜。
	融,後周司木大夫。
	孝瑜,儀同大將軍。
	該。
	奐,户部員外郎。
恂,赤丞。	

大曆十年(775)十月十日《唐陶貢夫人裴氏墓誌(無首題)》:"太君,河東聞喜人。……雲族繁廡,别眷爲西,以至于我高叔祖寂,則殷周之伊吕也。曾祖義祥,左衛郎將。祖奐,户部員外。父倩,鄧

① 裴氏世系原始記載及考訂見[北宋]歐陽修、宋祁《新唐書》卷七一上《宰相世系表一上》,北京:中華書局,1975年,第2179—2244頁;《集校》,第1—39頁;《校補》,第15—20頁;《姓纂(附四校記)》卷三,第333—334頁。又,近年來有關裴氏的研究主要有:周征松《魏晉隋唐間的河東裴氏》,太原:山西教育出版社,2000年。李獻奇《唐中眷裴氏墓誌叢釋》,《華夏考古》2000年第3期,第88—93頁。李浩《從碑誌看唐代河東裴氏的遷徙流動》,《文獻》2003年第4期,第92—108頁。戴霖《唐裴懷古墓誌銘考釋》,《中原文物》2005年第5期,第72—77頁。樊波《新見唐裴㝵、裴鈇、裴鍠三方墓誌叢考》,趙力光主編《碑林集刊》(十二),西安:陝西人民美術出版社,2007年,第57—69頁。趙振華《洛陽出土唐代裴向、盧氏墓誌研究》,《洛陽師範學院學報》2009年第1期,第20—23頁。牛來穎《虚實之間——墓誌和傳奇中的裴珙》,榮新江主編《唐研究》第十七卷,北京:北京大學出版社,2011年,第127—144頁。吴麗娯《光宗耀祖:試論唐代官員的父祖封贈》,《文史》2009年第1輯,第141—180頁。

州録事參軍。太君未免懷而無所怙，既無伯叔，終鮮兄弟。”[①]誌主稱裴寂爲高叔祖，則誌主之高祖當爲裴寂某兄。《表》載裴寂兄裴該有孫奂，官户部員外郎，是誌誌主裴氏“祖奂，户部員外”，可知《表》、誌所載人物、世系俱合。故《表》所闕書裴該之子即裴奂之父、裴氏之曾祖義祥，官左衛郎將，可補。又《表》不書奂以下世系，據此誌，奂生倩，鄧州録事參軍。

	韶。
	融，後周司木大夫。
	孝瑜，儀同大將軍。
	該。
	義祥，左衛郎將。
	奂，户部員外郎。
恂，赤丞。	倩，鄧州録事參軍。

【《表》一上·七·二一八二至二一八三】

訥之。
世矩。
宣機，禮部侍郎。

開元十九年（731）三月十五日卒《大唐故右散騎常侍清河崔府君（元彦）夫人故河東郡太君裴氏墓誌并序》：“夫人諱□，字□□，聞喜人也。……曾祖訥之，北齊太子舍人。……大父矩，皇朝户部尚書、開府儀同三司、安邑縣開國公，贈絳州刺史。……考宣機，銀青光禄

① 拓片圖版見《河洛》三二五，第437頁。

大夫瀛衛二州刺史。”[①]訥之官職，《表》作北齊中書舍人；宣機官職，《表》作禮部侍郎；矩，《表》作世矩，誌避太宗之諱，故省“世”字。

【《表》一上·七·二一八四至二一八五】

			機。
仙裔。	談。	恒。	奉禮。
			享，駕部郎中。

天寶元年（742）五月十七日《大唐故河東裴夫人（婉容，楊奉榮妻）墓誌銘并序》：“夫人河東裴氏。祖奉禮，皇閬中郡太守。父尹，皇咸寧郡司馬。”[②]疑此誌之奉禮，即中宗朝宰相談之兄，年代大致相合。

	機。
	奉禮，閬中太守。
尹，咸寧司馬。	享，駕部郎中。

【洗馬裴】

【《表》一上·七·二一八六至二一八七】

			大同。
	旦，京掾。		炎。
	仙先。	彦先。	懿。
思益。	願。		

天寶三載（744）閏二月八日《故銀青光禄大夫守工部尚書上柱國

① 録文見［清］陸繼煇《八瓊室金石補正續編》卷二八，上海：上海古籍出版社，2020年，第2870頁，今録文據《補編》下册，第2267—2268頁。

② 録文見《補遺》千唐，第185頁。

翼城縣開國公贈江陵郡大都督裴府君（伷先）墓誌銘并序》："公諱伷先，字係宗，河東聞喜人也。……曾祖倫，隨開府儀同三司、鳳州刺史、永清縣伯；大父同，鳳州刺史，贈秦州都督；父昇，朝散大夫、藍田縣令。……公即藍田之長子，……夫有子前惠文太子廟令惠。"[①]《表》載伷先父旦，京掾，此誌作昇，藍田令，疑因形近致譌。《表》不載伷先有子惠，前惠文太子廟令。

天寶八載（749）三月八日《唐宣義郎行河東郡永樂縣主簿裴君（志）墓誌并序》（弟恕撰）："公諱志，字景略，河東聞喜人。曾祖大同，皇鳳州刺史。世祖昇，皇藍田縣令。父穆先，不仕。皇中書令炎之姪孫，故工部尚書伷先之由子也。……門無胤子。"[②]據上誌，大同第二子昇，《表》作旦，有誤，此誌亦可佐證。因誌主裴志爲伷先之由子，據上誌，伷先爲昇長子，故其父穆先爲昇子，伷先之弟。縱觀上引二誌，昇二子：伷先、穆先；伷先另有子惠；穆先生志、恕。又大同官職，《表》作洛交府折衝，然二誌均作鳳州刺史，此處爲何《表》、誌相差如此？唐人蓋棺定論，依例題其終官，是爲重君命、遵律令；而人情往往又以題其最尊官爲美，故墓誌在追叙族源由來、先代功業時，固多有溢美成分，此誌蓋大同以其長子拜相入閣，次子位居尚書，故身後當有美贈，並非生前確任。

---

① 録文及相關研究參葛承雍、李穎科《西安新發現唐裴伷先墓誌考述》，榮新江主編《唐研究》第五卷，北京：北京大學出版社，1999年，第453—462頁。

② 蓋題"大唐故裴府君墓誌銘"，拓片圖版見《邙洛》一七五，第206頁。録文見《補遺》千唐，第216—217頁。拓片圖版及録文見《河南叁》一六五。

						大同。
				昇,藍田令。		炎。
	穆先。			仙先。	彥先。	懿。
恕。	志,永樂主簿。	惠,惠文太子廟令。	思益。	願。		

【《表》一上·七·二一八七】

善政。
文立,紀王府諮議參軍。
元簡。
曠。
鷗。

貞元十三年（797）十月廿七日《唐故大理司直兼監察御史河東裴府君（曼）墓誌銘并序》："府君，河東聞喜人，諱曼，字曼，姓裴氏，皇宗自出也。衛州新鄉尉杲之子，唐州毗陽令遜之孫，游擊將軍、紀王府典軍文立之曾孫。……初，君再娶無子，外室有子男一人，其生十年矣。今夫人京兆韋氏。"①文立官職，《表》作紀王府諮議參軍。誌作游擊將軍、紀王府典軍。據是誌，文立另有子遜，毗陽令；遜生杲，新鄉尉；杲生曼，監察御史；曼生一子某。

	善政。
	文立,游擊將軍、紀王府典軍。
遜,毗陽令。	元簡。
杲,新鄉尉。	曠。
曼,監察御史。	鷗。
某。	

① 誌藏山東桓臺拿雲美術博物館,録文見《補遺》九,第379—381頁。

【南來吴裴氏】

【《表》一上·七·二二〇〇至二二〇一】

					春卿。
				挺。	淑,倉曹參軍。
好問。	好古。	常憲。	常棣,杭州刺史。		

會昌四年（844）七月廿八日《唐故河南府潁陽縣尉裴君（鼎）墓方石文》:"河東裴君諱鼎，字子重，……君曾伯祖諱耀卿，以清慎相玄宗皇帝。其昆仲相率訓子孫必以清慎焉。故君之曾祖，太子左諭德府君諱春卿。皇祖，太子司議郎、兼監察御史，贈大理卿府君諱淑，皇考，將作監主簿府君諱常憲。……諭德府君娶趙郡李氏，大理府君娶清河崔氏，主簿府君娶滎陽鄭氏。……君，將作府君第三子也。……娶長樂馮氏，子男六人，女四人，長未冠，幼未步而已。"①《表》失載常憲之父，據此誌，常憲父淑，太子司議郎兼監察御史。且杭州刺史常棣與常憲均以"常"行，疑二人爲兄弟。常憲六子，誌未具名。

	春卿。
	淑,太子司議郎兼監察御史。
常憲,將作監主簿。	常棣,杭州刺史。
(第三子)鼎字子重,潁陽縣尉。	
有子六人,未具名。	

① 蓋題"唐故河南府潁陽縣尉裴君墓",録文見《補遺》千唐,第372頁。拓片圖版及録文見《河南叁》三〇七。

【中眷裴氏】

【《表》一上·七·二二一三】

【《集校》一七至二四】

思諒。
行儉。
光庭。

元和八年（813）二月十八日《唐故登封縣尉裴府君（廣迪）墓誌銘并序》："少府諱廣迪，讀書知禮，行無纖違。……曾祖仁基，原州都督。祖行儉，禮部尚書。父趍玄，申、虔二州刺史。……少府崇奉祖業，娶太原王氏。夫人淑哲宜家，一男三女。男曰宗長。"①《集校》綜合前人相關考證，認爲《表》所載光庭世系有誤，當作仁基生行儉，行儉長子貞隱，貞隱弟延休、慶遠、光庭。此誌又載行儉有子趍玄，申、虔二州刺史；趍玄生廣迪，登封尉；廣迪生宗長，《表》亦闕載該支世系。又建中二年（781）十一月六日《唐故義陽郡太守裴府君（趍玄）夫人北平陽氏墓誌銘并序》："嗣子廣迪，前孝義尉。"②亦可資佐證。

仁基。
行儉。
趍玄，申、虔二州刺史。
廣迪，登封尉。
宗長。

---

① 録文見《補遺》八，第115—116頁。拓片圖版見《河洛》三七一，第496頁。拓片圖版及録文見《續編》一九五。

② 蓋題"大唐故陽夫人墓誌銘"，録文見《補遺》八，第89頁。拓片圖版見《河洛》三三六，第452—453頁。拓片圖版及録文見《續編》一八〇。

【《表》一上·七·二二一六】

耀之，高陽太守。
知道，武陵令。
義弘，中書舍人、玄武公。

開元五年（717）十月十九日《大唐故朝散大夫并州太原縣令裴府君（悌）墓誌銘并序》："君諱悌，字悌，河東聞喜人也。……列曾輝之，北齊河間、高陽二郡太守。列祖安石，皇朗州武陵縣令。列考義實，皇魏州貴鄉、易州遂城二縣令。……公即貴鄉君之次子也。……嗣子具思，行陝州司法參軍。嗣子具言，行華州司士參軍。……左拾遺辛怡諫撰，孫男友順書。"①

開元九年（721）二月廿五日《大唐故汾州隰城縣丞河東裴府君（元蘭）墓誌銘并序》："公諱元蘭，字具瞻，河東聞喜人也。……公即皇朝武陵令知道之曾孫，貴鄉令義實之孫，太原令悌之長子也。"②

大曆八年（773）七月廿九日《唐故朝散大夫成都府犀浦縣令河東裴府君（友讓）墓誌銘并序》："公與夫人誕四女，終無一男。……公諱友讓，河東絳州人也。曾祖義實，遂成（城）長。祖悌，太原長。父具思，葉縣長。"③

《裴悌誌》中所記"列祖安石，皇朗州武陵令"，與《裴元蘭誌》中

① 録文見《補遺》八，第16頁。拓片圖版見《河洛》一七三，第221頁。拓片圖版及録文見《續編》九七。

② 録文見《補遺》八，第358頁。拓片圖版見《河洛》一八七，第240頁。拓片圖版及録文見《續編》一〇五。

③ 録文見《補遺》八，第82頁。拓片圖版見《河洛》三二〇，第431頁。拓片圖版及録文見《續編》一七二。

所記其曾祖“皇朝武陵令知道”爲同一人，或一爲名，一爲字。故除義弘外，知道（安石）尚有子義實，貴鄉、遂城令；義實生悌，太原令；悌生元蘭（字具瞻，長子）、具思、具言；元蘭，隰城丞；元蘭生友順；具思，葉令；具思生友讓，犀浦令。或因元蘭雖居長而非嫡子，故在《裴悌誌》中不載。據上述諸誌可補義實一支世系。又輝之，《表》作耀之，不知孰是，待考。

		輝之，一作耀之。
		安石，一作知道。
		義實，貴鄉、遂城令。
		（次子）悌，太原令。
具言。	具思，葉令。	元蘭字具瞻，隰城丞。
	友讓，犀浦令。	友順。

【《表》一上·七·二二一六至二二一七】

					知道。
					義弘。
					惓。
		遵慶。	遵業。		遵裕。
	向。	會。	彭。	宜。	單。
	寅。		禮。		
樞。	格。				

1. 裴遵裕一支

天寶十載（751）十月廿四日《大唐故冀州武强縣尉河東縣開國男裴府君（遵裕）墓誌銘并序》：“公諱遵裕，字仲良，河東聞喜人也。曾祖安石，唐朗州武陵縣令。祖義弘，唐梓州玄武縣丞。父惓，唐鄧杭二州刺史、河東縣開國男。……府君瞻智博物，通識多能。氏族頗精，著述尤麗，撰《門譜》廿卷。……夫人滎陽鄭氏，唐監察御史福祚之女。……嗣子單、括、奭等，煢煢在疚，藐藐相依。”①

大曆二年（767）五月廿四日《唐故杭州長史臨汾縣男裴公（括）墓誌銘并序》：“公諱括，字括，河東聞喜人也。……曾祖義弘，贈中書舍人。大父惓，金紫光禄大夫、杭州刺史，贈司空。烈考遵裕，冀州武强縣尉。……叔父以大賢登相，病於内舉，竟從序進，授太府主簿，轉司農丞。時兵部郎中盧公出牧杭州，求賢自輔，辟公佐理，兼委戎事。……以永泰二年十二月乙未遘暴疾終于湖州官舍，春秋卌有六。嗚呼哀哉！仁而不壽，賢而無子。”②據是誌，誌主裴括生當開元九年（721）。

貞元三年（787）十月廿九日《唐故朝散大夫兼滁州别駕裴公（單）墓誌并序》：“公諱單，字單，河東人也。祖惓，杭州刺史，贈司空。父遵裕，冀州武强縣尉。……貞元元年十一月十七日，□疾薨于官舍，春秋七十。……叔父遵慶尚書左僕射，贈司空，當國秉鈞廿餘載。……歿世無嗣，有女一人。”③據是誌，誌主裴單生當開元四年（716）。

大曆十年（775）四月十一日《唐故楊府録事參軍裴府君（宜）墓誌銘并序》：“有唐大曆十年歲在乙卯建辰月（三月）甲午朔五日戊戌，故楊州大都督府録事參軍裴府君，終於洛陽崇讓里私第，享年卌有八。……君諱宜，字子通，世爲河東著姓。……君即給事中惓之孫；冀州武强縣尉遵裕之子；相國、尚書右僕射遵慶之姪。……夫人同郡

① 録文見《補遺》千唐，第223頁。

② 録文見《補遺》八，第406—407頁。拓片圖版及録文見《續編》一六五。

③ 録文見《補遺》千唐，269頁。拓片圖版及録文見《河南叁》二二一。

柳氏，一子猶依襁褓，不任苴麻。”[①]據是誌，誌主裴宜生當開元十六年（728）。《表》闕遵裕另一子括及諸人官職，據兄弟三人卒年及享壽可推知雁叙爲：單、括、宜。由此三誌，遵裕官至冀州武强縣尉，單終於滁州别駕，宜官至楊州大都督府録事参軍。單身後無子，唯有一女，適滎陽鄭氏。宜有一子，卒時年幼，未載其名。

		惓。
		遵裕，冀州武强縣尉。
宜字子通，楊州大都督府録事参軍。	括字括，杭州長史。（無子）	單字單，滁州别駕。（無子）
某。		

2. 裴遵業一支

貞元九年（793）十月三日《唐故朝議大夫金部郎中韶州刺史裴府君（札）誌銘并序》：“曾祖義弘，梓州玄武縣丞，贈中書舍人。祖惓，給事中、杭州刺史，贈司空。父遵業，鄭州司士參軍，贈絳州司馬。……公諱札，河東聞喜人也。……又加朝議大夫，檢校金部郎中，兼韶州刺史。……韶州遘疾，棄官就醫。粤以興元元年五月八日薨于洪州之私第，享年五十有七。有子二人，女一人。”[②]《表》僅載遵業一子彭，據此誌可補遵業另一子札，官至韶州刺史。札二子，誌闕載其名。又，《表》闕遵業官職，據此誌可知遵業曾官鄭州司士參軍，後贈絳州司馬。

① 録文見《補遺》八，第408頁。拓片圖版見《河洛》三二四，葬期作六月十一日，第436頁。拓片圖版及録文見《續編》一七四。

② 録文見《補遺》千唐，第279—280頁。拓片圖版及録文見《河南叁》二三一。

		遵業，鄭州司士參軍。
	札，韶州刺史。	彭。
某。	某。	禮。

3. 裴遵慶一支

開成二年（837）十一月《唐故銀青光禄大夫明州刺史河東裴公（定）墓誌銘并序》："曾祖倦，皇給事中，贈司空。祖遵慶，皇黄門侍郎、右僕射，謚貞孝公。父會，皇膳部郎中、衛尉少卿，妣清河崔氏。公諱定，字山立，聞喜人。……在昔朞功之屬，咸居于新昌里第。中集盤殧，外任祑禄者百有餘人，皆宦婚有成，言行無玷，是爲望族瞻愛，時人稱之曰新昌裴氏。……公初娶范陽盧氏夫人，生女子二人，男子一人。長適王氏，夫歿子幼，歸于家。次適賈氏，早亡。嗣子諒，前郢州參軍事。學行公才，必繼前德。居喪過禮，幾至毀滅。公再娶隴西李氏夫人，無子。……公同祖異父之弟邃，休官于京師，貳職來富都，申孔懷也。"[①]裴遵慶相代宗，據此誌，該支裴氏聚居於長安新昌里，故有"新昌裴氏"之稱。會官職，《表》作都官郎中。《表》又闕會以下世系，據是誌，會有子定，明州刺史；定有子諒，前郢州參軍；又有同祖異父之弟邃。

乾符六年（879）閏十月十六日《唐故河南府河南縣丞河東裴府君（讓）墓誌銘并序》（再從弟宣德郎守河南府司録參軍謡撰）："公諱讓，字周叟，河東聞喜人也。十九代祖曄，後漢渡遼將軍。自曄十六代至唐黄門侍郎，贈太保，謚貞孝，諱遵慶。貞孝公生會，皇膳部郎中，贈常侍，即公之顯祖也。烈考諱竇，皇汝州龍興令。公即龍興府君第

① 録文見《補遺》八，第158—159頁。拓片圖版及録文見《續編》二二九。

三子也。……有子三人：曰凝，曰卿，曰郇。……令弟諷，前廬州司法參軍，哀號過禮。”[①]據此誌，會除定外，另有子賨，龍興令；賨生讓(第三子)、諷；讓，河南丞；讓生三子：凝、卿、郇。均可補入《表》中。又，會官職，《表》作都官郎中，上引二誌均作膳部郎中，當從誌。

						遵慶。
						會,膳部郎中。
					賨,龍興令。	定,明州刺史。
諷,前廬州司法參軍。			讓,河南丞。	某。	某。	諒,前郢州參軍。
	郇。	卿。	凝。			

開成五年（840）十一月六日《大唐故楊州大都督府右司馬護軍河東縣開國男食邑三百户裴公（寰）墓誌銘并序》：“公諱寰，河東聞喜人也。……曾祖倦，給事中、杭鄧二郡守，贈司空。大父遵慶，尚書右僕射，贈司徒。考向，吏部尚書致仕，贈太傅。……公即尚書之長子也。……開成五年七月十八日，啓手足于官舍，享年六十有九。有子二人：長曰宴，千牛衛録事參軍。幼曰凝，宣州太平尉。”[②]據是誌，裴寰生於大曆七年（772），《表》闕載向長子寰及以下世系，據此誌，向生寰，楊府右司馬護軍；寰生宴、凝；宴，千牛衛録事參軍；凝，宣州太平衛。可補入《表》中。

大中庚午（四年，850）九月壬午（八日）《唐故泗州團練判官朝議郎試秘書省秘書郎柱國裴君（誥）墓誌銘并序》：“君裴氏，諱誥，字子

① 録文見《補遺》八，第226—227頁。拓片圖版見《河洛》四七一，第642頁。拓片圖版及録文見《續編》二七五。

② 録文見《補遺》八，第414頁。拓片圖版及録文見《續編》二三〇。

深，吏部尚書致政，贈少傅公諱向爲之父。尚書右僕射、贈太傅公諱遵慶爲之王父。給事中，贈司空公諱惓爲之曾王父。……其生也，歲實貞元辛巳（十七年，801）而歿於今。……男初、伯女、仲女不敢毀。……女師、女範皆孺，初將冠，伯仲女猶室也。”[①]據是誌，裴誥生於貞元十七年（801），《表》闕載向子誥，據此誌，誥字子深，泗州團練判官、朝議郎、試秘書省秘書郎；誥生初。可補入《表》中。

咸通六年（865）九月壬寅（廿四日）《唐故泗州團練判官殿中侍御史内供奉裴君（誥）夫人弘農楊氏墓銘》：“既笄，適于泗州團練判官、殿中侍御史内供奉河東裴君誥，丞相僕射公諱遵慶之孫，陝虢觀察使常侍公諱向之第七子。……咸通六年，殿内之元昆御史大夫公薨位，夫人之子衛尉主簿昕，啓引以東。”[②]據是誌，可知向至少七子，誥爲第七子，有子昕。

天復四年（904）四月七日《唐故朝議大夫檢校左散騎常侍河南少尹上柱國賜紫金魚袋裴公（謠）墓銘并序》：“公之季方秉鈞衡，……備喪事，辦遠期，育諸孤皆相國之力也。公曾祖遵慶，皇任尚書右僕射，常掌國政。祖向，皇吏部尚書致仕。烈考告，皇殿中侍御史、泗州團練判官。……公有子三人：輝兒、祥兒、萬固。”[③]亦可資佐證上誌，又載誥另有子謠，河南少尹；謠生輝兒、祥兒、萬固。可補入《表》中。

大中十二年（858）二月廿一日《唐故汴州開封縣令裴公（謙）墓誌銘并序》（朝議郎前行京兆府渭南縣令裴宥撰）：“公諱謙，字子深，

---

① 録文見《補遺》八，第180—181頁。拓片圖版及録文見《續編》二四一。

② 録文見《補遺》八，第205頁。拓片圖版及録文見《續編》二五九。

③ 拓片圖版及録文見《續編》二七八。

河東聞喜人也。……曾祖惓，金紫光禄大夫、給事中，贈司空。祖遵慶，金紫光禄大夫、尚書右僕射，贈太保。考向，銀青光禄大夫、吏部尚書致仕，贈太傅。……夫人范陽盧氏，親舅房州刺史皋之女。……長子莘，壽州盛唐縣丞，……次三子詠、共、敬，孝謹修身，樂善好學，不幸早世，相次而喪。……以大中十一年八月十二日寢疾薨于壽春之私第，享年七十有六。……開封，宥之親兄，痛手足之凋摧，……姪給事郎前行宋城縣尉鐸書。”[①]據是誌，裴謙生當建中三年（782）。《表》亦不載向有子曰裴謙，開封縣令；謙生莘、詠、共、敬；莘，時任盛唐丞，餘三子早卒。

咸通七年（866）十月廿五日《唐故河東郡裴夫人（箱）墓誌銘并序》：“夫人諱箱，字藴玉，其先河東聞喜人也。……夫人五代祖義弘，皇朝梓州玄武縣丞，贈中書舍人。高祖惓，皇朝給事中，贈司空。曾祖遵慶，皇朝金紫光禄大夫、黄門侍郎、平章事、吏部尚書、右僕射，贈太尉，謚曰貞孝。祖妣弘農劉夫人，封齊國太夫人。大父向，皇朝銀青光禄大夫、吏部尚書致仕，贈司徒，謚曰穆，祖妣范陽盧夫人，封齊國太夫人。皇考宬，皇朝撫州刺史、檢校都官員外郎，先妣隴西李夫人。……夫人有弟二人、妹一人。弟釗，見任郢王府參軍，一弟一妹皆先少夭逝。夫人即外郎長女也。……夫人適于故代北水陸運巡官、監察御史裏行，趙郡李公克紹之長男，朝散郎、行大理評事謨，有男一人迅，纔及初學。……夫人外族，隴西李氏，外祖給事中敏中。”[②]據此誌，又可補向一子宬，撫州刺史、檢校都官員外郎。宬生釗，時任郢王府參軍。

---

① 録文見《補遺》八，第193—194頁。拓片圖版及録文見《續編》二四九。

② 蓋題“故河東裴夫人墓誌銘”，録文見《補遺》八，第207—208頁。拓片圖版見《河洛》四五三，第612—613頁。拓片圖版及録文見《續編》二六一。

遵慶。	向。	（長子）寰，楊府右司馬護軍。	宴。	
			凝。	
		寅。	格。	
			樞。	
		謙字子深，開封令。	莘，盛唐丞。	
			詠。	
			共。	
			敬。	
		宥。		
		邃。		
		宬，撫州刺史、都官員外郎。	釗，郢王府參軍。	
		（七子）誥字子深，泗州團練判官。	初。	
			謡，河南少尹。	輝兒。
				祥兒。
				萬固。
			昕，衛尉主簿。	

【《表》一上·七·二二二一】

循己，左衛大將軍。
鄖。
温伯。
岫。

貞元己巳歲（五年，789）八月二十一日《唐故恭陵臺丞盧府君（瑀）墓誌銘并序》（宣德郎前守鄧州菊潭縣令裴公儉撰）："有唐盧府君

諱瑀，字子圭，其先范陽人。……曾祖斐，皇太原參軍。王父暹，皇懷州司士參軍。父仲文，皇澤州晉城尉。……娶河東裴氏，則皇右衛大將軍循己之曾孫，皇江州刺史酆之孫，公儉之次女也。”①循己官職，《表》作左衛大將軍。又《表》不載酆另一子公儉，前守菊潭縣令，可補入。

	循己，右衛大將軍。
	酆。
公儉，菊潭令。	温伯。
	岫。

【東眷裴氏】

【《表》一上·七·二二二三】

居道。
融，右驍衛將軍。
泰，安南都護。

建中元年（780）十□月廿四日《唐故正議大夫守鄭州長史裴公（遂）墓誌銘并序》：“公諱遂，字光嗣，河東曲沃人也。曾祖熙載，皇尚書右丞。祖居道，皇侍中、中書令。父融，皇左驍衛將軍、翼國公。……公胤子

① 録文見《補遺》千唐，第273頁。

三：長子溆，見任□□府參軍。次子涚，前徐州符離縣尉。子泳，前莫州莫□□。”①

貞元十四年（798）二月十一日《唐故汝州司户參軍裴府君（溆）墓誌銘并序》：“府君諱溆，字長津，貞元十二年六月十六日，遘疾終於石樓坊之私第，因官而家焉。春秋五十有六，以十四年歲次戊寅二月壬子朔十一日，龜筮襲吉，祔於北邙先塋，禮也。……曾祖諱居道，皇朝金紫光禄大夫、侍中、中書令、太子少保、翼國公。祖諱融，皇雲麾將軍、左驍衛大將軍，襲公。烈考諱光嗣，皇正議大夫、鄭州長史。府君，長史之元子。……夫人河東柳氏，故幽府録事參軍溥之長女。……長子成則，飽聞詩禮，獲守宗祀。……次子未免於水火。”②

貞元五年（789）十二月三日《唐故大理評事攝監察御史裴府君（涚）墓誌銘并序》（六弟徵事郎前行京兆府富平縣尉通撰）：“府君諱涚，字德源，河東絳人。曾祖居道，垂拱中爲秋官尚書、同鳳閣鸞臺三品、内史、納言、太子少保、翼國公。祖融，北庭□都護、左驍衛將軍。父光嗣，正議大夫、鄭州長史。府君鄭州第二子也。翼公之女曰哀皇后。……胤子昌兒等。”③

元和六年（811）閏十二月廿二日《唐故宋州參軍河東裴府君（兼）墓誌銘并序》：“府君諱兼，字從初，元和五年七月十七日，終於宋州之私第，因官而家焉。春秋卌有八。以來歲閏十二月廿二日，龜筮襲吉，祔於北邙先塋，禮也。……曾祖諱融，皇雲麾將軍、左驍衛大將軍。

① 録文見《補遺》千唐，第262—263頁。拓片圖版及録文見《河南叁》二一二。

② 録文見《補遺》千唐，第290頁。

③ 蓋題“大唐故裴府君墓誌銘”，録文見《補遺》千唐，第274頁。拓片圖版及録文見《河南叁》二二五。

祖諱光詞（嗣），皇正議大夫、鄭州長史。列考諱淑，皇汝州司户參軍。府君，汝州之元子也。皇幽府録事參軍河東柳公溥，其外王父也。……夫人渤海高氏，皇雲州刺史岳之長女也。……長子纘，次子練，咸富文吏，未登甲科。”[①]結合上引《淑誌》所載，兼即成則，爲淑長子，外王父河東柳溥，前後名字不同，恐爲改名所致。《表》列融有兄兼，不知是否與此誌誌主宋州參軍兼係同一人，恐此處有錯簡。此誌之光詞，據官職及世系推之，當是光嗣無疑。

《表》裴融下僅載孫泰，《集校》亦未對該支世系作出校補。今據新出裴遂墓誌可知，居道有孫遂，字光嗣，官至鄭州長史。嗣子三人：淑、涚、泳。又，據淑、涚二誌，淑，汝州司户參軍，生二子，長子成則，次子早卒。涚，大理評事，有子昌兒等。而《表》所書居道孫“泰，安南都護”並非光嗣之子，可能爲他系所竄入。遂誌僅云：胤子三：淑、涚、泳。然涚誌署“第六弟徵事郎前行京兆府富平縣尉通”，中古時期，兄弟排行往往以同一祖父或曾祖所出同輩兄弟而論，故通可能並非光嗣之子。又，《表》載融官爲右驍衛將軍，而三誌均稱“左驍衛將軍”，當以誌爲是。

元和十五年（820）四月十四日《唐故大理司直潤州金壇縣令河東裴公（深）墓誌銘并序》：“司直諱深，字巨源。裴姓也，百代冠纓之族，明在譜書，故不具舉。唐故太子納言兼少保、翼國公居道之曾孫。左驍衛大將軍、襲翼國公融之孫。宋州司倉參軍光宗之次子。……以建中元年十月六日歿於位，春秋卌有一。夫人常山閻氏，唐故刑部侍郎伯璵之女。……有一子四女。子曰浦，未虞而卒。”[②]可知融除光

① 録文見《補遺》千唐，第314頁。

② 録文見《補遺》千唐，第332頁。拓片圖版及録文見《河南叁》二七三。

嗣（遂）外，尚有子光宗，宋州司倉參軍；光宗生深，金壇縣令；深生浦，早卒，並可補入。

							居道。
							融，左驍衛將軍。
		光宗，宋州司倉參軍。					遂字光嗣，鄭州長史。
泰。	通（涚六弟），前行富平尉。	深，大理司直、金壇令。	泳。	涚，大理評事攝監察御史。			溆，汝州司户參軍。
		浦。		昌兒。	某。		兼字從初，一作成則，宋州參軍。
						練。	纘。

【《表》一上·七·二二二八至二二二九】

【《集校》三〇至三二】

			尼。
	之爽。	師民。	之隱。
希惇。	希仁。		
思進。			

開元十五年（727）二月廿九日《唐故銀青光禄大夫國子祭酒上柱國魏郡開國公駙馬都尉裴公（巽）墓誌銘并序》："公諱巽，字令直，河東聞喜人也。……曾祖之隱，隋司農少卿、普安郡太守、始州刺史、益州總管府長史、□校濛益二州刺史，謚曰安。祖希惇，皇朝冀之南宫、瀛之樂壽、雍之鄠三縣令，齊州長史，贈商州刺史。父思進，皇朝蔣王府記事參軍，復之竟陵、隋之隋二縣令，贈蒲州長史、太僕卿。……無何，出爲鄜州刺史，……復除許州刺史、……嗣子正議大夫、行殿中

尚衣奉御□□。”[①]《補正》據《全唐文》卷二八二李迥秀《唐齊州長史裴府君（希惇）神道碑》認爲：“《表》誤以（希惇）爲之隱弟之爽子。”此誌亦資佐證，巽，字令直，《表》不載，曾先後尚中宗、睿宗兩朝公主，地位顯赫，其誌所載先世之歷官、謚贈等頗詳細，可補史闕。

【《表》一上·七·二二三六至二二三八】

								昱。
					坰，大理少卿。	衡。	垍。	增。
思。		思謙。	思猷。	惠迪。	含章。		鍠。	
	紹昌。	紹光。						

廣明元年（880）七月廿一日《唐故夏侯氏河東裴夫人（瑾）墓誌》（夫將仕郎前守秘書省正字夏侯淑撰）：“夫人河東裴氏，諱瑾，字敬佩，或字聖川。即外舅棘卿、檢校左常侍思謙第四女也。長源廣派，榮枝茂葉，備詳于譜諜焉。曾祖昱，皇任高陵縣令，贈太傅。祖坰，皇任司農少卿，贈吏部尚書。伯祖垍，憲宗朝任以宰衡，良哉之譽，冠絶百代。親仲父思猷，皇工部尚書致仕，贈户部尚書。堂仲父衡，皇淮海副節度，事假憲丞。親季父含章，皇東宫率更令，親季父玹，皇弋陽太守。……夫人長兄紹光，見舉秀才科。次兄紹莊，調授鄭縣尉。與薛氏陳氏二女皆外姑所出。”[②]《表》書含章爲思謙兄，此誌作弟，又無弟玹，可知《表》於思謙兄弟之記載及雁序排行皆有誤，趙氏據《唐尚書

① 録文見劉連香《唐中宗、睿宗駙馬裴巽墓誌考略》，《洛陽師範學院學報》2004年第3期，第9—12頁。録文見《補遺》九，第443—444頁。

② 拓片圖版見《河洛》四七二，第643頁。

省郎官石柱題名考》卷一七之記載，肯定《訂譌》所考思謙弟當作思□,《表》誤。又,《表》列衡爲坰兄，除衡外，增、垍、坰昆季三人均以“土”旁行，且此誌明言：“堂仲父衡，淮海副節度。”可知《表》誤將衡提升一格，致使父子變兄弟。《表》失載誌主次兄紹莊，亦當補入。又坰官職,《表》作大理少卿。

咸通十四年（873）二月二十五日《唐知鹽鐵陳許院事侍御史内供奉賜緋魚袋孫虬故室河東裴氏墓誌銘并序》：“曾王父昱，京兆府高陵令，贈工部尚書；烈祖垍，……當元和朝，天子以武定河塞之猘吠者，且急於自輔，故擢公於宰相之任。……顯考諱處休，少嗜天竺法……元昆故衛尉少卿裴君嘗言。”[①]胡俊據此誌補入垍又一子處休，并州掾；處休子某，衛尉少卿。

											昱。
							坰，司農少卿。			垍。	增。
思□。	玹，弋陽太守。	含章。			思謙。	思猷。	惠迪。	處休，并州掾。	衡，淮海副節度。	鍠。	
			紹昌。	紹莊。	紹光。			某，衛尉少卿。			

① 《續集》咸通〇九四，第1107頁。拓片圖版及録文見《輯繩》，第707頁。此條材料係胡俊揭出，並據以補入《表》，見《校補》，第19頁。

【《表》一上·七·二二四〇至二二四一】

【《集校》三七至三八】

						懷感。
						陟。
						紀,長安丞。
				翻,太僕卿。	正,河中少尹。	冕。
均。	廣。	素。	儉。	篋。		

開元廿四年（736）十一月廿一日《大唐前同州澄城縣主簿南陽劉肱妻河東裴氏墓誌序》:“夫人姓裴氏，河東聞喜人也。……曾祖懷感，澧州刺史。祖陟，蜀滑二州司馬。父紀，長安縣尉。”[①]紀官職，《表》作長安丞。劉肱妻裴氏爲代宗朝宰相冕之姊妹。

大曆六年（771）十月十八日《大唐故太中大夫太子左庶子絳郡開國公上柱國裴公（翻）墓誌銘并序》:“公諱翻，字，河東聞喜人。澧州刺史懷感之曾孫，滑州司馬陟孫，贈司空紀之仲子，相國尚書左僕射冕之介弟。……嗣子太常主簿篋、京兆參軍儉等。”[②]《校異》已據《全唐文》卷三六九元載《冀國公贈太尉裴冕碑》考得:“《表》誤以正爲冕弟。當下移一格。”此誌復稱:“贈司空紀之仲子，相國尚書僕射冕之介弟。”亦可佐證《校異》之考無誤。翻官職，《表》作太僕卿。是誌詳載其官歷，唯不載其任太僕卿，終官爲太子左庶子。《表》載翻五子：篋、儉、素、廣、均。是誌僅載二人：太常主簿篋、京兆參軍儉，與

① 蓋題“大唐故裴夫人墓誌銘”,録文見《補遺》千唐，第174頁，拓片圖版及録文見《河南叁》一三二。

② 拓片圖版及録文見樊波《新見唐裴翻、裴鉄、裴鍠三方墓誌叢考》,趙力光主編《碑林集刊》(十二),第59—69頁。

《表》所載合。

樊波據貞元廿年（804）七月一日《唐故太原府都知兵馬使兼慶州行營使試殿中監賜紫金魚袋武公夫人裴氏墓誌并序》："夫人裴氏，河東人也。遠祖因宦遷家，今爲洛州洛陽人矣。祖諱冕，父諱靖，皆代有芳名，爲時器重。夫人即靖公之第七女。"[①]定誌主冕即代宗朝宰相冕，確否待考，俟後明證。

						懷感。
						陟。
						紀，長安尉。
				冔，太僕卿。		冕。
均。	廣。	素。	儉。	篋。	正，河中少尹。	靖。

① 録文見《彙編》貞元一三二，第1934—1935頁。

二、蕭氏[①]

【皇舅房】

【《表》一下·八·二二七八】

引字叔休,陳吏部侍郎。
德言,秘書少監。
沈。
安節。
至忠。

開元十二年（724）十二月五日《大唐故銀青光禄大夫饒州刺史來府君（景暉）妻蘭陵郡夫人蕭氏墓誌銘并序》:“夫人姓蕭，諱大通，蘭陵郡人也。高祖引，梁黄門侍郎、吏部侍郎，封陽縣開國侯。曾祖德言，皇朝銀青光禄大夫、行秘書少監，贈太常卿。祖沉，皇朝朝散大夫、太子洗馬。父安節，皇朝相王府兵曹參軍，贈徐州刺史。”[②]誌主蕭大通爲中宗、睿宗朝宰相蕭至忠姊妹，引官職,《表》作陳吏部侍郎；沉,《表》作沈。

① 蕭氏世系原始記載及考訂見《新唐書》卷七一下《宰相世系表一下》,第2277—2288頁;《集校》,第65—75頁;《校補》,第22—23頁。相關研究見李春敏《隋蕭瑒墓誌考》,《考古與文物》1996年第1期,第78—79、23頁。

② 拓片圖版見《河洛》一九五,第251頁。

【齊梁房】

【《表》一下·八·二二七九至二二八一】

					文憬。
			元禮。		元祚，萍鄉侯。
纂。	詮。	諼。	讖。	諒。	誠。

開元廿三年（735）閏十一月一日《大唐故袁州萍鄉縣令蕭府君諱元祚字元祚墓誌銘并序》（次子前司勳員外郎誠撰。幼子主爵員外郎諒書）："蕭氏殷後，世居蘭陵。先君梁長沙王諱懿五世孫。長沙王生後主諱淵明，後主生高唐王諱盾，高唐王生高邑公諱岱，高邑公生湖州司馬諱憬。先君即司馬翁第五子也。"[①]元祚，《表》作萍鄉侯。

開元六年（718）十月廿二日《大唐故贈銀青光禄大夫使持節相州諸軍事相州刺史蘭陵蕭府君（元禮）墓誌銘并序》（朝議郎行職方員外郎許景先撰并書）："公諱元禮，字令恭，先蘭陵人也。即梁長沙王五代孫。……曾祖盾，梁高唐郡王。祖岱，隨代郡守，高邑公。父憬，皇朝朝散大夫、湖州司馬。……春秋五十有一，朝廷聞而嘉焉，……乃下制，追贈使持節相州諸軍事相州刺史。……夫人燉煌張氏，即鄯州都督師昉之孫，閬州參軍斌之女也。……長子朝議郎、行尚書刑部員外郎讖，次子朝議郎、行左金吾兵曹參軍諼。"[②]《表》闕載憬父、祖，據上引兩誌憬父岱，隋代郡守、高邑公；岱父盾，梁高唐郡王，可補入。

---

① 拓片圖版見《河洛》二二二，第286—287頁。

② 拓片圖版見《河洛》一七七，第227頁。

天寶二年（743）十一月二日《□唐故中散大夫義陽郡太守蕭府君（諼）墓誌銘并序》："公諱諼，字諼，蓋梁宣武帝至公爲來孫，齊高唐王及公爲高祖。……曾祖岱，隨代郡太守。祖憬，皇湖州司馬。……考元禮，皇贈大詹事。……夫人河東之柳氏，痛深杞婦，哀甚敬姜。嗣子倚，伊蒿罔極，茹荼復禮。"[①]諼官職，《表》作鄂州刺史，據此誌，諼天寶二年卒於義陽太守任上，當依例題其終任，作義陽太守。

天寶十二載（753）十一月十七日《蕭公（均名）墓誌文并序》："公字均名，蘭陵人也。梁文皇帝之胄裔矣。曾祖憬，皇魏州刺史。……祖思禮，銀青光禄大夫、太子大詹事。……父諼，皇朝尚書水部員外郎，尋遷右贊善大夫。"[②]《表》闕載諼以下世系，據以上兩誌，諼有子倚、均名，可補入。

大和己酉歲（三年，829）十月己酉《唐故河南府兵曹參軍賜緋魚袋蘭陵蕭公（放）墓誌銘并序》："大和己酉歲秋八月，公之仲子絳，……公諱放，字，其先南蘭陵人，梁長沙王七代孫，今以名數爲河南洛陽人。曾祖憬，湖州司馬。祖元祐，郢州京山縣令。禰誼，開元中，嚴考功選，登進士甲科，終司農寺主簿。公即主簿第四子。……從祖兄大理評事震，友愛慈仁，扶服以職其事，奔詣委巷，收小者以歸，命其室河東暢氏自育焉。時廷評無子，人有勸子之者，廷評曰：兄弟之子，猶子也，胡必子之耶？遂名之曰勝兒，今綬是也。……今三男皆立矣，長曰縱，潤州別駕兼殿中侍御史。次曰絳，青州北海縣尉。季

① 蓋題"大唐故蕭府君墓誌銘"，録文見《補遺》千唐，第189—190頁。拓片圖版及録文見《河南叁》一四六。

② 蓋題"大唐故蕭府君墓誌銘"，録文見《補遺》千唐，第231頁。拓片圖版及録文見《河南叁》一七九。

曰綬，明經出身，魏州参軍。”[①]據是誌可知，憬除《表》中所列元祚、元禮二子外，尚有子元祐，京山令；元祐生誼，司農寺主簿；誼生放，河南府兵曹參軍；放生縱、絳、綬。放爲誼第四子，放兄弟至少四人。又，震與放爲從祖兄弟，同爲憬之曾孫，故震當是放祖父元祐兄弟之孫，唯不詳出自憬哪一子。

大曆三年（768）三月廿二日《唐故朝議郎行右武衛長史賜緋魚袋上柱國蘭陵蕭府君（忿）墓誌并序》：“公諱忿，字。…… 曾祖憬，皇通議大夫、相州長史。大父禎，皇朝散大夫、慶州司馬。考詢，皇申州録事參軍事。……孺子綵等。”[②]

元和三年（808）十一月十八日《唐故右武衛長史蕭府君（忿）南陽張夫人合祔誌銘并序》：“蘭陵蕭府君者，諱忿。……孝子緄既壯大，……府君曾祖憬，湖州長史。王考禎，慶州司馬。考詢，申州録事參軍。……夫人祖懷道，緱氏縣主簿。考曉，祠部郎中。”[③]據此二誌，憬尚有子禎，慶州司馬；禎生詢，申州録事參軍；詢生忿，右武衛長史；忿生緄、綵。憬，《表》作文憬，上引諸誌均作憬，當從誌。今補憬子元祐、［元］禎，同《表》舊載元祚、元禮，共得昆季四人，除元祚明言爲第五子，餘均不詳雁序。

① 録文見《補遺》千唐，第348—349頁。

② 蓋題“大唐故蕭府君墓誌銘”，録文見《補遺》千唐，第246—247頁。拓片圖版及録文見《河南叁》一九六。

③ 蓋題“唐故蘭陵蕭府君墓誌”，録文見《補遺》千唐，第306頁。拓片圖版及録文見《河南叁》二五三。

								盾，梁高唐郡王。
								岱，隋代郡守、高邑公。
								憬。
		[元]禎，慶州司馬。			元祐，京山令。		元禮。	（第五子）元祚，萍鄉令。
		詢，申州録事參軍。			誼，司農寺主簿。		諼，義陽太守。	
震，大理評事。		愻，右武衛長史。			（第四子）放，河南府兵曹參軍。	均名。	倚。	
	緄。	綵。	綬。	絳。	縱。			

【《表》一下·八·二二八一】

梁高祖武皇帝八子：統、綱、續、繹、綜、績、綸、紀。統，昭明太子。綱，簡文皇帝也。

大曆四年（769）十月三日《唐故豪州録事參軍蕭公（韶章）墓誌銘并序》："公諱韶章，字浩然，東海蘭陵人也。……曾王父大圜，梁樂梁王，即簡文廿子。王父璩，咸陽令。……皇考仁才，濮州長史。"① 《表》齊梁房只載昭明太子蕭統五子之世系，此誌誌主韶章爲梁建文帝綱之後嗣也，據是誌，簡文帝廿子大圜，梁樂梁王；大圜生璩，咸陽令；璩生仁才，濮州長史；仁才生韶章，豪州録事參軍。玆列於此。

① 蓋題"大唐故蕭府君墓誌銘"，録文見《補遺》八，第77—78頁。拓片圖版及録文見《續編》一六七。

【《表》一下·八·二二八一】

巋。
琮，隋莒國公。
鉉，集州刺史。

景龍二年（708）三月廿七日《大唐洛州合宮縣丞魏承休故妻蕭氏（貝娘）墓誌銘》："夫人諱貝娘，蘭陵人也。梁明帝五代孫。高祖琮，隨内史令。曾祖鉉，唐集州刺史。祖儀，太子僕。父慥，早亡。"① 《表》闕載鉉以下世系，可據此誌補入，又《表》僅言琮封莒國公，誌載琮曾官内史令。

巋。
琮，隋莒國公。
鉉，集州刺史。
儀，太子僕。
慥。

【《表》一下·八·二二八一至二二八七】

巋。
瑀。
鋭。
守規。
沔。

① 録文見《補遺》八，第335頁。拓片圖版見《河洛》一四四，第186頁。拓片圖版及録文見《續編》八〇。

景雲二年（711）八月廿四日《唐故簡州司馬蘭陵蕭君（守規）墓誌銘并序》："君諱守規，字憲，蘭陵人也。……曾祖巋，梁孝明皇帝。祖瑀，梁新安王，隨内史，皇朝尚書左右僕射、太子太保、宋國公，食亳州封六百户，贈司空，圖畫雲閣，陪葬昭陵。父鋭，駙馬都尉、太常卿、益州長史、岐州刺史，襲宋國公，尚文武聖皇帝女襄城長公主。……夫人河東柳氏，蒲州使君則之孫，都水使者子産之女也。……嗣子蘇州司功暉等，……次子曉，揚州參軍。次子皜，常州參軍。次子晊，鄭州參軍。次子晙，漢州參軍。"① 《表》不載蕭守規官職，據此誌守規終簡州司馬。又，《表》列守規子沔，此誌載守規五子：暉、曉、皜、晊、晙，均係以"日"旁，疑《表》此處有錯簡，今重列守規以下世系。

				守規，簡州司馬。
晙。	晊。	皜。	曉。	暉。

【《表》一下·八·二二八一至二二八七】

【《集校》七一至七二】

巋。
瑀。
鉞。
恕。
定。

景龍三年（709）十月十四日《唐故朝請郎行歧（岐）州參軍事蕭君（愻）墓誌銘并序》："君諱愻，字元將，南蘭陵蘭陵人，梁孝明皇帝

① 拓片圖版、録文及簡單考證見《新出》，第231—234頁。録文見《補遺》九，第350—351頁。

之曾孫也。……祖瑀，梁新安王，隨内史侍郎，皇朝中書令、尚書左右僕射、太子太保、上柱國、宋國公，贈司空。……父鈘，給事中、利渝二州刺史。……弟太子通事舍人恕等。”①《補正》據《比丘尼惠源和上誌銘》考出恕父“作鈘不作鉞”，今此誌又添一明證，蓋鉞、鈘形近致譌。據是誌，鈘另有子悉，岐州參軍，爲恕之兄，《表》闕載。

元和五年（810）四月廿八日《唐故華州司倉參軍蕭公（鄭）墓誌銘并序》：“大父恕，剖符虢州。烈考定，典樂太常。祖贈冬官，父贈太師。……無子主奠。”②是誌所載恕、定父子官職與《表》相合，《表》闕定以下世系，據此誌可補入定子鄭，華州司倉參軍。

	鈘。
恕。	悉，岐州參軍。
定。	
鄭，華州司倉參軍。	

【《表》一下·八·二二八七】

巖。
隱之。

先天元年（712）十月廿五日《大唐太中大夫行沂州司馬上柱國蘭陵蕭府君（茂本）墓誌銘并序》：“府君諱茂本，字義廉，蘭陵人也。漢

① 拓片圖版及録文見西安市長安博物館編《長安新出墓誌》，北京：文物出版社，2001年，第142—143頁。

② 録文見崔庚浩、王京陽《華陰發現的兩方唐墓誌》，《文博》2000年第2期，第61—64、78頁。此誌爲胡俊揭出，並據以校補蕭氏世系，見《校補》，第22—23頁。

相國三傑之後，梁武帝五代之孫。公族王門，勳餘戚裔。國史家諜，焕然可觀。曾祖巖，後梁尚書令、太尉、太傅、安平王，周柱國。祖瑊，寧海侯。……考嗣宗，唐秘書正字，左衛兵曹，延州罷交果州相如洺州雞澤三縣令。……有子七人：長子愉，前常州無錫尉；次子澄之，前宋州穀熟縣丞；次子隱之，前懷州河内尉；次子温藝、温恭、獻之、混之等。”①

開元十七年（729）二月廿四日《大唐故沂州司馬柱國蕭府君（茂本）故夫人琅耶縣君王氏墓誌銘并序》：“夫人琅耶人，漢中尉吉之後也。……曾祖考北齊太常卿諱緝，祖考北齊正員郎、吕州别駕諱令思。考皇朝户部郎中、司列大夫諱元壽。……（蕭）府君諱茂本，字義廉，蘭陵人。梁尚書令、安平王巖之曾孫，開府寧海侯瑊之孫，皇朝雞澤府君嗣宗之子。中興初，累遷太中大夫、行沂州司馬。……有子七人、女三人。……嗣子愉等。”②《集校》已考出巖有子瑶、勝。今據二誌，巖尚有子瑊，瑊生嗣宗，嗣宗生茂本，茂本生七子：愉、澄之、隱之、温藝、温恭、獻之、混之。恰可補足《表》所闕巖以後，隱之以前三代世系。

								巖。
勝。	瑶。							瑊，寧海侯。
								嗣宗，秘書正字。
								茂本，沂州司馬。
		混之。	獻之。	温恭。	温藝。	隱之。	澄之。	愉。

① 拓片圖版見《河洛》一六〇，第205—206頁。

② 拓片圖版見《河洛》二〇五，第263—264頁。

【《表》一下·八·二二八一至二二八八】

【《集校》七四至七五】

		督。
		岑。
瑁。	球。	瓚。
	繕。	文朗。
憲。		

《集校》據《蕭令臣墓誌》[①]《蕭浮丘墓誌》[②]補列了蕭岑子蕭瑾一支世系。

		岑。
		瑾,隋親衛大將軍。
(闕名待考)		凝,雅州盧山令。
令思,括州括蒼縣令。		令臣,太原府太原縣丞。
浮丘,唐州别駕。	寂。	寬,濮州濮陽主簿。
某,益州温江縣尉。		

因《蕭浮丘墓誌》於其祖父、子嗣名諱處殘泐,故《集校》在補列世系時亦闕。

貞觀廿年(646)十月十二日《大唐故亭山縣令蕭府君(汾)墓誌銘并序》:"君諱汾,字守德,蘭陵郡蘭陵縣人也。……曾祖督,梁宣皇

① 録文見《彙編》開元四一〇《唐故太原府太原縣丞蕭府君(令臣)墓誌銘并序》:"公諱令臣,字禎之,蘭陵人也。……曾祖岑,梁吳王;祖瑾,永脩侯,隋親衛大將軍;父凝,趙州司功,左授雅州盧山令。"第1438—1439頁。

② 録文見《彙編》開元三六四《唐故唐州别駕蕭君(浮丘)墓誌銘并序》:"君諱浮丘,字子真,蘭陵人也。……曾祖瑾,祖□,並公侯子孫,陳隋冠冕。父令思,括州括蒼縣令。……君即府君之元子也。……嗣子益州温江縣尉□□等。"第1408頁。

帝。……祖岑，梁太尉、吴王。……父瑾，梁散騎常侍、中書侍郎、永脩侯。”①

大曆八年（773）二月己未（十四日）《大唐故汝州司馬蕭府君（安親）墓誌并序》:“公諱安親，字安親，蘭陵人也。……公即齊州長史汾之曾孫，括州刺史令思之孫，唐州别駕浮丘之子。……初尉于温江，……嗣子敷等。”②據此誌，結合上引《汾誌》，可知《浮丘誌》所殘泐之祖諱即汾，官亭山令；浮丘子益州温江縣尉某，即安親，終任汝州司馬。

長慶四年（824）十一月廿一日《大唐故河南府洛陽縣丞蘭陵蕭府君（徵）墓誌銘并叙》:“梁孝宣帝諱詧，生吴王岑，即府君之五代祖也。……曾祖諱令思，皇朝處州刺史。祖諱浮丘，皇朝唐州别駕。皇考諱安親，皇朝温縣令、汝州司馬。……府君即汝州府君之次子也。……有子二人，長曰仰之，文行立身，克荷世嗣。次曰行之。”③上引《安親誌》稱嗣子敷，此誌又云徵爲安親次子，並可補入。又此誌云吴王岑爲誌主蕭徵之五代祖，但據《集校》及今利用上引諸誌所補之蕭瑾以下世系可知，岑生瑾，瑾生汾，汾生令思，令思生浮丘，浮丘生安親，安親生敷、徵，徵生仰之、行之。則蕭岑當是誌主之六代祖，云五代祖當誤。

顯慶三年（658）十一月五日《唐故梁□□□孫蕭君（令懲）墓誌記》:“君諱令懲，字令懲，蘭陵人，帝嚳之遠裔也。……七代祖順之，

① 拓片圖版見《河洛》五八，第65頁。拓片圖版及録文見《續編》二五。

② 録文見《補遺》八，第80—81頁。拓片圖版見《河洛》三一九，第430頁。拓片圖版及録文見《續編》一七一。

③ 録文見《補遺》八，第138—139頁。拓片圖版見《河洛》三八九，第519頁。拓片圖版及録文見《續編》二一三。

梁文皇帝。六代祖衍，梁武皇帝。五代祖統，梁昭明皇帝。高祖詧，梁宣皇帝。曾祖岑，梁吴王。祖瑾，梁侍中，永脩侯。父澤，廬州司馬。君即司馬之第三子也。”①

垂拱元年（685）二月八日《大唐韶州樂昌縣令王協故妻蕭氏（貞）墓誌銘并序》：“夫人諱貞，其先蘭陵人，梁武皇帝之五代孫女也。……曾祖岑，梁太尉、吴王。祖瑾，梁侍中、散騎常侍，隋中衛大將軍、永脩侯。父澤，皇朝金州長史。”②據是二誌，蕭瑾以降世系，除已補蕭凝、汾兄弟之外，尚有一子澤，生令懲。唯二誌所載澤官職不同，且不知凝、汾、澤三人之雁叙排行，姑且將蕭澤列於蕭汾之後。

					岑。
					瑾。
澤，瀘州司馬，一作金州長史。			汾，亭山縣令。		凝。
（第三子）令懲。			令思。		令臣。
			浮丘。	寂。	寬。
			安親，汝州司馬。		
		徵，洛陽縣丞。	敷。		
	行之。	仰之。			

① 拓片圖版見《隋唐五代墓誌匯編·洛陽卷》第三册，天津：天津古籍出版社，1991年，第215頁。録文見《續集》顯慶〇二六，第101頁。

② 録文見《補遺》六，第323—324頁。拓片圖版及録文見《新獲》二三。

三、長孫氏[①]

【《表》二上·八·二四一一】

【《集校》一七三至一七四】

操,金部郎中、樂壽安男。
誼,睦州刺史。
永,屯田員外郎。

年代不詳《盧夫人墓誌銘并序》:"夫人范陽盧氏,亳州譙縣令頠之長女。……既笄而歸于我長孫府君,府君諱峻,益州長史、左散騎常侍操之曾孫,衢州刺史、眉州刺史誼之孫。屯田員外冰之子。……家無嗣男,室有季女。"[②]操官職,《表》作金部郎中。誼官職,《表》作睦州刺史,誌載其曾任衢、眉二州刺史。冰,《表》作永,冰字誌手寫作"氷",易譌作永,當據誌正之。冰生峻,脩武令,可據以補入。

操,左散騎常侍。
誼,衢、眉二州刺史。
冰,屯田員外郎。
峻,脩武令。

① 長孫氏世系原始記載及考訂見《新唐書》卷七二上《宰相世系表二上》,第2409—2418頁;《集校》,第169—181頁;《姓纂(附四校記)》卷七,第1071—1082頁。

② 蓋題"大唐故盧夫人墓誌銘",拓片圖版見《邙洛》一五九,第184頁。

【《表》二上·八·二四一三至二四一四】

沖。
絢。

貞元九年（793）七月乙酉《大唐故魯郡夫人河南長孫氏墓誌銘并序》："夫人諱璀，字璀，有唐文德皇后之姪孫，工部尚書郭趙公之夫人也。高祖無忌，元勳盛烈，載在王府，官至太尉、趙國公。曾祖沖，兵部尚書、駙馬都尉，尚長樂公主。祖絢，右屯衛兵曹參軍。考元適，通州刺史，贈兵部侍郎。"①《表》不載絢官職及其子元適。據是誌，絢，右屯衛兵曹參軍；生元適，通州刺史，可補入。

沖。
絢，右屯衛兵曹參軍。
元適，通州刺史。

① 拓片圖版及録文見趙力光、王慶衛《新見唐代郭晞夫婦墓誌及其相關問題》，榮新江主編《唐研究》第十六卷，北京：北京大學出版社，2010年，第225—248頁。

四、杜氏①

【《表》二上·八·二四二四至二四二六】

【《集校》一九〇至一九二】

景秀。
懿,隋殿内監、甘棠公。
乾祚。
操,殿中侍御史。
隒。

景雲二年（711）五月四日《大唐故杜府君（乾祚）并夫人（薛氏）墓誌銘并序》："君諱乾祚，京兆人也。……曾祖顒。後魏征西將軍、金紫光禄大夫，東荆涇岐三州刺史、安平公。……祖景秀，後魏黄門侍郎、金紫光禄大夫、儀同三司，贈渭州刺史。……父懿，隨銀青光禄大夫、金部禮部侍郎、殿中監、甘棠公。……解褐皇朝秦府護軍府録事參軍，轉任洛州鞏縣令。……長子崇嗣等，……第三子崇業。"②

① 杜氏世系原始記載及考訂見《新唐書》卷七二上《宰相世系表二上》,第2418—2440頁;《集校》,第181—208頁;《校補》,第41—43頁;《姓纂(附四校記)》卷六,第910—945頁。近年有關杜氏的研究主要有:王其禕、周曉薇《長安新出隋大業九年〈杜祐墓誌〉疏證——兼爲梳理隋唐墓誌所見京兆杜氏世系》,杜文玉主編《唐史論叢》第十四輯,西安:陝西師範大學出版總社有限公司,2012年,第1—25頁。

② 蓋題"大唐故杜府君墓誌銘",録文見《補遺》千唐,第113—114頁。拓片圖版及録文見《河南叁》八七。

《表》《姓纂》均未載乾祚官職及以下世系。是誌作乾祚官洛州鞏縣令，長子崇嗣，第三子崇業，是知乾祐至少三子。懿，岑氏《四校記》引《魯公集》卷一〇《杜濟神道碑》考其爲官在北周，此誌作隨銀青光禄大夫、金部禮部侍郎、殿中監，甘棠公，《姓纂》作隋不誤。不知《表》所列乾祚曾孫操爲何人之後。

			景秀。
			懿，隋銀青光禄大夫、金部禮部侍郎、殿中監，甘棠公。
			乾祚，鞏縣令。
	（第三子）崇業。	某。	（長子）崇嗣。
操，殿中侍御史。			
隒。			

【《表》二上·八·二四三六至二四三七】

正倫。	正藏。
	志静。
	僑。
	損。
	戩。
	羔，刑部郎中。
	中立，義武節度使。

會昌二年（842）七月廿日《唐陜州陜縣尉李君（復元）妻故杜夫人墓誌銘并序》："夫人京兆杜氏，其先唐中令正倫之後也。大王父損，皇大理少卿。王父戩，皇滑州參軍，贈著作佐郎。父羔，皇給事中、鄜坊觀察使、工部尚書，累贈右僕射、司空，謚曰敬。……兄光禄少卿、

駙馬都尉中立，及嫂真源公主。”[①]戩，《表》不書其官職，此誌作大理少卿。羔官職，《表》作刑部郎中，此誌所記甚詳，作給事中、鄜坊觀察使、工部尚書，累贈右僕射、司空，謚曰敬。羔生中立，尚真源公主，作光禄少卿、駙馬都尉。史載因正倫無後，以兄正藏子志静後，故誌自稱爲正倫後。

正倫。	正藏。
	志静。
	僑。
	損。
	戩，滑州參軍。
	羔，皇給事中、鄜坊觀察使、工部尚書。
	中立，光禄少卿、駙馬都尉。

【濮陽杜氏】

【《表》二上·八·二四三八】

【《集校》二〇四】

	亮。
	伽。
	保。
	義博。
	仁端。
	元揆。
	希宴。
萬，檢校郎中。	華。

---

① 蓋題“唐李氏故杜夫人墓誌”，録文見《補遺》千唐，第368—369頁。拓片圖版及録文見《河南叁》三〇四。

長安三年（703）八月廿四日《有唐雍州咸陽縣丞杜君（榮觀）墓誌銘并序》："君諱榮觀，字榮觀，……君先祖涼州，别居東郡，故今爲濮州濮陽人也。……曾祖北齊侍御史、冀州長史，諱紹。大父隨本郡大中正，徵秘書郎，諱昂。……顯考諱仁端，唐濮陽縣令、濮州别駕、潤州曲阿縣令、簡州司馬。……一子夭亡，終然無嗣。令弟曰元揆，歷官吏部郎。……姪杭州餘杭縣尉宴等。"[①]此誌仁端以上世系與《表》及《姓纂》迥然，作父昂，隋本郡大中正，秘書郎。祖紹，北齊侍御史、冀州長史，然仁端以下世系與《表》及《姓纂》合，不知孰是。《表》不載仁端官職，是誌作濮陽縣令、濮州别駕、潤州曲阿縣令、簡州司馬。元揆有兄榮觀，咸陽丞。元揆子宴，《表》作希宴。

【《表》二上·八·二四三八至二四三九】

【《集校》二〇五至二〇七】

		亮。
		伽，北齊膠州刺史、竟陵公。
		保，隋雁門太守。
		義寬。
		無忝。
	兼拯。	兼愛。
鎮。		
	順休。	

① 拓片圖版見《邙洛》九八，第116頁。

開元十四年（726）十一月十日《唐故朝散大夫揚州江陽縣令上柱國杜府君（拯）墓誌銘并序》："府君諱拯，字兼拯，京兆杜陵人也。高祖亮，後魏龍驤將軍、濮陽太守，子孫因家焉，今爲東郡濮陽人也。曾祖伽，隋雁門郡守。祖義寬，朝散大夫、守饒州别駕。父無忝，朝散大夫、行梓州鹽亭縣令。……府君即鹽亭之第二子。……府君五代共居，百口同火。自元昆兼愛，太谷令傾殁，歲將二紀焉，……次弟兼濟，懷州武陟令，加朱紱焉。堂弟暹，黄門侍郎，加金紫焉。……鈒等自丁艱罰，……敬憑友人從外兄尚書駕部郎太原王翰爲之銘曰。"[①]是誌叙述濮陽杜氏先代世系，與《表》《姓纂》均不合，羅氏《補正》、岑氏《四校記》均舉列《全唐文》卷三一二《故滕王府諮議杜公神道碑》[②]及卷四二二楊炎《安州刺史杜公神道碑》[③]所叙世系之異同，然均不言孰是？以誌文校之以《姓纂》，可知是誌文亮、伽之間闕書一代；以誌文校之以《表》，誌中伽與《表》中保之官職一致，均爲隋雁門太守，而《表》中伽與《姓纂》中保之官職又一致。綜上所論，《表》當顛倒保、伽父子位置，《姓纂》及是誌所載世系無誤，唯是誌不書保一代，其中是誌所言亮爲高祖者，並非實指四世祖，僅言其先代而已。兼拯，與《表》相合，《姓纂》作兼極，當是形近致譌。該支世系當是：亮生保，保生伽，伽生義寬，義寬生無忝，無忝生兼拯、兼濟，兼拯生鈒等。

大曆四年（769）十月廿七日《大唐故右領軍衛倉曹參軍杜府君

① 誌藏山東桓臺拿雲美術博物館，録文見《補遺》九，第355—356頁。

② ［清］董誥等編《全唐文》卷三一二孫逖《故滕王府諮議杜公神道碑》，北京：中華書局，1983年，第3174頁。

③《全唐文》卷四二二楊炎《安州刺史杜公神道碑》，第4304—4306頁。

（鈒）墓誌銘并序》："府君諱鈒，字釗，……曾祖諱義寬，蘇州司馬；祖諱無忝，梓州刺史；考諱兼拯，江陽縣令。……嗣子大理評事昶，秀而不實，中年即世。次子監察御史穎，易州司馬永，鄉貢進士季倫，大理評事順休。"①據上誌，兼拯有子鈒，據是誌，鈒生順休，可補《表》之闕。又鈒生昶、穎、永、季倫、順休五子，《表》僅録順休一人，可補。此誌所叙諸人官職與上誌多有不同。

							亮。
							保，北齊膠州刺史、竟陵公。
							伽，隋雁門太守。
							義寬，守饒州別駕。
							無忝，鹽亭令。
兼濟，武陟令。						（第二子）兼拯，江陽令。	兼愛。
	鎮。					鈒。	宴，《表》作希宴。
		順休。	季倫。	永。	穎。	昶，大理評事。	

① 拓片圖版見《隋唐五代墓誌匯編·洛陽卷》第十二册，第39頁。録文見《續集》大曆〇一二，第700頁。《校補》，第42—43頁。

五、隴西李氏[①]

【姑臧大房】

【《表》二上·八·二四四四至二四四六】

【《集校》二一二至二一三】

														瑾。
														蒨之。
														元儉。
					義琛。				義瑛。			義璋。	義珙。	義璹。
準。	燾。	辿。	亘一。		綰。	巢。	咸。	穎。	弼。		整。	紹。		
	賓喜。		瓊。	惟。	先。									
				長。						晉。	震。			
											晊			

隴西李瑾，系出名門，祖爲北魏名將李寶，自稱出身於隴西貴胄涼武昭王李暠家族，“李寶，字懷素，小字衍孫，隴西狄道人，私署涼王暠之孫也”[②]。《表》闕載李元儉之子，載孫五人：義璹、義珙、義

① 李氏世系原始記載及考訂見《新唐書》卷七二上《宰相世系表二上》，第2441—2473頁；《集校》，第208—224頁；《校補》不分隴西、趙郡，統稱李氏，第43—52頁。

② ［北齊］魏收撰《魏書》卷三九《李寶傳》，北京：中華書局，1974年，第885頁。

璋、義瑛、義琛。而兩《唐書》僅有義琛一人有傳附於從祖兄李義琰之後，云："義琰從祖弟義琛，永淳初，爲雍州長史。時關輔大飢，高宗令貧人散於商、鄧逐食。義琛恐黎人流轉，因此不還，固争之。由是忤旨，出爲梁州都督，轉岐州刺史，稱爲良吏。卒官。"①

如果單從傳世文獻的角度出發，我們發現該支譜系記載不甚完整，雖然《表》彌補了傳紀的闕失，加之地不惜珍，隋唐碑誌間而時現，我們以新出李元儉孫家族成員碑誌之記載出發，補正該支世系如下：

1. 李義璹一支

開元廿四年（736）十一月十五日《大唐故潞州屯留縣令李府君（璹）墓誌銘并序》："府君諱璹，字義璹，隴西成紀人也。五代祖魏吏部尚書、司空、文恭公韶。曾祖光州刺史倩之。祖吏部郎、太原郡守元儉。父濟北郡守玄成。……一子允望，……孫曇等。"②《表》失載義璹官職，是誌作屯留令。又可據此誌補義璹子允望，孫曇。

義璹，屯留令。
允望。
曇。

① [後晉]劉昫等《舊唐書》卷八一《李義琛傳》，北京：中華書局，1975年，第2757頁。又，《新唐書》本傳所載稍詳："義琛擢進士第，歷監察御史。貞觀中，文成公主貢金，遇盜於岐州，主名不立。太宗召群御史至，目義琛曰：'是人神情爽拔，可使推捕。'義琛往，數日獲賊。帝喜，爲加七階。初，義琰使高麗，其王據榻召見，義琰不拜，曰：'吾，天子使，可當小國之君，奈何倨見我？'王詞屈，爲加禮。及義琛再使，亦坐召之，義琛匍匐拜伏。時人由是見兄弟優劣。累遷刑部侍郎。爲雍州長史，時關輔大饑，詔貧人就食商、鄧，義琛恐流徙不還，上疏固争。左遷黎州都督，終岐州刺史。子綰，爲柏人令，有仁政，縣爲立祠。"第4034頁。

② 拓片圖版及録文見《新出》，第248—250頁。録文見《補遺》九，第446—447頁。

2. 李義珙一支

開元廿四年（736）十二月十五日《大唐故雍州明堂縣尉隴西李府君（惠）墓誌銘并序》(朝請大夫行青州司馬上柱國吴興沈宇撰)："公諱惠，字惠，隴西成紀人也。涼武昭王十一代之孫。……曾祖諱元儉，隨朝司農丞。祖玄成，隨潭府長史。考義珙，皇朝洛州司法。……嗣子守延，兖府士曹。"①《表》不載義珙官職及以下世系，此誌云：義珙，洛州司法。生惠，唐縣尉。生守延，任兖府士曹。

貞元十五年（799）正月十六日《唐故扶風郡司法參軍李公（澄）墓誌銘并序》(承奉郎守秘書省著作郎賜緋魚袋鄭士林撰)："公諱澄，隴西狄道人。……高祖玄成，皇潭州長史。……曾祖義珙，皇洛州司法參軍。……父泰，皇河南府福昌縣主簿。……孺人滎陽鄭氏，雲陽縣令諶之女。其子祐，皇邢州參軍。哲人早亡，積慶良胤。繼室清河崔氏，萬泉縣令恕之女。一子憲，前舒州司兵參軍。二女：長適范陽盧子珣，幼適范陽盧少華。……後室弓高縣主簿范陽盧濬之女。一子噩，早夭，一女適博陵崔儋。……貞元十五年歲在己卯正月景午朔十六日辛酉，嗣孫邢州之子、前揚州江陽縣丞仲將，承舒州叔父憲及長兄前金華縣尉廉之命。"②

貞元七年（791）七月廿三日《唐故宣義郎行鉅鹿郡參軍李公（祐）墓誌銘并序》(八弟舒州司兵參軍憲撰)："公諱祐，字鏡微，隴西狄道人，興聖皇帝之十二代孫也。曾祖義珙，皇洛州司法參軍。祖泰，皇洛州

① 蓋題"大唐故李府君墓誌銘"，録文見《補遺》八，第31—32頁。拓片圖版見《河洛》二二八，第297—298頁。拓片圖版及録文見《續編》一二二。

② 蓋題"唐故隴西李府君墓誌"，録文見《補遺》八，第105—106頁。拓片圖版見《河洛》三六一，第484—485頁。拓片圖版及録文見《續編》一九一。

福昌縣主簿。父澄，皇岐州司法參軍。……公即岐州府君之長子也。……長子金華縣尉廉，次子鄉貢明經仲昌，季子揚州江陽縣丞仲將。”[①]上述二誌又載義珙另一子泰，福昌主簿。生澄，扶風郡法曹。生祐、憲、噩（早卒）。祐，鉅鹿參軍，生廉、仲昌、仲將。

元和八年（813）二月廿八日《唐故攝相州刺史兼監察御史裏行隴西李公（仲昌）墓誌銘并叙》：“公諱仲昌，字令緒，其先隴西人。……曾祖泰，皇河南府福昌縣尉，夫人范陽盧氏。祖澄，皇岐州司法參軍，夫人滎陽鄭氏。皇考祐，皇邢州參軍，夫人范陽盧氏。公參軍弟二子也。……有子四人：孟曰贇、仲曰卞、叔曰元、季曰宗文。”[②]

開成三年（838）十月八日書《唐故魏博節度判官監察御史裏行賜緋魚袋李府君（仲昌）夫人滎陽鄭氏合祔墓誌銘并序》：“適李氏，産二子：長曰丕，前任澧州慈利縣令。次曰芣，而行義有聞。庶子二人：長曰贇，次曰□。”[③]據此二誌，仲昌四子中鄭夫人所出二子：丕、芣。庶子二人：贇、□，唯無法辨識其雁序。

									義珙，洛州司法。
								泰，福昌尉。	憲，明堂縣尉。
								澄，岐州司法參軍。	守延，兖府士曹。

① 蓋題“唐故李府君夫人墓誌”，録文見《補遺》千唐，第276頁。拓片圖版及録文見《河南叁》二二七。

② 蓋題“唐故李公墓誌”，録文見《補遺》千唐，第315—317頁。拓片圖版及録文見《河南叁》二五八。

③ 録文見《補遺》千唐，第362—363頁。

續表

噩。	憲，舒州司兵參軍。						祐，鉅鹿郡參軍。	
		仲將。				仲昌，相州刺史。	廉，金華尉。	
			宗文。	元。	卞。	贇。		

3. 李義璋一支

景龍二年（708）五月廿八日《唐故泗州録事參軍李君（義璋）墓誌銘并序》："公諱義璋，字琬，隴西成紀人也。……祖元儉，齊太子洗馬、吏部侍郎。……父玄成，皇朝譚州都督府長史。……去調露元年四月七日寢疾，春秋八十四，終於洛州合宫縣崇業里私第。……夫人博陵崔氏，隨泗州刺史子博之孫，唐櫟陽令、和州司馬文康之女。……今以景龍二年五月卅八日合葬於洛州合宫縣伊汭鄉萬安山南之原，禮也。……嗣子紹，朝請大夫行鄭州陽武縣令。"① 《義璋誌》在追述前代世系時，與諸碑誌略同。《表》闕義璋官職，此誌作泗州録事參軍。此外義璋孫潛墓誌業已出土。

《唐故汝州司兵參軍新授幽州大都督府士曹參軍李府君（潛）墓誌》："潭州長史玄成，君之曾。泗州録事參軍義璋，君之祖。太常博士□，君之考。君諱潛，字晏，隴西成紀人也。……嗣子怦，性鄰毀滅，感徹幽明。"②因潛父之名殘泐，不知潛是否爲紹之子，故列其後俟考。

① 蓋題"大唐故李府君墓誌銘"，録文見《補遺》千唐，第103—104頁。拓片圖版及録文見《河南叁》八三。

② 此誌不詳年代，據施安昌考訂約撰於聖曆元年以後，録文見《補遺》千唐，第96頁。

			義璋，泗州録事參軍。
某，太常博士。		整。	紹。
潛字晏，幽州大都督府士曹參軍。			
怦。	晉。	震。	
		晊。	

4. 李義瑛一支

神龍二年（706）七月廿日《大唐故衛州共城縣令李府君（義瑛）墓誌銘并序》："君諱義瑛，字叔琬，隴西成紀人也。涼武昭王暠之九世孫也。七代祖寶，仕魏，代居鄴下，今爲魏州魏縣人也。五代祖瑾，字道瑜，齊通直散騎侍郎、尚書三公郎、使持節齊州諸軍事齊州刺史。曾蒨之，字曼容，司空府主簿、尚書考功郎、太子洗馬、吏部侍郎、光膠二州刺史。……祖元儉，并州田曹參軍、邢州龍崗縣令、東平郡守。父勖，字玄成，隨徐州參軍、濟北郡主簿、齊州章丘縣令、皇朝譚州總管府長史。……君即長史公之第六子也。……以調露二年四月十七日薨於東都河南縣崇業里之私第，春秋七十有四。……有子曰巢、喬、綺、規、熲、咸、沼。巢，殿中侍御史。喬，潤州江寧縣主簿。規，絳州龍門縣丞。熲，太子率更令。咸，中大夫、行安國相王府掾。沼，宣州綏安縣主簿。"[①]是誌詳叙瑾以下世系，可知其父名勖，字玄成，歷仕隋唐兩朝，入唐後官至譚（潭）州總管府長史，時代當在唐初武德年間，義瑛爲玄成第六子，今《表》列爲第四子，有誤，且昆季至少六人，《表》至少闕載其一。又誌載義瑛子共七人：巢、喬、綺、規、熲、咸、沼。巢，殿中侍御史。喬，潤州江寧縣主簿。規，絳州龍門縣丞。熲，太子率更令。咸，中大夫、行安國相王府掾。沼，宣

① 録文見《補遺》千唐，第96—97頁。

州綏安縣主簿。《表》只列弼、穎、咸、巢四子，誌無弼，而多喬、綺、規、沼，且穎作頴，當以誌爲是。又，《新唐書·李義琰傳》載李巢爲義瑛從祖兄弟李義琰之子[①]，今可知《新唐書》本傳有誤，而《新表》不誤，但混淆其兄弟排行，當據誌糾正並重新排列。

開元七年（719）五月十四日《大唐故饒州司倉參軍事李府君（皛）墓誌并序》："君諱皛，隴西成紀人也。……曾祖玄成，潭州長史。祖義瑛，衛州共城縣令。父巢，解褐監察御史，再遷殿中侍御史。"[②]是誌亦可佐證巢爲義瑛子而非義琰子，並補入巢子皛。

天寶元年（742）十一月八日《大唐故鉅鹿郡平鄉縣主簿李公（湛）墓誌銘并序》："公諱湛，字萬頃，其先隴西人也。……七代祖韶，大魏兵吏尚書、兼侍中、姑臧公，贈司空。……曾祖諱玄成，隨潭府長史、濟北郡太守。祖義瑛，皇朝散大夫、衛州共城豫州上蔡二縣令。……考諱頴，兵部郎中、宣州刺史、左領軍衛將軍、東都留守、上柱國、姑臧縣開國侯。……嗣子佖。"[③]此誌可證頴，《表》作穎有誤，當據誌正之，補入頴官職及以下世系。

						玄成，隋潭府長史。
						義瑛，共城令。
沼。	咸。	頴，東都留守。	規。	綺。	喬。	巢，殿中侍御史。
		湛，平鄉主簿。				皛，饒州司倉參軍事。
		佖。				

① 《新唐書》卷一〇五《李義琰傳》，第4033—4034頁。

② 録文見《補遺》八，第355頁。拓片圖版見《河洛》一八一，第232頁。拓片圖版及録文見《續編》一〇一。

③ 蓋題"大唐故李府君墓誌銘"，録文見《補遺》千唐，第187頁。拓片圖版及録文見《河南叁》一四四。

5. 李義琛一支

長壽三年（694）五月十三日《大周故成均監明經李君（准）墓誌銘并序》（仲兄亘撰）："君名准，字幼均，隴西城紀人也。十代祖暠，晉涼武昭王。五代祖韶，魏吏部尚書、雍州刺史，贈司空，謚文恭公。……曾祖元儉，齊吏部郎、太原郡守。祖玄成，唐譚州長史。……父義琛，唐雍州長史、岐州刺史。……君即岐州府君第六之幼子也。……一子昌奴，年登小學。"①玄成諸子，唯義琛《新唐書》有傳，附列從祖兄琰之後，但後嗣無聞。《表》載義琛五子：縉、亘一、迪、熹、準。而此誌稱準爲義琛第六之幼子，可知《表》失書一人。《表》失書準官職及子嗣，可據此誌補入。誌稱仲兄亘，《表》作亘一，不知孰是。

開元十四年（726）十一月八日《大唐故通議大夫宗正少卿上柱國隴西李府君（迪）墓誌銘并序》："公諱迪，字季珍，隴西成紀人也。十代祖涼武昭王，……六代祖韶，魏吏部尚書，謚曰文恭。曾祖元儉，周太原郡守、吏部郎。祖玄成，濟北太守。考義琛，工部侍郎、雍州長史。……長子睿、次子裕等。"②

大中二年（848）三月廿二日《唐故監察御史隴西李公（俊素）墓誌銘并序》："公諱俊素，字明中，其先隴西人，後魏姑臧公之裔也。梁武昭王十三代孫。曾祖迪，考功郎中。祖知古，鄂州武昌令、太子文學。父脩，太子右庶子，贈禮部尚書。先夫人裴氏，贈河東郡太君。……二男：長曰荆玉，守右内率府録事參軍。次曰何，未仕。三女：長適

① 録文見《補遺》六，第30—31頁。拓片圖版及録文見《新獲》二七。

② 蓋題"大唐故李府君墓誌銘"，録文見《補遺》千唐，第145—146頁。拓片圖版及録文見《河南叁》一一〇。

前進士鄭邁。次許嫁外甥前進士竇戎。次一人，尚幼。”[①]據上述二誌可補入讪以下世系：睿、裕、知古，其中一子知古，武昌令。生脩，右庶子。生俊素，監察御史。生荆玉、何。

天寶三載（744）六月四日《唐故通議大夫使持節東陽郡諸軍事守東陽郡太守上柱國李府君（先）□誌銘并序》：“府君諱先，字開物，成紀人也。……曾祖玄成，隨濟北郡守。祖義琛，皇朝工部侍郎，兼牧梁秦岐雍。父綰，殿中侍御史、户部員外郎中、吏部郎中、長安縣令。……其時對策上第，試蘄州刺史，蘄州便之。採訪使復以名聞，遷楊府司馬、臨淮太守，又换東陽郡，加通議大夫。先時，公自兵曹参軍爲涇陽令，元昆他日亦如之。元昆佐理蘄春，公亦無何典郡。……子頊曾、相柱、全峻等。”[②]誌云先有元昆，而《表》不載。又失載先以下世系，據是誌可補入三子：頊曾、相柱、全峻。

天寶四載（745）七月十七日《大唐故中散大夫襄陽郡别駕上柱國李府君（庭芝）墓誌銘并序》：“君諱庭芝，字鄰幾，隴西狄道人也。……曾祖隨濟北郡守諱玄成。祖義琛，皇工部侍郎、雍州長史。……列考皇揚州江陽縣令諱堅，……公即江陽府君之二子也。……有三子，曰勁、曰穎、曰稷。”[③]上考云《表》闕載義琛一子，此誌中之堅或其人也，當列準之前，亘之後，唯不知與燾孰長。堅，江陽令。生庭芝，襄陽别駕。生勁、穎、稷三子。

① 録文見《補遺》千唐，第375—376頁。拓片圖版及録文見《河南叁》三〇九。

② 録文見《補遺》八，第46—47頁。拓片圖版及録文見趙文成、趙君平編選《新出唐墓誌百種》，杭州：西泠印社出版社，2010年，第187—188頁。

③ 録文見《補遺》千唐，第200—201頁。拓片圖版及録文見《河南叁》一五二。

義琛。														
綰。					亘，一作亘一。	辿。				燾。	堅，江陽令。			準。
某。	先。			惟。	瓊。	睿。	裕。	知古，武昌令。		賓喜。	庭芝，襄陽別駕。			昌奴。
	頊曾。	相柱。	全峻。	長。				脩，太子右庶子。			勁。	穎。	稷。	
								俊素，監察御史。						
								荆玉。	何。					

6. 李義琳一支

長安二年（702）五月六日《周故宋州碭山縣令李府君神道銘并序》："君諱義琳，字□□，隴西成紀人也。……曾祖蒨之，齊太子洗馬、考功郎中、贈光膠二州刺史。……祖爲仁（元儉），太原太守、吏部侍郎。……父玄成，隨北平郡主簿、潭州都督府長史。……君享年八十有二，以垂拱二年十月三日遘疾終於懷州河内縣之私第。……復以長安二年歲次壬寅五月丁卯朔六日壬申合葬於洛州合宫縣伊汭鄉舊塋。……嗣子莊虞，並早年即世。少子誠，克奉喪典，六十不毁。”[①]《表》無義琳及以下世系，今可據此碑補入。由是碑可知義琳垂拱二年（686）十月三日卒，享年八十二，可推知生當隋仁壽四年（604）。據前引《李義璋誌》與《李義瑛誌》，義璋調露元年四月卒，春秋八十四，可推知其生年在隋開皇十六年（596），義瑛卒於調露二年[②]，春秋七十有四，可推知生於大業三年（607），義璋長義琳八歲，義瑛十一歲。故當列義琳於義璋之後，義瑛之前。

	義琳，碭山令。
誠。	莊虞。

綜上所考，大致可復原元儉一支之基本世系：元儉，北周太原太守、吏部侍郎。生玄成，隋潭州都督府長史。生六子：義璹、義珙、義璋、義琳、義琛、義瑛，《表》闕載義琳，並失書義璹、義珙、義璋、義瑛官職，誤排其雁序。

【《表》二上·八·二四四七至二四四八】

		義璡。	義瓘。	義琰。
昭，一作照。	恒。	融。		起。
		稹。		詢甫。
			敷。	

① 拓片圖版見《隋唐五代墓誌匯編·洛陽卷》第七册，第205頁，録文見《續集》長安〇〇三，第389—390頁。拓片圖版及録文見《新獲》四〇。

② 調露二年即永隆元年，680年，是年八月改元永隆。

1. 李義琰一支

開元廿四年（736）十一月《唐故雍州録事參軍隴西李府君（超）墓誌銘并序》："公諱超，字超，隴西成紀人也。涼武昭王十世孫，曾祖武卿，北齊州主簿、陽夏太守。……祖父玄德，皇趙州癭陶縣令。……烈考義琰，中書侍郎、平章事、兼右庶子。……有七子，長曰詢甫，官至尚書郎，早卒。第四子詢仲，魏縣令。叔季季憲，咸在初命。"①超，《新表》作起，當是"超""起"形近致譌。又，《表》闕載武卿及超官職，據是誌，武卿爲北齊州主簿、陽夏太守。超終官雍州録事參軍。《表》僅載超子一人，主客員外郎詢甫。誌載超子七人，然僅録長子詢甫，終官尚書郎，先超而卒；四子詢仲，魏縣令。考兩《唐書》李義琰本傳，《舊唐書》②不載以降世系。《新唐書》③則以李巢嗣，李巢，《表》列爲義琰從祖兄（弟）義瑛之子，故《訂譌》考云："［八世］（義瑛子）巢，《義琰傳》，巢，義琰子。"據以糾正《表》所載，是誌亦可佐證《新唐書》之譌。

趙氏引《全唐文》卷五二〇梁肅《明州刺史李公墓誌銘》考證該支世系，謂《李長墓誌》所記義琛爲涼武昭王七世孫與《表》所載義琛爲涼武昭王九世孫不符，不知孰是。今《李超墓誌》明言超爲涼武昭王十世孫，則義琰即爲九世孫，又《舊唐書·李義琰傳》附有從祖弟義琛傳，可知義琰、義琛爲從祖兄弟，均爲涼武昭王九世孫，可證《李長墓誌》所載有誤，而《表》不誤。

① 拓片圖版見《邙洛》一四四，第167頁。

②《舊唐書》卷八一《李義琰傳》，第2756—2757頁。

③《新唐書》卷一〇五《李義琰傳》，第4033—4034頁。

	義琰。
	超，雍州録事參軍。
（第四子）詢仲。	（長子）詢甫。

2. 李義瓘一支

開元四年（716）七月廿八日《大唐故并州樂平縣主簿隴西李公夫人滎陽鄭氏墓誌銘并序》："夫人鄭氏，滎陽郡也。……年甫初笄，即歸於我并州大都督府樂平縣主簿容，即原州平高縣丞義瓘府君之子，內史侍郎義琰之猶子也。"①《表》不載義瓘官職及以下世系，是誌作義瓘，平高丞，生樂平主簿容。

義瓘，平高丞。
容，樂平主簿。
敷。

3. 李義璡一支

天寶五載（746）十二月十三日《左監門衛直長長上滎陽鄭沼故妻隴西李氏（鴨）墓誌銘并序》："夫人諱鴨，字鴨兒，隴西狄道人也。姑臧公之八代孫。曾祖義璡，岐州司功。祖昭，太廟令。父謐，舒州司法。夫人即司法之元女也。"②《表》闕載義璡、昭官職及昭以下世系，是誌作：義璡，岐州司功；生昭，太廟令；生謐，舒州司法。

① 録文見《補遺》八，第349—350頁。拓片圖版見《河洛》一七〇，第217頁。拓片圖版及録文見《續編》九三。

② 録文見《補遺》千唐，第206頁。拓片圖版及録文見《河南叁》一五八。

會昌三年（843）十一月一日《唐故楚州營田巡官盧州舒城縣丞盧府君（處約）夫人隴西李氏墓誌銘》："夫人上世，本隴西狄道人也。洎涼王暠，禮樂益熾。暠生翻，翻生寶，寶生四子，遂分爲四房，時人謂之四公子。婚媾鼎甲者，獨稱姑臧公。公七代孫義璡，岐州功曹參軍。璡生融，河南府澠池縣令。澠池府君之子諱曰稹，能自恢弘，大振閥閱，德宗朝爲河内太守。李氏崇大者，復稱河内公。夫人即公嫡曾孫也。夫人大父諱曰貽謀，河南府福昌縣令。父曰協，曠達不羈，……乃沉漬道德，爲洛中之高士，自號爲白雲先生。……遂貶婺州録事參軍。夫人伯仲三人：長曰文冏，襄陽奉禮。次曰文經，早世。次曰林宗，進士擢第，名動關中。入省爲員外，累佐大藩。後爲澤州刺史。由澤州爲河南縣令，竟以時宰所排，尚淹散秩。夫人長姊適賈氏，次即我太夫人也，次適杜氏，皆先夫人而終。"①《表》失載稹以下世系，據是誌：稹生貽謀，福昌令；貽謀生協，婺州録事參軍；協生文冏、文經、林宗，可補入。

				義璡，岐州功曹參軍。
昭，一作照，太廟令。	恒。			融，澠池令。
謐，舒州司法。				稹，河内太守。
				貽謀，福昌令。
				協，婺州録事參軍。
		林宗。	文經。	文冏。

① 録文見《補遺》八，第167—168頁。拓片圖版及録文見《續編》二三四。

【《表》二上·八·二四四八至二二五四】

正基。
亨。
成性。
挺。

大曆六年（771）五月十二日《唐故監察御史李府君（挺）墓誌銘并序》（族弟懷州司户參軍滸撰）："公諱挺，其先隴西成紀人，西涼武昭王暠十一代孫。曾祖正基，朝散大夫、太子舍人。……祖亨，正議大夫、淄州刺史。……皇考成性，太子右贊善大夫，贈曹州刺史。……公即贊善第二子。……嗣子端士及室女含繡等。"[①]《表》不載挺以下世系，據此誌，挺有子端士。

貞元六年（790）十一月十日《唐前鄉貢進士范陽盧頊故妻隴西李氏墓誌銘并叙》（盧頊撰并書）："君諱初，字初，姓李氏，隴西成紀人也。曾祖亨，淄州刺史。祖成己，永王府屬。父興，蘄州黄梅縣令。"[②]疑誌文之成己即《表》中之成紀，同音致譌，官永王府屬。生興，黄梅令。

	正基。
	亨。
成己，一作成紀，永王府屬。	成性。
興，黄梅令。	挺。
	端士。

① 蓋題"大唐李府君墓誌之銘"，録文及拓片圖版見《新出》，第275—278頁。録文見《補遺》九，第374—375頁。拓片圖版見《河洛》三一六，第425—426頁。

② 拓片圖版見《河洛》三四四，第463頁。

【《表》二上·八·二四五九】

	裒。
	德基,亳州法曹参軍。
	思文,同官丞。
昉,右衛長史,一作昉。	況。

開元二年（714）九月廿四日《大唐故朝議郎潤州司功隴西李君（魏相）墓誌銘并序》(從兄亳州城父縣令允光撰，堂兄鄭州陽武縣丞瑜書)："公諱魏相，字齊舒，行名楚瓊，魏雍州牧姑臧公承七代孫，太尉宣景公虔六代孫。……曾祖子譚，齊秦州司馬。祖德基，皇朝雍州同官縣丞。……父思文，高尚不仕。……仲弟衢州參軍銑、季弟懷州參軍昉。"[①]《表》闕載德基之父，據此誌德基父子譚，官北齊秦州司馬。《表》又闕載思文子魏相，潤州司功及仲弟衢州參軍銑。《表》作思文官同官丞，而誌云德基官同官丞，不知孰是。

開元六年（718）十二月五日《大唐故隴西李公（珣）墓誌銘并序》："公諱珣，字守玉，隴西狄道人也。……曾祖子譚，永安隆化二縣令。祖德基，隆龕縣丞。父思禮，何（河）州安鄉主簿。"[②]《表》闕載德基另一子思禮，官安鄉主簿，據是誌可補入。又上誌書者"堂兄鄭州陽武縣丞瑜"與此誌誌主珣，均以"玉"旁字命名，疑二人爲兄弟，即瑜亦爲思禮子，如此，思禮恐爲思文之兄。此誌作子譚，永安隆化縣令，生德基，隆龕丞，與上誌及《表》均異。

① 蓋題"大唐故李府君墓誌銘"，拓片圖版及録文見《新出》，第235—238頁。録文見《補遺》九，第353—354頁。拓片圖版見《河洛》一六四，第210—211頁。

② 蓋題"大唐故李府君墓誌銘"，録文見《補遺》八，第354頁。拓片圖版見《杏園》八。

					虔。
					暎。
					裒。
					子譚。
					德基。
			思文。		思禮,安鄉主簿。
防,一作昉。	銑,衢州參軍。	況。	魏相字齊舒,行名楚瓊,潤州司功。	瑜。	珣。

【《表》二上·八·二四六〇】

【《集校》二一七至二一八】

晧字仁昭,後魏散騎常侍。
士操,北齊儀同開府參軍事。
昇期,給事中。
何,汜水令。

開耀二年（682）三月三日《大唐洛州録事參軍崔志德故妻李夫人墓誌銘并序》："魏侍中、特進、贈太尉虔之五代孫也。……曾祖士操，魏左衛大將軍、富平縣開國公。……祖君績，隨襄州漢南縣令。……父義臣，皇朝衛州司馬。"[①]《表》闕載士操以下三代世系，雖此誌與《表》所載士操官職各異，然《集校》所引《濟州别駕李君絢墓誌》明言晧子士操爵"富平縣開國子"，與是誌相類，且此誌之士操爲虔孫，

① 蓋題"大唐洛州崔録事故妻李夫人墓誌之銘",録文見《補遺》千唐,第48—49頁。拓片圖版及録文見《河南叁》四九。

與《表》亦合，可推知此士操即《表》之士操，唯所書官職不一，《表》書北齊儀同開府參軍事，與《北史》[①]所載同。據此可補入士操一子君績；君績子義臣，衛州司馬。

元和十五年（820）三月廿八日《唐故越州剡縣尉盧府君（廣）夫人隴西李氏合祔墓誌銘并序》(嗣子蕃撰)："先妣後魏真君中龍驤大將軍、滎陽郡太守、姑臧侯承九世孫。自八至六，勳伐蟬聯，魏隋二書，並皆有傳。五代祖君績，漢陽、南鄭二縣令。高祖義廉，河南府濟源縣丞。曾祖安慶，岐州麟遊縣尉。祖祐，魏州館陶縣主簿。父延暉，深州鹿城縣尉。……先妣年十七歸于先君，生子八人，四不育于嬰稚，三女一子存焉。長適吉州刺史隴西李宣，次適檢校刑部郎中弘農楊同志，次適潞州長子縣令博陵崔諠。子蕃，進士及第，自秘書省正字調授左金吾衛騎曹參軍。"[②]據是誌，可補入士操另一子義廉，濟源丞。義廉生安慶，麟遊尉。安慶生祐，館陶主簿。祐生延暉，鹿城尉。唯不辨義臣、義廉雁行之序，姑以義臣爲長。又此誌君績官職作漢陽、南鄭二縣令，時代當在隋代。

		晧字仁昭，後魏散騎常侍。
		士操，北齊儀同開府參軍事。
		君績，隋漢南令。
	義廉，濟源丞。	義臣，衛州司馬。
	安慶，麟遊尉。	
昇期，給事中。	祐，館陶主簿。	
何，汜水令。	延暉，鹿城尉。	

① [唐]李延壽撰《北史》卷一〇〇《序傳·李虔附傳》，北京：中華書局，1974年，第3325頁。

② 録文見《補遺》千唐，第331—332頁，拓片圖版及録文見《河南叁》二七二。

【《表》二上·八·二四六一至二四六二】

	超字仲舉，隋冀州清江令。
	行師。
	玄運。
	元璥，濟州刺史。
損。	推。

開元廿九年（741）四月十一日《朝議大夫守濟州刺史李府君（元璥）墓誌銘并序》："曾祖仲舉，皇朝晉州別駕。祖行師，皇朝邛州刺史。父玄運，皇朝隨州隨縣令。……制授慈州刺史，至開元十八年三月二日請致政於君，優詔從其所尚，全真去郡。半禄歸家。……至開元廿七年七月五日優制拜濟州刺史，依前致仕，享年有永，天禄不窮。……男朝議郎前行延王府録事參軍推。男通直郎前行河南府新安縣尉損。男宣義郎前行涼王府參軍事振。……女十五娘，隴西縣君，壁州刺史范陽盧守直妻。"① 《表》僅載元璥二子，據是誌，元璥三子：推、損（《表》作損）、振。《表》作元璥濟州刺史，是誌載元璥開元十八年以慈州刺史致仕，至開元廿七年優拜濟州刺史，依前致仕，《表》蓋書其終官也。又失書玄運官職，誌作隨縣令。

又景龍三年（709）三月廿八日《大唐故洺州邯鄲縣令范陽盧正勤夫人隴西李氏墓誌銘并序》："夫人隴西成紀人也。晉州府君仲舉之曾孫。隨縣府君玄運之長女。"②

天寶十二載（753）七月十日《大唐故隴西李夫人（盧君妻）墓誌

① 蓋題"大唐故李夫人墓誌銘"，拓片圖版及録文見《河南貳》二七四。

② 録文見《補遺》八，第337—338頁。拓片圖版見《河洛》一四八，第190頁。拓片圖版及録文見《續編》八三。

銘并序》："夫人李氏，成紀人也，魏姑臧公之冑。曾祖行師，皇朝虞部員外郎、邛州刺史。祖玄運，隨州隨縣令。父□（元）璥，監察御史、慈濟二州刺史。"[①]此誌亦可資佐證。

咸通十一年（870）十一月十八日《唐故右金吾衛録事參軍滎陽鄭府君夫人隴西李氏墓誌銘并序》："夫人姓李氏，隴西姑臧人。曾祖諱元儆，皇任慈州刺史。祖諱推，皇任門下省符寶郎。考諱鈞，皇任鄭州録事參軍。……長慶二年春，裴君自侍御史出典信州，奉夫人同之所部。先是夫人已遘疾恙，扶持道路，靡神不禱，靡藥不嘗，竟以其年秋七月己丑八日景申傾背於信之官舍，享年五十有二。"[②]據此誌可補入元璥長子推，符寶郎。推生鈞，鄭州録事參軍。

貞元十四年（798）二月十九日《唐故右金吾衛録事參軍鄭府君墓誌銘并序》："夫人隴西李氏，皇朝符寶郎推之孫，前鄭州録事參軍鈞之女。"[③]可資佐證。

大和八年（834）四月一日《唐故亳州鹿邑縣主簿隴西李君（歸厚）墓誌銘并序》："君姓李氏，諱歸厚，字德元，隴西成紀人也。……君五代祖諱玄運，皇望江、隨二縣令。高祖諱元璥，皇濟州刺史。曾王父諱振，皇潁王府掾。大父諱鋭，皇右千牛衛冑曹參軍。父諱象，皇京北陸運使、檢校尚書屯田員外郎。君即屯田府君之第二子也。……君之兄先府君而歿，能以恭敬奉孀嫂，以慈惠撫孤姪。……有别子一人，年甫及齔，女子一人，三歲三周。"[④]據此誌及上引《元璥誌》，可補入

① 蓋題"大唐故李夫人墓誌銘"，録文見《補遺》千唐，第229頁。拓片圖版及録文見《河南叁》一七六。

② 録文見《補遺》千唐，第337—338頁。拓片圖版及録文見《河南叁》三三三。

③ 蓋題"大唐故鄭府君墓誌銘"，拓片圖版見《河洛》三五八，第480—481頁。

④ 録文見《補遺》八，第152—153頁。

元璥第三子振以下世系：振，潁王府掾；生鋭，右千牛衛胄曹參軍；生象，檢校屯田員外郎；生某，早卒，鹿邑主簿歸厚；歸厚別子一人。

大中十二年（858）十一月廿七日《唐范陽盧夫人（李歸厚妻）墓誌銘》："夫人姓盧氏，道號知真，適亳州鹿邑主簿姑臧李君諱歸厚。……男洵美，學通典訓，就試宗正寺明經第，未及選，縻職解梁。"[①]據此誌可知，歸厚子名洵美。

			超字仲舉，隋冀州清江令。
			行師。
			玄運，隨縣令。
			元璥，慈州刺史致仕。
	振，潁王府掾。	損，一作揁。	推，符寶郎。
	鋭，右千牛衛胄曹參軍。		鈞，鄭州録事參軍。
	象，檢校尚書屯田員外郎。		
歸厚，鹿邑主簿。	某。		
洵美。			

【《表》二上·八·二四六二】

玄乂。
上義，右庶子、揚州長史。

貞元十年（794）十一月廿一日《唐故容管經略招討處置使參謀大理司直兼殿中侍御史賜緋魚袋隴西李公（榮初）墓誌》："公諱榮初，字，隴西成紀人也。……後魏龍驤將軍、雍州刺史、姑臧公承之八代

① 蓋題"唐故范陽盧夫人墓誌之銘"，録文見《補遺》八，第195—196頁。拓片圖版見《杏園》四二。

孫也。曾祖皇朝潤州刺史諱玄乂，大父皇朝銀青光禄大夫、右庶子諱上義，烈考皇朝蔡州郾城縣令諱美玉。……公即郾城府君之冢子也。……生一男曰士華。”①

元和十一年（816）五月十九日《唐故太原府祁縣丞李公（士華）墓銘并序》：“公諱士華，曾祖皇左庶子、楊州長史、隴西公諱上義。祖皇萬年縣尉諱美玉，父皇殿中侍御史諱榮初，妣太原王氏，父諱光謙。公夫人太原王氏，父諱翽。……關中諸族以聲華富貴爲實，山東五姓以儉德婚姻爲實。”②《表》失書上義以下世系，據是二誌，上義（《榮初誌》作右庶子，《士華誌》作左庶子）生美玉，郾城令（一作萬年尉）；美玉生榮初，殿中侍御史；榮初生士華，祁縣丞。

玄乂。
上義。
美玉，郾城令，一作萬年尉。
榮初，殿中侍御史。
士華，祁縣丞。

【《表》二上·八·二四六三至二四六四】

				玄挺，相州刺史。
				尚詞，申州刺史。
踐中，臨汝太守。	昭。	中庸。	欽回。	俠。

貞元九年（793）二月十七日《唐故脩行寺主大德律和上體微墓記》（前河南縣主簿鄭位撰）：“律和上俗姓李氏，其先隴西姑臧人也。曾祖

① 蓋題“大唐故隴西李公墓誌”，録文見《補遺》八，第100—101頁。拓片圖版見《杏園》二七。
② 蓋題“大唐故李府君誌銘”，録文見《補遺》八，第125頁。拓片圖版見《杏園》二九。

玄挺，皇朝銀青光禄大夫、潞州刺史。祖尚辭，上洛郡太守。父踐曾，益州大都督府録事參軍。律和上即益府府君之長女。先夫人京兆王氏。”①

大中八年（854）八月八日《唐知鹽鐵陳許院事朝議郎侍御史上柱國范陽盧方回妻隴西李夫人墓誌銘并序》：“夫人姓李氏，其先隴西成紀人也。爲涼武昭王十一代孫，著姓關東，族居其甲。分房之始，譜系明焉。高王父諱尚辭，皇江、饒、洪、光、商等州刺史。曾王父諱踐曾，皇益州録事參軍。王父諱惇，皇魏州元城縣令。大王父諱復，皇壽州霍丘縣令。咸有清德，爲時稱之。”②《表》不載尚詞（辭）有子踐曾，官益州録事參軍，據二誌可補入踐曾及以降世系。又，玄挺，《表》作相州刺史；尚辭，《表》作尚詞，載其任申州刺史。

					玄挺，潞州刺史。
					尚辭，江、饒、洪、光、商等州刺史。
踐曾，益州録事參軍。	踐中，臨汝太守。	昭。	中庸。	欽回。	俠。
惇，元城令。					
復，霍丘令。					

【丹楊房】

【《表》二上·八·二四六六至二四六七】

		客師。
大志。	大惠。	嘉。

① 拓片圖版見《邙洛》二一二，第250頁。

② 録文見《補遺》八，第188—189頁。拓片圖版及録文見《續編》二四四。

開元十八年（730）七月十四日《大唐故寧州司馬隴西李府君（承先）墓誌銘并序》(吏部選清河崔晏撰)：“君諱承先，字傅，隴西成紀人。……高祖詮幼，隨車騎大將軍、趙郡太守、永康縣開國伯，謚襄。曾祖客師，皇左領軍衛大將軍、幽州刺史、丹陽郡開國公，謚安。……祖德謩，皇尚輦奉御。父處廉，皇衢州司馬、成紀縣開國侯。……終無胤嗣。”[①]《補正》據開元十九年（731）二月十七日《唐故華州鄭縣主簿李（景陽）府君墓誌銘》，以《表》失書德謩、守真、景陽三人，今又據此誌，可補入客師子德謩，尚輦奉御；德謩子處廉，衢州司馬。處廉子承先，寧州司馬。

開元六年（718）正月廿六日《唐李嗣先墓誌（無首題）》：“大唐故國子監明經、擬徐州沛縣主簿隴西李嗣先，以開元五年五月三日遘疾不禄於東都嘉慶里，春秋廿有八。公皇朝幽州刺史、鎮軍大將軍、丹陽郡開國公諱客師曾孫，太中大夫、衢州司馬、上柱國、成紀侯諱處廉第四子。”[②]此誌闕書德謩一代，然據誌文所載人物世系及官歷，可知嗣先爲處廉第四子，與上誌承先爲兄弟。

		客師。
		德謩，尚輦奉御。
守真。		處廉，衢州司馬。
景陽。	嗣先，國子明經。	承先，寧州司馬。

① 拓片圖版見《邙洛》一二八，第150頁。

② 蓋題“大唐故李府君墓誌銘”，録文見《補遺》八，第351—352頁。拓片圖版見《河洛》一七五，第224—225頁。

【《表》二上·八·二四六九至二四七三】

											晟。
愍。	惎。	聽。	懿。	愬。	憲。	恕。	憑。	愻。	揔。	聰。	願。

大中十年（856）二月十六日《唐故試左武衛兵曹參軍隴西李公（縞）墓誌銘并序》："公諱縞，字縞，其先隴西人也。……曾祖晟，太尉、兼中書令，贈太師。祖忲，宣威將軍、守左金吾衛大將軍，賜紫金魚袋。父瑄，漢州雒縣尉。公即少府之次子也。……因娶天水趙氏，生二子，幼孤而俱短折。……會公之從父除吏部尚書，擁旄玆土，乃命從子綢主喪事焉。"① 《表》載晟十二子，闕載忲，官宣威將軍、守左金吾衛大將軍；忲生瑄，雒縣尉；瑄生縞，左武衛兵曹參軍。不知從父吏部尚書爲何人，綢又是何人，據名字推測當是李縞從祖兄弟。

												晟。
忲，宣威將軍、守左金吾衛大將軍。	愍。	惎。	聽。	懿。	愬。	憲。	恕。	憑。	愻。	揔。	聰。	願。
瑄，雒縣尉。												
縞，左武衛兵曹參軍。												

① 誌藏山東桓臺拿雲美術博物館，録文見《補遺》九，第415—416頁。

六、趙郡李氏①

【南祖】

【《表》二上·八·二四七四】

		陶騐，隋絳州長史。
		政藻，宜州長史。
		叔昚，刑部侍郎。
諧道。	游道。	懋道。

開元二年（714）十二月廿九日《大唐雍州美原縣令李府君（允）墓誌銘并序》（再從姪孫尚書司勳員外郎畲字王田撰）："君諱允，字諧道，趙郡高邑人也。……曾祖騶騐，北齊都官都兵郎中、司州鄴縣令、尚書右丞、聘陳使、右衛大將軍、散騎常侍。祖政藻，隨工部員外侍郎、宜州長史。父淑昚，皇朝比部郎中、太府少卿、雍州司馬、刑部侍郎、陜州刺史。……初，公娶于鄭氏，生子景祐而亡。"②騶騐，趙氏已據《北史·李義深傳》《北齊書·李義深傳》校正，是誌亦是明證，且詳載其歷官，可資參考。政藻官職，是誌亦作宜州長史，以其任官在隋，以時代推之，當是。淑昚，《表》作叔昚。《表》不載諧道官職，

① 趙郡李氏世系原始記載及考訂見《新唐書》卷七二上《宰相世系表二上》，第2473—2599頁；《集校》，第224—263頁。《校補》不分隴西、趙郡，統稱李氏，第43—52頁。近年有關趙郡李氏的研究主要有胡俊《唐代李氏墓誌考補〈新唐書·宰相世系表〉一則》，《中國歷史文物》2007年第2期，第41—45頁。

② 録文見《補遺》千唐，第118—119頁。拓片圖版及録文見《河南叁》九〇。

誌作美原令，可補入。景祐，其時任岐州司馬。撰誌者李畬，爲誌主叔祖政期之玄孫，於其爲從侄孫，是。

		騊駼。
		政藻，隋宜州長史。
		淑奓，刑部侍郎。
允字諧道，美原令。	游道。	懋道。
景祐。		

【《表》二上·八·二四八〇】

孝卿，穀州治中。
敬玄。
思沖。

開元廿七年（739）五月五日《唐故安國寺大德盧和上依止比丘尼悟因墓誌銘并序》："尼法號悟因，俗姓李氏，趙國高邑人也。曾祖孝卿，皇宜殷二州刺史。祖敬玄，皇中書令。父思沖，皇工部侍郎。……季弟翰，踴絶于地，號彼粤旻。"[①]孝卿，《表》作穀州治中。又《表》不載思沖子嗣，是誌載有子翰。

孝卿，穀州治中，一作宜、殷二州刺史。
敬玄。
思沖。
翰。

① 蓋題"大唐故李五師墓誌銘"，拓片圖版見《河洛》二三七，第312—313頁。

【東祖】

【《表》二上·八·二四八三至二四八八】

			敬義,散騎常侍。
			仲通,陽平太守。
			孝端,隋獲嘉丞。
			知隱,伊闕尉。
志。	慤。		慈。
全璧。	顒。	旭。	咺。
	宗。		

證聖元年臘月十一日（695年1月11日）《唐故雍州櫟陽縣丞李君（慈）墓誌銘并序》:“君諱慈，字體仁，趙郡人也。……仕齊，因家于鄴，今居相州之滏陽縣焉。曾祖仲通，齊著作佐郎、尚書考功郎、少府卿、通直散騎常侍、陽平郡太守。……祖孝端，齊開府參軍事、征東府法曹參軍事、隨懷州司户、洛州司兵。父知隱，雍州武功縣尉、萬年縣尉。……子益州蜀縣主簿咺（？晅），潞州上黨縣尉旭等。”[①]此誌所序世系與《表》略同，唯官職部分與《表》不合：仲通任陽平太守蓋在北齊；孝端歷官齊開府參軍事、征東府法曹參軍事，隨懷州司户、洛州司兵；知隱曾任武功尉、萬年尉。

景龍二年（708）十一月二日《唐故使持節沂州諸軍事沂州刺史李府君（志）墓誌銘》:“君諱志，字固業，趙郡元氏人也。……因家于滏陽。高祖敬義，散騎侍郎、銀青光禄大夫、贈殷州刺史。曾祖仲通，陽平太守，並爲北州冠冕。祖孝端，洛州司兵。父知隱，洛州伊闕縣

① 録文見《補遺》千唐，第73—74頁。

丞。……時從父弟悉，亦爲泗州，夾河爲郡，復在今日，兄弟鄰國，時人榮之。……嗣子全璧等。”[①]是誌所載世系，亦與《表》合，可資佐證，唯所叙諸人官職，均不明朝代。又孝端，《表》作隋獲嘉丞，是二誌均作洛州司兵，當據誌補正；知隱，《表》作伊闕尉；悉，《表》（二上·八·二四八四）列爲志伯父知本子，於志爲從父兄弟，不誤，又知其曾刺泗州。

			敬義，北齊散騎常侍。
			仲通，北齊陽平太守。
			孝端，隋洛州司兵。
			知隱，伊闕丞。
志。	慤。		慈。
全璧。	顒。	旭。	晅。
	宗。		

【《表》二上·八·二五二五至二五二七】

貞簡，司農卿。
崗，成武令。
元善，襄州録事參軍。
經，司農少卿，生瑜、昈、況、琥、義、揖。

大中七年（853）十月十六日《唐故尚書庫部郎中贈工部尚書譙郡夏侯府君夫人趙郡太夫人李氏歸祔誌》（男前陝虢等州都防禦觀察處置等使朝請大夫檢校右散騎常侍兼陝州大都督府長史御史中丞上柱國賜紫金魚袋孤子孜瑾撰）：“先夫人姓李，趙郡東祖。……曾大父諱貞簡，

① 拓片圖版見《河洛》一四五，第187頁。拓片圖版及録文見《續編》八二。

皇任萬年縣令。王父諱崗，皇任亳州永城縣令，贈吏部侍郎。烈考諱元善，皇任襄州録事參軍，贈司徒。妣博陵崔氏，衡州刺史殷之女。”①貞簡官職，《表》作司農卿；崗官職，作成武令，均與誌不合。

又大中十年（856）十二月十五日《唐故柳州刺史趙郡李府君（璞）墓誌銘并序》：“公諱璞，字中玉，趙郡人。其先出於玄元皇帝，……至晉持書御史楷，生四子，曰叡、芬、勁、晃。始分爲三祖，叡稱東祖；芬、勁曰西；而晃爲南矣。公即東祖之裔也。八代祖希騫，仕後魏爲黄門侍郎，充聘梁使，以機辯稱。自黄門至公之高王父諱貞簡，皆弈世清德，爲時所宗。曾王父諱崗，譙郡永城令，贈吏部郎中。王父諱元善，襄州録事參軍，贈司空。烈考諱經，金州刺史。……公即金州府君之第三子也。……弱冠由季父相國高邑貞公廕，參京兆府軍事，……公未婚有愛妾任氏，生一子曰崔九，方在襁褓間。公之仲弟曰義挹，任昭應尉，先公而殁，有子曰隰，繼公之嗣。……公之長弟曰琥，前河南尉。季弟曰珩，前枝江令。”②崗官職與前誌相同，均作永城令。經官職，《表》作司農少卿，誌載其任金州刺史。《表》列經六子：瑜、昈、況、琥、義、揖。誌云“公之仲弟曰義挹（挹，《表》作揖）”，可知今點校本此處誤點爲義、揖二人。誌文載璞爲經第三子，《表》列第三子爲況，當有誤。又闕載璞及季弟珩，當補入。李璞未婚，有庶子一人名崔九，以仲弟義挹子隰爲嗣。

① 拓片圖版見《河洛》四三五，第584頁。

② 蓋題“唐柳州刺史李公墓銘”，拓片圖版見《河洛》四三九，第589—590頁。

					貞簡,萬年令。
					崗,永城令。
					元善,襄州録事參軍。
					經,司農少卿。
珩,枝江令。	義挹。昭應尉。	璩,河南尉。	璞,柳州刺史。	盱。	瑜。
	隰(出繼璞)。		崔九(庶子)。		

【《表》二上·八·二五三三至二五三四】

【《集校》二四四至二四五】

				思諒,金部郎中。
				敬忠,許王府典籤。
				暕。
				震。
戎生殷、正範。	韶。	爽,一名奭。	珉。	端,臨川尉。生虞仲,字見之,中書舍人。

天寶十四載(755)七月三日《唐故朝議郎行大理寺丞李公(震)墓誌銘并序》:"公諱震,趙郡人也。曾祖思諒,皇倉部郎中。祖敬忠,許王府參軍。父暕,同州司馬、都水使者。……有子五人。"[①]思諒,《表》作金部郎中,《補正》據元和九年(814)十一月十七日《唐故秘書省秘書郎兼河中府寶鼎縣令李(方乂)府君墓誌銘》,認爲金殆倉之譌。敬忠,《表》作許王府典籤,《方乂誌》作許王府參軍敬中,蓋忠、中同音也。

又大曆八年(773)十二月廿七日《唐故大理丞趙郡府君(李震)夫人太原王氏合葬銘并序》(檢校倉部員外郎李昂撰):"夫人王氏,余

① 録文見《補遺》八,第70頁。

大嫂也。……歸于我元昆大理丞李府君。……有男子女子九人，……而夫人第二息珉求禄烏程，……後長息端吏弋陽，次息韶吏揚子，珉又淮陰長。……珉、會、韶、戎，婚宦未備。”[①]是誌序震五子：端、珉、會、韶、戎，第三子會《表》作爽，不知孰是。撰者昂列於《表》(二上·八·二五三五)，爲震之三弟。誌文明言震爲昂元昆，而《表》列易州參軍瓊爲暕元子，震爲次子，疑此處有誤，當據誌改正。

貞元十五年（799）十月廿七日《唐故太常寺協律郎趙郡李公（戎）墓誌銘并序》(堂弟朝請郎前守虢州玉城縣令伸撰)：“公名戎，字公敏，全趙贊黄人也。……先伯父震，玄宗朝大理丞。公即丞之季子。……夫人范陽盧氏，右族强家，撫孤成禮。男子三人，曰殷正、周師、秦佐。”[②]《表》列戎二子：殷、正範，此誌載戎子三人，不合。

元和十二年（817）十二月十八日《唐故昭義軍節度巡官試太常寺協律郎趙郡李府君故夫人范陽盧氏墓誌》：“虞仲從父母范陽盧氏。……長子殷正、季子友仲，泣血忍死。”[③]誌文作戎二子殷正、友仲。與《表》及上誌均不合。

大中十年（856）正月十七日《唐故陝州大都督府右司馬李公（範）墓誌銘并序》:“公諱範,字得之,趙郡人。……曾祖暕,同州别駕,祖妣太原王氏。祖震,大理寺丞,祖妣太原王氏。皇考戎,昭義軍節度推官、試太常寺協律郎,皇妣范陽盧氏。公即先府君之第二子。……公之堂兄吏部侍郎虞仲，時有文學重名，已在朝列。……又轉檢校祠部員外郎，充職，

① 録文見《補遺》八，第77頁。

② 蓋題“大唐故李府君墓誌銘”，録文見《補遺》千唐，第291—292頁。拓片圖版及録文見《河南叁》二四三。

③ 蓋題“唐故李府君合祔夫人盧氏墓誌銘”，録文見《補遺》千唐，第328—329頁。拓片圖版及録文見《河南叁》二六九。

俄又超拜温州刺史。……比及闕下，屬汝南公爲相，精求牧守。宿州控臨要害，尤難其人。以公爲稱首，遂拜宿州刺史。信宿，公被風恙，不行。……公夫人范陽盧氏，……有男六人：長曰瑄，次曰寡言，次曰寡悔，次曰瓘，次曰損，次曰登。有女一人。”[①]結合上引兩誌，可知今點校本在“戎生殷正範”處有誤點，當正作“戎生殷正、範”。殷正爲戎長子，範字得之爲第二子，如此《表》、誌相合。戎三子殷正、周師、秦佐，以殷、周、秦三朝代名命名，推測範或許對應周師，師、範對舉是也。故秦佐當是戎第三子。《表》不載戎及範官職，範以下世系，均可據誌補入。

											思諒，倉部郎中，一作金部。
											敬忠，許王府參軍。
											暕。
											震。
							戎，協律郎。	韶。	會。	珉。	端，臨川尉。
秦佐。						範，陝府右司馬。	殷正。				虞仲字見之，中書舍人。
	登。	損。	瓘。	寡悔。	寡言。	瑄。					

① 拓片圖版及録文見《新出》，第316—319頁。録文見《補遺》九，第414—415頁。拓片圖版及録文見《碑林新藏》三一六。

【《表》二上·八·二五四六】

			嶠。
粲。		裕。	暢。
	惟成。	惟寧。	惟和。
			琰，合肥令，生長倩。

大曆四年（769）七月癸未（十八日）《唐故通議大夫守濮州刺史上柱國元氏縣開國男賜紫金魚袋李府君（粲）墓誌銘并序》（從姪著作郎昂撰）："公諱粲，字子明，先相國趙公嶠第三子也。……公猶子惟城洎姪孫廷尉評琰實主之。"[①]惟城，《表》作惟成。琰，《表》列爲粲長兄暢之孫，官合肥令。

【《表》二上·八·二五五三至二五五九】

				孝威。
				太沖。
				嗣業。
	恕己。			虚己。
	華。	若。	韶。	萬。
肇。	鷺。			

建中二年（781）十二月十二日《唐故殿中侍御史趙郡李公（若）墓銘并序》："公名若，字季茂，趙郡贊皇人也。……隨尚書左丞孝威，其高祖也。皇尚書祠部郎中太沖，其曾祖也。同州司户參軍嗣業，其大父也。公即安邑府君虚己之幼子，尚書吏部郎華之季弟。……夫人范陽盧氏，盛門懿德。……有子曰儉。"[②]《校異》據《全唐文》卷三

① 蓋題"李府君墓誌銘"，録文見《補遺》八，第76—77頁。拓片圖版及録文見《續編》一六六。

② 録文見《補遺》九，第377頁。拓片圖版見《河洛》三三七，第454頁。

八八獨孤及《檢校尚書吏部員外郎趙郡李公中集序》[1]指出："《世系表》以華爲恕己子，華子亦不載有名羔字宗緒者。"此誌亦明言華爲虚己子，與《全唐文》相合，《表》當誤竄華入恕己下。《全唐文》稱華爲安邑令府君（虚己）第三子，則虚己實有子四人：萬、韶、華、茗。又，《表》、誌所記諸人官職均異：孝威，《表》作隋大理少卿；太沖，《表》作雍王友；嗣業，《表》作同州司功參軍；茗，《表》作越州録事參軍。茗生儉，華有長子羔，字宗緒，當據以補入。

			孝威，隋尚書左丞。
			太沖，尚書祠部郎中。
			嗣業，同州司户參軍。
			虚己。
茗，殿中侍御史。	華，尚書吏部郎。	韶。	萬。
儉。	羔字宗緒。		

【江夏李氏】

【《表》二上·八·二五九七】

【《集校》二六一至二六二】

	璞，鄆州司户參軍。
	暄，起居郎。
鄘。	鄆。
拭。	

① 《全唐文》卷三八八，第3945—3948頁。

大中五年（851）四月七日《唐故宋州虞城縣令李公（季節）墓誌銘并序》（河東節度使檢校禮部尚書兼太原尹北都留守御史大夫賜紫金魚袋李拭撰）："公諱季節，字慕札。大王父瑛，贈禮部郎中。王父暄，贈刑部尚書。考鄆，東都留守判官，兼監察御史。公即侍御第五子也。……夫人張氏，先公數年而歿，無子，有女三人，皆未笄。……公於余，從父弟也。昆仲之中，每相知許。"①《補正》據大中九年六月十三日《唐故江夏李氏室女墓誌銘》已對該支世系略加補正，補入鄆子捐，某，爲贊善大夫。瑛，《表》作璞，官鄆州司户參軍；暄，《表》作起居郎，誌與《表》多不合。《表》不載鄆官職及以降世系，此誌作鄆，東都留守判官，兼監察御史；第五子季節，虞城令；季節無子。

大中六年（852）二月三日《唐故河南府新安縣主簿南陽張府君夫人江夏李氏墓誌銘并序》（外生鄉貢進士張琪篡）："夫人之先自漢魏已降，世有明德。歷代或以文章顯進，或以學行擅名。官婚氏籍，爲時大族。大王父諱常，皇鄆州司户，贈禮部尚書。王父諱暄，皇起居舍人。烈考諱鄆，皇監察御史裹行。夫人即監察之第三女也。"②常，《表》作璞，上誌作瑛，三者均不合，唯官職此誌與《表》均作鄆州司户。暄官職，此誌與《校異》所引《全唐文》卷六〇九劉禹錫《唐故監察御史贈尚書右僕射王公神道碑》所載相同，均作起居舍人，《表》作起居郎不確。鄆官職，此誌作監察御史裹行，與上誌及《李氏誌》均不合，孰是待考。

① 拓片圖版見《河洛》四三一，第579頁。
② 蓋題"唐故江夏李夫人誌銘"，拓片圖版見《河洛》四三三，第581—582頁。

	常（？）。
	暄，起居舍人。
鄘。	鄆，東都留守判官。
拭。	（五子）季節，虞城令。

【漢中李氏】

【《表》二上·八·二五九八至二五九九】

宗墨。
夷吾。
幹。

天寶九載（750）《唐故中散大夫慶王府司馬李府君（夷吾）墓誌銘并序》："公之高祖隨内史□（令）府君諱德林。曾祖皇宗正卿、同中書門下平章事府君諱百藥。祖皇黄門侍郎、平章事府君諱安期。……考皇虢州司兵參軍府君諱宗墨，……公諱夷吾，字興國，虢州府君季子也。……長子沛，道義有則。嗣子澣。"[①]《表》、本傳均不載李百藥曾任宰相，疑此處誌誤。又，《表》不書宗墨官職，此誌作虢州司兵參軍。澣，《表》作幹，夷吾又有長子沛，《表》闕載，二人均從"氵"旁，且下引《玄禄誌》亦作澣，當正作澣爲是。

會昌四年（844）十月廿三日《唐故登仕郎守許州録事參軍安平李公（玄禄）墓誌銘》："公諱玄禄，字□□，族望安平，受氏華裔，冠冕赫奕，譜諜存焉。曾王父夷吾，皇中散大夫、會寧郡太守。祖王父澣，

① 拓片圖版見《河洛》二九一，第391頁。

皇超絶登科，同州司法參軍。烈考序，皇工部郎中，贈給事中。……公有女二人，幼稺，有子一人彦偉，年未成立。”[①]夷吾以降三代官職，誌、《表》所叙均異。據是誌，夷吾，會寧郡太守；潝，同州司法參軍；序，工部郎中。又，《表》不載序以下世系，今據是誌可補。

	宗墨，虢州司兵參軍。
	夷吾。
潝，同州司法參軍（一作同州司户參軍）。	沛。
序，工部郎中（一作殿中侍御史）。	
玄禄，許州録事參軍。	
彦偉。	

① 拓片圖版見《河洛》四二六，第574頁。

七、王氏[①]

【琅邪王氏】

【《表》二中·九·二六〇二至二六〇四】

		弘讓字敬宗，中書舍人。
方泰字玄敏。	方則字玄憲。	方士字玄逸。

大曆三年（768）七月二日《唐贈秘書少監王孝廉（義亶）墓誌銘并序》："孝廉諱義亶，字義亶，其先始於瑯琊。七代祖徙居湖邑，今爲湖城人也。祖晉龍驤將軍曰濬。濬生齊侍中騫。騫生梁吴郡太守規。規生周司空褒。褒生石泉侯鼒。鼒生隨中書舍人弘讓。讓生安州别駕雄，生張掖丞伯惠。……孝廉即張掖君之次子。……嗣子四人：亮，前遂州長史。總，贈太府卿。誨，吏部常選，無禄早世。嶠，見任義王府諮議。總之子曰履直，……是歲春，有詔曰：光禄大夫、殿中監，兼河中少尹、御史中丞王履直亡祖義亶，安卑既往，積善有歸。自葉流根，式兹典禮。可贈秘書少監。祖母郭氏，可贈馮翊郡太君。"[②]《表》載弘讓子三人，無雄，據此誌可補入雄一支世系。又，《表》所列弘讓三子之名、字均有一定排行與規律，疑是誌誌主並非弘讓嫡出，

① 王氏世系原始記載及考訂見《新唐書》卷七二中《宰相世系表二中》，第2601—2655頁；《集校》，第264—289頁；《校補》，第53—55頁。

② 蓋題"大唐故王公墓誌之銘"，録文見《補遺》千唐，第247頁。拓片圖版及録文見《河南叁》一九七。

或爲庶出之子，故姓名。又，弘讓官職，《表》作中書舍人，是誌繫其年代於隋，以時代推之，當在隋代無疑。此誌所揭王氏世系甚詳，與《表》王氏總叙基本相符。

						弘讓，隋中書舍人。
			雄，安州別駕。	方泰字玄敏。	方則字玄憲。	方士字玄逸。
			伯惠，張掖丞。			
			（次子）義亶。			
嶠。	誨。	總。	亮。			
		履直。				

【《表》二中·九·二六一一至二六一三】

方慶。
晞。
倩。
沐。

大曆十三年（778）正月《唐故朝議郎行監察御史上柱國鄭府君（洵）墓誌銘并序》："夫人瑯瑘王氏，皇鳳閣侍郎平章事、封石泉公方慶曾孫，定州刺史，贈太常卿，襲封石泉公倩長女。……長子鋒，前行江陵府參軍。次子鍈、鏞、鍊、鉷等，……識與鋒舅氏，前司勳員外郎沐相知。"[①]是誌所載世系與《表》相合，據是誌可補王倩襲封石泉公，又王沐曾任司勳員外郎，並爲《表》所不載。

① 録文見《補遺》八，第85—87頁。

【《表》二中·九·二六〇五至二六二五】

【《集校》二六八】

									弘直。
									方慶。
暉。	暐。	昕。	晊。	晙。	曄。	晊。	曒。	晦。	晞。

開元十四年（726）二月廿三日《大唐故右千牛衛中郎將王府君（晊）墓誌銘并序》："君諱晊，字光□（範），自始興文獻公導生洽，洽生珣，珣生曇首，累于僧綽、儉、騫、規、褒、鼒、弘直、方慶，凡十世相國，六朝配享。……方慶位至石泉公，贈吏部尚書。即其第六子也。……嗣子倫，尚幼，抱嬰而慟。"[①]是誌載王導以下至王晊世系甚詳，與《表》所叙相較，唯僧綽與騫之間闕一代儉。《表》列晊爲方慶第七子，是誌作第六子。又《舊唐書·王方慶傳》云："少子晙，……官至殿中侍御史。"[②]當有所據。《表》列晙於晊前，作第六子，疑《表》此處有錯簡，當移晙於晊後。又，《表》不載晊有子倫，當據是誌補。

大曆四年（769）八月廿五日《大唐故著作郎貶台州司户滎陽鄭府君（虔）并夫人瑯琊王氏墓誌銘并序》："夫人瑯琊王氏，皇鳳閣侍郎平章事方慶之孫，皇侍御史晙之女。……享年廿有五，以開元十四年十一月二日先公而歿。"[③]以王氏卒年開元十四年，享年廿五推之，約晙在方慶諸子中雁行在季。

① 蓋題"大唐故王府君墓誌銘"，録文見《補遺》千唐，第143頁。拓片圖版及録文見《河南叁》一〇七。

② 《舊唐書》卷八九《王方慶傳》，第2901頁。

③ 録文見《補遺》千唐，第249—250頁。可參見朱關田《〈唐鄭虔墓誌〉淺釋》，《書法叢刊》2007年第6期，第32—37頁。

									弘直。
									方慶。
晙。	暉。	暐。	昕。	暟。	曄。	晊。	曒。	晦。	晞。
				倫。					

【太原大房王氏】

【《表》二中·九·二六三三至二六三六】

	邵。
孝柔。	孝京。

天寶十一載（752）十一月十七日《唐太原王府君（奇）墓誌銘并序》："公諱奇，字君君，太原人也。曾祖邵，隨秘書少監。大父逖，隨江州刺史。烈考礜，皇益府倉曹。……嗣子就。"①《表》僅載邵二子，無逖，據是誌，邵尚有子逖，隋江州刺史；生礜，益府倉曹；礜生奇，奇生就，可補《表》闕。

		邵。
逖，隋江州刺史。	孝柔。	孝京。
礜，益府倉曹。		
奇字君君。		
就。		

① 蓋題"大唐故王府君墓誌銘"，拓片圖版見《河洛》二九六，第399—400頁。

【《表》二中·九·二六三三至二六三五】

松年。
邵。
孝京，揚州司馬。
子奇。
慶賢，美原丞。
光謙，淮陰令。
翃。
鼐。

大中十年（856）五月廿四日《唐故監察御史隴西李府君後素夫人太原王氏（照乘）墓誌銘并序》（季弟承議郎行詹事府司直速撰）："夫人字照乘，太原晉陽人也。建姓之初，載在史諜。七代祖諱松年，北齊黄門侍郎。六代祖諱邵，隋秘書監。五代祖諱簡，隋楊州户曹參軍。四代祖諱子奇，皇朝京兆府渭南縣尉。高祖諱慶賢，皇京兆府美原縣丞，贈太子太傅。曾王父諱光謙，皇楚州淮陰縣令，贈尚書右僕射。王父諱翃，皇特進、禮部尚書、東都留守、贈司徒。列考諱鼐，皇侍御史。夫人即端公公之長女。……速，即夫人之季弟。"①是誌與《表》所叙世系大致相同，唯有簡，《表》作孝京，又後引開元三年（715）十月廿五日《大唐故朝議郎行羅州司户參軍上騎都尉太原王府君（慶詵）墓誌銘并序》亦作簡，疑《表》誤，當正作簡。《表》不載鼐官職，此誌作侍御史。又，鼐以下世系無聞，誌文稱有季子詹事府司直速。

① 録文見《補遺》八，第192頁。拓片圖版及録文見《續編》二四七。

松年。
邵。
簡，隋楊府户曹參軍。
子奇，渭南尉。
慶賢，美原丞。
光謙，淮陰令。
翃。
肅，侍御史。
（季子）速，承議郎，行詹事府司直。

【《表》二中·九·二六三三至二六三六】

松年。
邵。
孝京。
子奇。
慶詵。

開元三年（715）十月廿五日《大唐故朝議郎行羅州司户參軍上騎都尉太原王府君（慶詵）墓誌銘并序》（姪光賓撰）：“君諱慶詵，字嘉盛，太原晉陽人也。……曾祖邵，隋秘書少監，修齊隋二國史，撰《讀書記》卌三卷。……祖簡，隋揚州大總管府户曹參軍。……父子奇，皇朝雍州渭南縣尉、青州司倉參軍。……夫人隴西李氏。曾祖元儉，宇文周吏部侍郎。祖玄成，皇朝濟北郡守。父義琛，皇朝雍州長史、岐州刺史。……夫人第三女也。……君無嗣，長女適同州司户參軍隴西李先。次女先亡。次適清河崔興嗣。次適左衛率府倉曹參軍隴

西李美玉。"[①]簡，《表》作孝京，《補正》所揭權德輿《權載之文集》卷一六《唐故楚州淮陰縣令贈尚書右僕射王府君神道碑銘》又作"隨秘書少監邵生揚州户曹參軍來"，三者互異，不知孰是。《表》不書慶詵官職，是誌作羅州司户參軍。慶詵無嗣，《表》不書其下世系，當是。

天寶三載（744）六月四日《唐故通議大夫使持節東陽郡諸軍事守東陽郡太守上柱國李府君（先）□誌銘并序》（前弘文館校書郎王利器撰）："府君諱先，字開物，成紀人也。……天寶二載，疾于東陽公館，秋九月廿二日薨。……夫人，太原王子奇之孫，少府監主簿慶詵之女。……子頊曾、相柱、全峻等。"[②]亦可資佐證，該支王氏與隴西李元儉一支兩世姻戚。

松年。
邵。
簡，一作孝京，一作來。
子奇。
慶詵字嘉盛，羅州司户參軍。

【《表》二中·九·二六三三至二六三六】

子奇。
慶玄。
光復。
邕。
篆。

① 録文見《補遺》千唐，122—124頁。拓片圖版及録文見《河南叁》九二。

② 録文見《補遺》八，第46—47頁。拓片圖版及録文見《新出唐墓誌百種》，第178—179頁。

天寶八載（749）十一月十一日《唐□（王）季昌墓誌》（無首題）："曾祖子奇，皇雍州渭南縣尉。祖慶玄，皇海州司馬。父光賓，皇秘書省著作郎。公諱季昌，字纂興，太原晉陽人也。……夫人皇刑部尚書，清河崔隱甫女。"[①]此誌無首題，亦無誌主姓氏，所載世系與《表》大致相合，又上引開元三年（715）十月廿五日《大唐故朝議郎行羅州司户參軍上騎都尉太原王府君（慶詵）墓誌銘并序》署"姪光賓撰"，可知慶詵、慶玄爲兄弟。據以可推知季昌姓王氏，出太原王氏大房。《表》僅載慶玄一子，是誌載慶玄另一子光賓，秘書省著作郎。生季昌，字纂興。又，《表》不載慶玄官職，此誌作海州司馬。

	子奇。
	慶玄，海州司馬。
光賓，著作郎。	光復。
季昌字纂興。	邕。
	篆。

【《表》二中·九·二六三七】

	同人，亳州刺史、光禄少卿。
	守忠。
	思訥。
自勉。	子遂。

貞元十二年（796）《唐故博陵崔公（藏之）夫人文水縣君太原王氏墓誌》："八代祖瓊，後魏大鴻臚。以世家英系，時文皇帝定爲天下氏族之甲，王氏從而益大。曾祖同人，皇朝衛尉卿。祖守忠，蔡州汝陽令。

① 拓片圖版見《邙洛》一七八，第209頁。

父訥，定州義豐令。夫人則義豐公之長女，皇朝吏部侍郎隴西李公元恭之外孫。”[①]是誌所叙世系與《表》略合，唯“思訥”省作“訥”。《表》不載守忠、思訥父子官職，可據是誌補守忠汝陽令、訥義豐令。同人官職，《表》作亳州刺史、光禄少卿，是誌作衛尉卿。

	同人，衛尉卿。
	守忠，汝陽令。
	思訥，義豐令。
自勉。	子遂。

【第二房王氏】

【《表》二中·九·二六三八】

孝倫。
仁表，祠部郎中。

貞元廿年（804）八月十八日《唐故相州滏陽縣尉隴西李公（收）夫人太原王氏墓誌銘并序》：“夫人姓王氏，太原晉陽人也。……大王父表仁，官至祠部郎中。王父敬同，爲晉陵縣令。皇考澄，歷汾州司馬，贈澤州刺史，累贈吏部尚書。……夫人即吏部之長女也。……以相州滏陽縣尉隴西李收，時之聞士也。……元兄淮南節度支度營田觀察處置等使、檢校尚書右僕射、兼揚州大都督府長史、御史大夫、太原縣

① 蓋題“博陵崔公夫人太原王氏墓誌”，録文見《補遺》千唐，第287—288頁。拓片圖版及録文見《河南叁》二四〇。

開國公鍔，以貞元廿年八月十八日克展孝思，禮從合祔。”[①]表仁，《表》乙作仁表。又，《表》不載表仁以下世系，可據是誌補入。

孝倫。
表仁，祠部郎中。
敬同，晉陵令。
澄，汾州司馬。
鍔，淮南節度支度營度田觀察處置等使、檢校尚書右僕射、兼揚州大都督府長史、御史大夫、太原縣開國公。

【《表》二中·九·二六四〇】

【《集校》二七六】

仙客。
瑒。
鐸。

貞元十六年（800）二月廿二日《大唐河南府法曹參軍崔公（廞）夫人太原王氏（淑）墓誌銘并序》："夫人諱淑，字田七，太原人也。其先出自有周，蓋太子晉之後也。……曾祖諱瑒，皇朝宮尹府丞。祖諱鐸，皇朝京兆府奉天縣尉。父諱閏，皇朝潞州大都督府功曹參軍。……夫人從姑之女也，歸我則又爲嫂焉。”[②]《表》不書瑒、鐸父子之官職，趙氏《集校》已據天寶十二載（753）二月十二日《唐故中散大夫滎陽

① 拓片圖版及録文見《新出》，第290—292頁。録文見《補遺》九，第385—386頁。拓片圖版見《邙洛》二二〇，第259頁。

② 蓋題"唐故太原王夫人墓誌"，録文見《補遺》千唐，第293—294頁。拓片圖版及録文見《河南叁》二四四。

郡長史崔府君故夫人文水縣君太原王氏墓誌銘》補入瑒之官職爲宮尹府丞，是誌所叙相同，另可補鐸之官職。又《表》闕載鐸以下世系，是誌載，鐸生閏，潞州大都督府功曹參軍。

仙客。
瑒，宮尹府丞。
鐸，奉天尉。
閏，潞州大都督府功曹參軍。

【烏丸王氏】

【《表》二中·九·二六四三】

	美暢。
弼，長安丞。	昕，司農卿、薛公。

大曆八年（773）十二月廿七日《唐故大理丞趙郡府君（李震）夫人太原王氏合葬銘并序》："夫人王氏，余大嫂也。皇考昕，薛國公、先朝邢汝等州刺史、殿中監、大司農，天寶中冀州刺史弼之兄子也。"[①]王氏，王美暢[②]之孫，王昕之女，王弼之侄，亦爲睿宗王德妃之侄女。《表》不載昕任邢、汝等州刺史，《唐刺史考全編》據《長安志》卷七、一〇之記載，著録王昕開元中任汝州刺史，於邢州卷闕載，可據是誌補入。又王弼官職，《表》作長安丞，是誌云其在天寶中任冀州刺史（太守），《表》當僅載其初仕之官。

---

① 録文見《補遺》八，第77頁。

② 王美暢的相關研究見榮新江《碑誌與隋唐長安研究》，西安碑林博物館編《紀念西安碑林九百二十周年華誕國際學術研討會論文集》，北京：文物出版社，2008年，第46—54頁。

	美暢。
弼，冀州刺史。	昕，邢、汝等州刺史。

【《表》二中·九·二六四四】

【《集校》二七八】

珪。
崇基。
茂時。
燾。

天寶三載（744）四月丁酉《大唐前陳留郡陳留縣尉薛襄故夫人王氏（晉）墓誌銘并序》："夫人姓王氏，字晉，太原祁人也。……高祖珪，唐侍中、右光禄大夫、禮部尚書、永寧郡開國公。……曾祖崇基，唐尚書主爵員外郎。……祖茂時，皇朝散大夫、洛州武臨縣令。……父壽，見任諫議大夫。"[①]茂時爲崇基幼子，《表》不載官職，《補正》所揭大和二年十月十四日《唐故知鹽鐵福建院事監察御史裏行王府君（師正）墓誌銘并序》載其爲洛州武臨縣令、贈陳州刺史，可補《表》闕。是誌所載茂時官職相同，可資佐證。壽，《表》及上引《師正誌》均作燾，此誌恐誤。

珪。
崇基。
茂時，武臨令。
燾。

① 録文見《補遺》千唐，第193—194頁。

【中山王氏】

【《表》二中·九·二六四八】

子景。
元季。
有方。
行果。

景龍三年（709）十月廿六日《唐故豳州司法參軍王君（行儉）墓誌并序》："君諱行儉，太原人也。……六代祖叡，魏太宰、尚書令，封中山王，因爲中山王氏焉。曾祖子景，北豫州别駕。祖元季，本州大中正、開府儀同三司。……父有方，岷州刺史、上柱國。……公即使君之少子。……公未婚，無子，以從兄景之男，幽州録事參軍懌嗣。懌又早代。"[①]《表》僅載有方子行果一人，據此誌，有方有少子行儉，豳州司法參軍，無子，以從兄景之男，幽州録事參軍懌嗣。

	子景。
	元季。
	有方。
行儉，豳州司法參軍。	行果。
懌，幽州録事參軍。	

① 録文見《補遺》千唐，第111—112頁。

【京兆王氏】

【《表》二中·九·二六五三】

直，瓜州刺史。
承家，都官郎中。
滔，果州刺史。
何，丹王傅。

大曆十五年（780）正月六日《唐故前鄉貢明經王助墓誌文》："王助，字士幹，其先京兆人也。……皇朝散大夫、江州尋（潯）陽令諱遂賓，君之曾祖也。皇中大夫、果州刺史諱滔，君之烈祖也。……前河南府功曹參軍何，君之嚴父也。……府君即功曹次子也。"① 《表》闕載滔父，據是誌，滔父遂賓，潯陽令。《表》亦不載何以下世系，據是誌可補入何次子助，鄉貢明經。又何曾官河南府功曹參軍。

	直，瓜州刺史。
	承家，都官郎中。
	遂賓，潯陽令。
	滔，果州刺史。
	何，丹王傅。
助，鄉貢明經。	某。

① 拓片圖版見《邙洛》二〇五，第242頁。

八、魏氏[①]

【鉅鹿魏氏】

【《表》二中·九·二六五六至二六五七】

【《集校》二九二至二九三】

玄同。
協。

貞元十一年（795）三月五日《唐故大理評事魏府君（揩）墓誌銘并序》："君諱揩，字，鉅鹿人也。……唐故黄門侍郎，終侍中諱玄同，即君之曾祖。……祖諱協，……而終滎澤令。……父諱陔，……終于濮州司户。……君即司户第三子。……家唯一男，纔逾三歲。私字小達，未立官名。"[②]《表》失書協官職及以下世系，據是誌，協，終於滎澤令。生陔，濮州司户。生揩，大理評事。生小達，未立官名。又誌云揩爲陔第三子，故昆仲至少三人。又，岑氏《四校記》引貞元十四年十一月四日《唐故宋州録事參軍鉅鹿魏君（防）墓誌銘》，但認爲該誌文甚草率，恐不可信。今以二誌合觀，協子防、陔，均以"阜"旁字行。又協之官職二誌亦相合，當是可信，唯不知防、陔之雁序。

① 魏氏世系原始記載及考訂見《新唐書》卷七二中《宰相世系表二中》，第2655—2660頁；《集校》，第289—295頁；《姓纂（附四校記）》卷八，第1191—1200頁。相關研究有：馮金忠《墓誌所見唐代鉅鹿魏氏——以新出〈魏珏墓誌〉爲中心》，《唐長孺先生百年誕辰紀念國際學術研討會論文集》，武漢大學，2011年7月4—6日。賈志剛《〈唐魏系墓誌〉考釋》，杜文玉主編《唐史論叢》第十三輯，西安：三秦出版社，2011年，第372—381頁。游自勇《魏徵歷史地位探賾——以魏氏家族在唐代的沉浮爲中心》，榮新江主編《唐研究》第十七卷，第305—330頁。

② 録文見《補遺》千唐，第281—282頁。

			玄同。
			協，滎澤令。
		陔，濮州司户。	防，宋州録事参軍。
揩，大理評事。	某。	某。	
小達。			

【館陶魏氏】

【《表》二中·九·二六五八至二六五九】

						徵。
			叔璘。	叔琬。	叔瑜。	叔玉。
		殷，汝陽令。			華，禮部侍郎。	
萬，兼御史中丞。	隋，蓬州刺史。	明，監察御史。				

大曆十三年（778）十一月十八日《唐故伊闕縣令鉅鹿魏府君（系）墓誌銘并序》："唐特進、侍中、鄭國文貞公之曾孫曰系，字景宗。……文貞生叔□，而官止潞州刺史，潞州生殷，官止蔡州汝陽令。……寶應年中，天子悼焉，贈潁州刺史。公即潁州之第三子也。……嗣子駒，……季弟暐，疚然永慟。"①《表》列叔璘侄殷，官汝陽令。惜是誌泐其父之諱，只知官潞州刺史。《表》書殷三子明、隋、萬，是誌稱系爲殷第三子，尚有季弟暐，嗣子駒，《表》均闕載。

開元十年（722）六月十八日《唐魏華墓誌（無首題）》："公諱華，字茂實，鉅鹿下曲陽人，有唐銀青光禄大夫、太子左庶子、上柱國、武陽縣開國男、太師鄭文貞公之孫，豫州使君之二子。……有子七人。"②《校異》據《唐故豫州刺史魏君（叔瑜）碑》所載認爲："依碑文，璘似是兄而琬爲弟。又，《世系表》僅載一子華而無獻。"此誌亦可佐證叔瑜有

① 蓋題"唐伊闕令魏府君墓銘"，拓片圖版見《河洛》三三二，第446—447頁。

② 拓片圖版見《邙洛》一一五，第136頁。

二子,《表》闕載長子獻。

								徵。
				叔□,潞州刺史。	叔璘。	叔琬。	叔瑜。	叔玉。
				殷。			華字景宗。	
暐。	(三子)系,伊闕令。	萬。	隋。	明。				
	駒。							

【鹿城魏氏】

【《表》二中·九·二六五九至二六六〇】

				知古。
曜。	珏。	林。	毖。	喆。

大和八年(834)十一月廿日《唐故鉅鹿魏府君(處厚)墓誌銘并序》(堂姪季彦叙述謹上):"府君諱處厚,……曾祖知古,皇守侍中、户部尚書、同中書門下三品。祖喆,皇彭原郡太守。皇父堅,鄭州新鄭縣令。府君即新鄭季子也。……有子一人曰住住,即郭氏所生。……昆仲四人,皆先凋謝。"① 《表》所載鹿城魏氏一支世系,僅止於知古之子。據是誌,可補知古子喆一支部分世系,喆生新鄭縣令堅,堅生處厚,季子。又喆官職,《表》作延安太守。是誌署堂姪季彦撰,可知,魏喆不止有堅一子。又云魏處厚:"昆仲四人,皆先凋謝。"可知,堅四子,惜除處厚外,餘皆無聞。

								知古。
曜。	珏。	林。	毖。					喆,彭原太守。
				某。				堅,新鄭令。
				某。	處厚字匡時。	某。	某。	某。
				季彦。	住住。			

① 録文見《補遺》千唐,第358—359頁,拓片圖版見《河洛》四一二,第553頁。

九、温氏①

【《表》二中·九·二六六四至二六六五】

【《集校》二九九至三〇〇】

彦將。
璩,職方郎中、陜州刺史。
道沖。
任。
衮。

開元十九年（731）十一月一日《大唐故宋州寧陵縣令温府君（任）墓誌銘并序》："君諱任，字次卿，太原人也。……烈祖彦將，中書侍郎。……大父璩，陜州刺史。……皇考道沖，和州刺史。……嗣子褎等。"②《表》所叙該支世系，與《姓纂》③同，唯任生襄，《表》作任生衮，而是誌作任嗣子褎，雖襄、衮、褎均從"衣"，然不知孰是。《表》不載任官職，是誌作寧陵令。璩官職，《表》與是誌均作陜州刺史，《姓纂》作鄭州刺史。

彦將。
璩,職方郎中、陜州刺史。
道沖。
任,寧陵令。
褎,一作衮、一作襄。

---

① 温氏世系原始記載及考訂見《新唐書》卷七二中《宰相世系表二中》,第2661—2666頁;《集校》,第296—300頁;《姓纂(附四校記)》卷四,第469—473頁。

② 蓋題"大唐故温府君墓誌銘",拓片圖版見《河洛》二一二,第273—274頁。

③《姓纂(附四校記)》卷四,第472—473頁。

十、張氏[①]

【襄陽張氏】

【《表》二下·九·二六七八至二六七九】

【《集校》三一二至三一四】

		弋。
		洛。
		騭。
		説。
埱。	垍。	均。

開元廿年（732）八月甲申《唐故尚書左丞相燕國公贈太師張公（説）墓誌銘并序》："公諱説，字説，范陽方城人。晉司空、壯武公之裔孫。周通道館學士諱弋府君之曾孫。贈慶州都督諱恪府君之孫。贈丹州刺史、刑部尚書諱騭府君之季子。……夫人故尚書右丞、武陵公懷景之女也。……長子均，中書舍人。次曰垍，駙馬都尉，衛尉卿。季曰埱，符寶郎。"[②]《校異》據《封氏聞見記》卷一〇，認爲張説季子《表》作埱誤，應以埱爲是。趙氏揭出《全唐文》卷二九

① 張氏世系原始記載及考訂見《新唐書》卷七二下《宰相世系表二下》，第2675—2722頁；《集校》，第306—326頁；《校補》，第57—60頁。

② 録文見《補遺》八，第24—25頁。拓片圖版見《邙洛》一三一，第154頁。又參李獻奇《唐張説墓誌考釋》，《文物》2000年第10期，第91—96頁。

二張九齡《故開府儀同三司行尚書左丞相燕國公贈太師張公墓誌銘》作“椒”。今是誌可佐證《校異》所考無誤，當從土旁，作埱。又説祖恪，《表》作洛，《補正》《校異》已證洛當作恪，《表》誤，是誌亦可佐證。

大曆六年（771）二月壬寅十五日《唐故河南府參軍漁陽縣開國男張府君（密）墓誌銘并序》:“君諱密，字密，范陽方城人。……君即晉司空、壯武公華十五代丞相燕文貞公之孫，嗣公刑部尚書之子。……有一子，岐嶷夙成，髫齔早折。……季弟濛，……夫人同郡盧氏，今屯田員外郎政之子。”[①]是誌不載張密父祖名諱，據所署官職及對照《表》可知，密爲張説之孫，張均之子。《表》闕載密官職，據是誌可補，官至河南府參軍。此誌作濛爲密季弟，《表》緊接其後，不知孰是。

咸通三年（862）七月十八日《唐故中大夫守汾州别駕柱國張府君（弘宗）墓誌并序》:“府君諱弘宗，字子中，范陽方城人也。……曾祖諱説，位居台輔，封燕國公，謚文貞。大夫諱埱，給事中、翰林學士。皇考諱嵲，莫州刺史。府君即莫州使君第三子也。……六子：長曰磷，娶河東裴讜之女；次曰礪，次曰碩，次曰碕，次曰礷，次曰碓。”[②]《表》不載埱有子嵲，據此誌可補入嵲以下世系：莫州刺史嵲生汾州别駕弘宗，弘宗生六子，磷、礪、碩、碕、礷、碓。

---

① 録文見《補遺》八，第407—408頁。拓片圖版及録文見《續編》一六九。

② 録文見《補遺》七，第138—139頁。拓片圖版及録文見《續編》二五六。

							弋。
							恪。
							鷩。
							説。
					埱。	垍。	均。
					嵲，莫州刺史。		
碓。	礲。	碕。	碩。	礪。	磷。		

【馮翊張氏】

【《表》二下·九·二七〇七至二七〇八】

	德言，龍州刺史。
	滎。
	仁願。
	之輔。
知微。	通儒。

開元廿一年（733）三月五日《唐故太子少詹事張公（之輔）墓誌銘并序》："公諱之輔，字，南陽白水人也。……曾祖德言府君，皇唐州刺史、九隴公。祖滎府君，皇贈金州刺史、壽昌公。考仁願，皇兵部尚書、同中書門下三品、韓國公，贈特進，謚曰成烈公。……胤子同州參軍通微等。"[①]德言官職，《表》作龍州刺史。《表》載之輔二子：通儒、知微。是誌載之輔有子通微，時任同州參軍。

① 拓片圖版見《河洛》二一五，第277頁。

		德言，唐州刺史、九隴公。
		榮。
		仁願。
		之輔，太子少詹事。
知微(通幽)。	通儒。	通微，同州參軍。

【吴郡張氏】

【《表》二下·九·二七〇八至二七〇九】

後胤。
律師，王府諮議參軍。
義方字儀，邢州刺史。

開元十四年（726）正月十八日《大唐故潤州司功參軍李府君夫人張氏墓誌銘并序》(李君弟魯山縣令昉詞)："夫人吴郡人也。父義方，邢州刺史。祖律師，左千牛。曾祖後胤，金紫光禄大夫、國子祭酒。……姪安府參軍岳書。"[①]律師官職，《表》作王府諮議參軍。是誌作左千牛。

聖武二年（757）十月十六日《唐故楚州司馬吴郡張公（義琛）墓誌銘并序》："公諱義琛，字義琛，其先吴郡吴人也。曾祖冲，隨給事中、右軍將軍、漢王傅。祖後胤，唐金紫光禄大夫、國子祭酒、散騎常侍，贈禮部尚書、新野縣開國公。……父律師，朝散大夫、鄆州司馬。……嗣子燕右金吾胄曹曰澄。"[②]《表》不載律師有子義琛，仕安禄山，官至楚州司馬。義琛子澄，燕右金吾胄曹澄。據是誌可補入。又，律師官職，是誌作鄆州司馬，與上誌及《表》均異，不知孰是。

---

① 圖版拓片見《河洛》一九八，第255頁。

② 録文見《補遺》八，第72頁。拓片圖版見《河洛》三一一，第420頁。拓片圖版及録文見《續編》一六三。

後胤。
律師，鄆州司馬。
義琛，事安禄山至楚州司馬。
澄，燕右金吾胄曹。

【清河東武城張氏】

【《表》二下·九·二七一一至二七一四】

【《集校》三二三至三二四】

			彝。
			始均。
			晏之。
			虔雄。
			文琮。
	錫。	挹。	戩。
寂。	歡。		
	惟一。		

開元十五年（727）十月十七日《唐故銀青光禄大夫工部尚書絳州刺史上柱國平原郡開國公張府君（錫）墓誌銘并序》："公諱錫，字奉孝，清河東武城人也。……五代祖彝，魏光禄大夫。……彝生始均，官至尚書郎。均生兖州刺史晏之。晏之生謁者大夫乾威、陽城令乾雄。雄即公之祖父也。自陽城至光禄君，四代皆見於魏齊周隨國史。列考文琮，皇代户部侍郎、復亳建三州刺史。……公即户部府君之第五子也。……有子三人：長子歡，早卒，官至通事舍人、剡縣令。孝孫忠王府參軍惟一，襲封平原郡公。中子宙，安陽縣令、豫州司功。季子寂，

屯留縣令。”①自彝至惟一，該支張氏八世世系，《表》、誌相合。乾威、乾雄《表》作虔威、虔雄，當是同音相借。趙氏以《魏書》《北史》作“乾”，《隋書》作“虔”，認爲《表》或本《隋書》。文琮官職，《表》作吏部侍郎，史均不載文琮刺復州，《唐刺史考全編》據《全唐文》卷二一六陳子昂《唐故袁州參軍李府君妻張氏墓誌銘》比定張氏之父即文琮，貞觀中刺復州。是誌所載與《張氏誌》同，可資佐證，《表》作吏部侍郎，恐誤。又，《表》載文琮三子，錫爲第三子，是誌載其爲第五子，故《表》至少闕書錫之兄二人。《補正》據貞元十八年（802）正月廿七日《唐故清河張氏女殤墓誌銘》已揭出文琮又一子槩。是誌載張錫三子：歡（早卒，官至通事舍人、剡縣令）、宙、寂。《表》失書歡官職及次子宙，可據是誌補入。

聖武二年（757）七月五日《大燕故唐澤州司法參軍清河張府君（惟恭）墓誌》：“公諱惟恭，字守敬，清河人也。……五代祖太常卿、北徐州刺史晏之，高祖父陽城令虔雄，曾祖父户部侍郎、亳州刺史文琮，祖父江州刺史戩，大父巴西縣令、沂州司馬永。……公即沂州府君之長子。……長男卓、次男幹，……公之甥陽普，即余之從弟。”②《表》闕載戩以下世系，據是誌，戩生永，沂州司馬。永生惟恭，澤州司法參軍。惟恭生卓、幹。

---

① 録文見《補遺》千唐，第152—153頁。拓片圖版及録文見《河南叁》一一四。又參張潔《唐張錫墓誌考釋》，《洛陽師範學院學報》2009年第4期，第5—8頁。

② 蓋題“大燕故張府君墓誌銘”，録文見《補遺》八，第71—72頁。拓片圖版見《邙洛》一九九，第233—234頁。拓片圖版及録文見《續編》一六二。

						文琮，户部侍郎、復亳建三州刺史。
		錫。	槩。	挹。		戩。
寂。	宙。	歡，通事舍人、剡縣令。				永，沂州司馬。
		惟一。			幹。	卓。

【《表》二下·九·二七一二】

文瓘。
洽。
宥。
衮。
載華，兼御史中丞。
正則。
知實字冠仁。
保望字渭叟。

大中三年（849）六月二日《唐故朝請大夫使持節金州諸軍事守金州刺史上柱國張府君（知實）墓誌銘并序》："府君姓張氏，諱知實，字冠仁，隴西燉煌郡人也。生於貞元己巳年，以大中三年二月十七日，感疾遘災，啓手足歸全於金州官舍，享年六十有一。哀哉！曾祖景，皇昭應縣丞，贈吏部郎中。祖載，皇成都府雙流縣尉。考正則，皇陝州靈寶縣尉，贈著作郎。妣隴西李氏，贈隴西縣太君。……時因政簡，徧閱羣史，自三代以降，迄於隋唐，勒成三卷，目曰《歷代帝王承統記》。……嘗著詩賦文表，集成三十卷，斯亦立言之極也。夫人河東薛氏，皇蓬州刺史頂之女。子四人：長曰保承，次曰保訓，嗣子曰保胤，次曰保望。保承娶汾州刺史楊倞女。保胤舉進士。女五人：長適進士蕭

弇，次出家，次適襄州節度推官、協律郎于德奮，次曰瑄，次曰瓌。”①

會昌元年（841）十月七日《唐故贈著作佐郎張府君及夫人贈隴西縣太君李氏祔葬墓誌》（嗣子朝議郎行侍御史上柱國賜緋魚袋知實撰上）：“公諱正則，字叔度，燉煌人。由後魏太常博士湛而下，六代生德裕，高宗、天后朝爲御史，歷三院，换司刑外郎。以雪冤死，爲酷吏所排，出袁州司馬。事久而明，入爲少大理。大理生景，爲昭應丞，贈吏部郎中。郎中生載，爲成都府雙流縣尉。公乃雙流府君次子也。……太君系宗室淮安王神通六代孫，宋州單父縣令洪鈞之女。”②張正則，《表》載爲高宗朝宰相張文瓘五代孫，門屬清河東武城，然上引兩誌皆曰系出隴西燉煌，且云爲後魏太常博士張湛後裔。雖《表》、誌所載正則以下世系大體相合，正則以上世系及房屬族源均不合，恐《表》正則以下世系爲誤植。《正則誌》載正則卒於貞元十六年（800），享年45歲。又永泰中有張正則，史稱“好談經濟之略，嘗以王佐自許”，與崔造、韓會、盧東美並號爲“四夔”③，疑此人即《表》中張文瓘之五代孫，永泰去高宗朝約百年之數，年代亦大致相合。恐《表》誤以二人相同，誤植燉煌張正則世系於清河東武城張正則之下。

該家族成員之墓誌亦出土有大中十年（856）十月十五日《唐故淄州高宛縣令張公（茂弘）墓誌銘》（弟鄉貢進士安節譔）：“公諱茂弘，字，燉煌人也。……十三代祖湛，仕後魏博士，用儒術高行，爲時宗師。曾祖景，皇京兆府新豐縣丞，贈吏部郎中；祖載，皇成都府雙流

① 趙振華、王學春《唐張正則、張知實父子墓誌研究》，趙力光主編《碑林集刊》（十一），西安：陝西人民美術出版社，2005年，第123—128、302頁。録文見《補遺》九，第409—410頁。

② 録文見《續集》會昌〇〇四，第945頁。《補遺》六，第152—153頁。《全唐文新編》第十三册，第9032—9032頁。

③《舊唐書》卷一三〇《崔造傳》，第3625頁。

縣尉；父正禮，皇睦州桐廬縣丞。……有子二人：長曰辛六，次曰辛七；女三人，長適渤海高郃，次適隴西李昌胤。”①

大中十二年（858）七月廿五日《唐故泉州仙遊縣長官張府君及鉅鹿魏氏夫人祔葬墓誌》（猶子留守都防禦要籍將仕郎試太常寺奉禮郎漢璋撰上）：“燉煌張氏將祔葬其先於河南府河南縣平樂鄉王寇村之原，凡葬必誌其墓，懼陵谷之變也。後代相習，撰録其行，以文於石。惟小子不造，始生而奉命出嗣諸父之後，……漢常山王耳，吾宗之始祖也；後魏太常博士湛，公之十代祖也。父載，皇城都府雙流縣尉諱梁，娶河南元氏，公其長子也。世代相承。考諱進，字正德，一子爲命。”②可知正則輩昆仲三人：長曰正德，次曰正則，次曰正禮。漢璋以猶子之身份入繼正德後，當是正則或正禮之子。

綜合前引諸誌列燉煌張正則一支世系如下：

						湛。
						(六世孫)德裕。
						景，昭應丞。
						載，雙流尉。
	正禮，桐廬丞。				正則字叔度，陽江尉。	正德，仙遊縣長官。
安節。	茂弘，高宛令。				知實字冠仁，金州刺史。	漢璋。
		保望。	保胤。	保訓。	保承。	

① 録文見《彙編》大中一一八，第2343頁。拓片圖版見《隋唐五代墓誌匯編·洛陽卷》第十四册，第65頁。

② 録文見《彙編》大中一四二，第2362頁。拓片圖版見《隋唐五代墓誌匯編·洛陽卷》第十四册，第80頁。

【河間張氏】

【《表》二下·九·二七一七至二七一八】

				感。
				應。
季遐。	季真。	幼蘭。	仲連。	仲素。

寶曆元年（825）八月十四日《唐鄉貢進士張君（款）墓誌銘并序》："公諱款，字從之。河間人也。曾祖威，幽州范陽縣丞。大父應，安南都護，贈工部侍郎。……父伯昭，和州歷陽縣令。……公則歷陽弟三子。……長兄賓回。"[①]威，《表》作感，應是形近致譌，官范陽縣丞。《表》載應五子，無伯昭，以名字中之伯仲叔季推之，伯昭當是仲素之兄，可補入伯昭一支世系。伯昭，歷陽令。生賓回、款等。

							威，范陽丞。
							應。
季遐。	季真。	幼蘭。	仲連。	仲素。			伯昭，歷陽令。
					款字從之，鄉貢進士。	某。	賓回。

① 拓片圖版見《河洛》三九一，第521頁。

十一、崔氏[①]

【許州鄢陵房】

【《表》二下·九·二七三四至二七三六】

【《集校》三四三至三四五】

	樞，利州刺史。
	義直，峽州刺史。
	知温。
諤之。	泰之。
錡。	
	備。

開元七年（719）十月十五日《唐故銀青光禄大夫太府卿少府監贈兖州都督府上柱國趙國公崔府君（諤之）墓誌銘并序》："君諱鄂之，字元忠，清河東武城人也。……公則皇朝司農卿、散騎常侍、陝州刺史、清河郡開國公世樞之曾孫。紀越二王府長史、陝州刺史、清河郡開國公義直之孫。黄門侍郎、中書令、贈荆州大都督知温之季子。今黄門侍郎、清河郡開國公泰之之母弟。……嗣子承訓。"[②]

---

① 崔氏原始世系記載及考訂見《新唐書》卷七二下《宰相世系表二下》，第2729—2817頁；《集校》，第235—409頁；《校補》，第61—75頁；《姓纂（附四校記）》卷三，第331—332頁，相關研究見柳金福《唐代博陵安平大房崔氏出土墓誌考》，樊英峰主編《乾陵文化研究》（四），西安：三秦出版社，2008年，第393—419頁。

② 録文見《補遺》六，第390—391頁。《補遺》八，第355—357頁。拓片圖版見《河洛》一八二，第233頁。拓片圖版及録文見《續編》一〇二。

元和十一年（816）八月廿七日《唐故諫議大夫清河崔府君（備）墓誌銘并序》："公諱備，字順之，其先清河人也。……後清河以宗姻著，博陵以軒冕貴，……五代祖諱樞，皇萊濟陝等州刺史、大理卿、武城縣男。高祖諱義直，長安縣令、硤州刺史、襲武城男。曾祖諱知温，户部尚書、同中書門下三品、中書令，贈荆州大都督，謚曰良。祖諱泰之，尚書左丞、黄門侍郎、工部户部二尚書，贈荆州大□□，謚曰貞烈。皇考諱元，試大理司直，襲清河公。……公則司直弟二子也。……夫人瑯琊顔氏，京兆户曹鏻之女。……有子五人：長曰景裕，明經及第。次景初、景武等，皆長號泣血，殆不勝哀。有女三人：長適河東裴譔，即今中書之令子，以文學稱，應進士舉。餘並年幼。"①《集校》據已出知温夫婦墓誌，及二子泰之、孝昌（字慶之）等諸誌已證：義直，《表》作峽州刺史，當正作陝州刺史。《表》所失載泰之子、備父爲元，官大理司直，今二誌亦可佐證。《表》亦缺知温二子孝昌（慶之）一支世系。②今《諤之誌》載嗣子承訓，《表》亦不載備子嗣情況，據《備誌》，有五子：景裕、景初、景武等，均可補入。今結合《集校》所引所考，可從列知温一支世系如下。

										樞，利州刺史。
										義直，陝州刺史。
										知温。
	諤之。	孝昌字慶之，太子率更令。								泰之。
承訓。	錡。									元，大理司直。
							備字順之。			黄左。
			某。	某。	景武。	景初。	景裕。	景文。	仲德。	孟恭。

① 録文見《補遺》千唐，第324—325頁。拓片圖版及録文見《河南叁》二六五。

②《集校》，第343—344頁。

【南祖崔氏】

【《表》二下·九·二七三七至二七三八】

	君實,許州治中。
	縣解,宜君丞。
融。	谷神。

聖曆元年（698）二月十一日《周故承議郎行洛州永昌縣丞清河崔君（釋）墓誌銘并序》："君諱釋，字研幾，清河東武城人。曾祖德仁，字文朝，司徒府長史。祖君實，唐許州司馬。考懸解，宜君丞。君十八舉進士，補任丘主簿，舉材堪棟幹，授汾陰尉。秩滿選集。是時也，糊名考判四方，累鉅萬。唯君數人爲第二等。……皇天無知，伯道無兒，以兄子侃後焉。"①《表》僅載縣（懸）解二子，是誌云："作吾家之季子。……余同生四人，義均一體。曾未五十，過半九泉。"以行文語氣度之，蓋撰序者（撰銘者爲給事中中山劉憲）爲誌主之兄，或谷神或融，昆季四人，因幼者二人皆壯年早卒，是以《表》闕載。是誌誌主崔釋，懸解幼子，永昌丞，無子，以兄子侃繼。

			君實,許州治中。
			縣(懸)解,宜君丞。
釋,永昌丞。	某。	融。	谷神。
侃。			

① 拓片圖版見《河洛》一一九,第147頁。

【《表》二下·九·二七三七】

	君實，許州治中。
	縣解，宜君丞。
	谷神。
	尚，祠部郎中。
重。	侑。

天寶四載（745）十月十三日《唐故陳王府長史崔君（尚）誌文》："君諱尚，字庶幾，清河東武城人。晉大司徒、忠誠公岳，即君之十二世祖。岳五世孫宋樂陵太守曠。曠南渡河，家于青齊之間，分爲三祖，曠孫魏太子洗馬、平原廣川清河魏郡四太守稚寶，即太保文宣公光之從父弟，散騎常侍、修國史鴻之叔父，而君之六世祖也。曾王父君實，隨射策甲科，唐朝請大夫、許州司馬。文集十卷，藏於秘府。王父懸解，進士高第，坊州宜君縣丞。文集五卷，行於世。考谷神，制舉高第，陝州河北縣尉。文集三卷。中書舍人修國史、太常少卿兼知制誥、國子司業、上柱國、清河子，贈衛州刺史文公融，君之叔父也。公子中書舍人知制誥，贈定州刺史、貞公禹錫，君之從父兄也。……有子封丘主簿重，遠日告期，攀號奉櫬。從父弟翹，從王有限，涕泗題銘。"①尚曾祖、祖之官職情況已在上文考訂，是誌亦可佐證。《表》不載其父谷神官職，是誌作河北尉，可補入。又尚終官，陳王府長史。

	君實，許州治中。
	縣（懸）解，宜君丞。
	谷神，河北尉。
	尚，祠部郎中。
重。	侑。

---

① 拓片圖版及録文見郭茂育《唐崔尚墓誌略考》，《新出》，第107—113頁。録文見《補遺》九，第364—365頁。

【《表》二下·九·二七三八至二七四八】

											融。
朔。	系。				翹。	紹。	綴。	緝。	繟。	緄。	禹錫。
		彧。	異。	同。	陵。						

天寶十載（751）十月庚午《唐故銀青光禄大夫禮部尚書上柱國清河縣開國男贈江陵郡大都督謚曰成崔府君（翹）墓誌銘并序》："公諱翹，字明微，清河東武城人。魏中尉琰八代生宋樂陵太守曠，隨慕容德南度河，家于青齊之間，即公之七代祖也。曾祖，唐朝請大夫、許州司馬君實。大父，坊州宜君縣丞懸解。考，中書舍人、通議大夫、太常少卿、國子司業修國史、上柱國、清河縣開國子，贈衛州刺史，謚曰文融。……公即文公第二子也。……先是公之元兄貞公禹錫爲禮部郎，及遷中書舍人，公乃繼入郎署，時從父兄尚爲右史，……有子五人：曰秀，太常寺協律郎；曰陟，詹事府司直；曰同，河南府士曹；曰異，京兆府金城縣尉；曰彧，左千牛入官，以才進。"① 《表》載翹四子陵、同、異、彧，據是誌，翹實五子，《表》失載長子秀，又以"陵""陟"形近而致訛，"彧""或"中古墓誌中常混，當正作"彧"。是誌稱翹爲融第二子，元兄爲禹錫，然《表》在禹錫與翹之間尚列有緄、繟、緝、綽、紹等五人，且均以"糸"旁行，與融其他諸子之命名均有不同，《補正》亦據《新唐書·崔融傳》提出異議，恐此處有錯簡，俟後明證之出也。

① 誌藏山東桓臺拿雲美術博物館，録文見《補遺》九，第368—370頁。

							融。
朔。	系。					翹。	禹錫。
		彧。	異。	同。	陟。	秀。	

【《表》二下·九·二七三八至二七四八】

						融。
朔。	系。					翹。
		彧。	異。			同。
			照。	平仲。	廞。	峰。

天寶十載（751）十月廿一日《唐故盧夫人（談，崔同妻）墓誌銘并序》（夫之叔父朝議郎行右拾遺至撰，夫之弟異書）："禮部尚書，贈江陵郡大都督、成公崔諱翹之子婦，河南府士曹參軍同之妻，即深州司馬府君之第五女也。……有三子二女，曰峰、曰廞、曰照。峰僅弱歲，廞惟童蒙。女尚未笄，照在襁褓。"①《表》不載同有叔至，天寶十載官右拾遺，當補入。又《表》載同三子：峰、廞、平仲，無照，《表》列異有長子照，二人是否即爲同一人，待考。

元和六年（811）四月廿一日《唐故朝散大夫惠陵臺令清河崔公（廞）墓誌銘并序》（從父弟承議郎行尚書金部員外郎從撰）："公諱廞，字廞，清河東武城人也。曾祖文公諱融，通議大夫、中書舍人、國子司業、清河子，贈衛州刺史。祖成公諱翹，銀青光禄大夫、禮部尚書、東都留守、清河男，贈太子太傅。父諱同，正議大夫、右司郎中、劍州刺史。……有子六人：長曰公弼、次曰公度、次曰弘本、次曰延齡、次

① 拓片圖版及録文見《新出》，第268—271頁。録文見《補遺》九，第367—368頁。拓片圖版見《邙洛》一八五，第128頁。

曰龍奴、次曰馬馬。”[①]所載與《表》略同，唯誌所記二季子名，似是幼名，而《表》録自姓纂或譜牒，當是官名。

							融。
朔。	系。	至。					翹。
			彧。	異。			同。
				照。	昭。	廞。	峰。

【《表》二下·九·二七五〇至二七五一】

								溉。
								義玄。
神福。							神慶。	神基。
	琨。		瑶。	球。	珪。		琳。	
	傳。	儀。	傑。		侁。	睦。	儼。	

開元廿九年（741）十一月二日《故益府士曹李府君（延祐）夫人清河崔氏（瞟）墓誌銘并序》：“夫人諱瞟，字惠，望清河。春秋七十五，開元廿九年八月七日，終于河南縣仁和里第，痛之甚也。其先太公之後，弈世有德，克鍾後昆。故我曾祖乾槩。祖義玄，御史大夫。父神基，太常卿、同中書門下平章事。”[②]乾槩，《表》作溉，不知孰是。

天寶九載（750）四月二日《大唐故朝散大夫秘書省著作郎清河崔公（傑）誌文并序》：“公諱傑，字真，清河武城人也。御史大父諱義玄府君之曾孫，太常卿贈太子少傅諱神慶府君之孫，光禄卿諱瑶府君之

① 蓋題“大唐故崔府君墓誌銘”，録文見《補遺》千唐，第311—312頁。拓片圖版及録文見《河南叁》二五六。

② 蓋題“大唐故李府君（崔夫人）墓誌銘”，録文見《補遺》八，第385—386頁；《補遺》千唐，第182頁。拓片圖版及録文見《河南叁》一四一、《續編》一三二。

長于（子）。……公之令弟，前河清縣丞。"[①]《表》失載傑官職，據是誌，傑爲瑶長子，官著作郎。

開元廿五年（737）十一月十二日《故沛郡夫人武氏墓誌銘并序》："夫人姓武，即太原人也。……夫人故周定王駙馬都尉攸暨太平公主第二女，封永和縣主。……即有唐右金吾衛將軍崔公之妻，是爲沛郡夫人焉。……哀子前洛陽縣丞傑、前左衛兵曹儀、前右清道倉曹侗等。"[②]可知瑶三子，《表》失載第三子侗，可補。

									乾槩。
									義玄。
神福。								神慶。	神基。
	琨。			瑶。	球。	珪。		琳。	
	儔。	侗。	儀。	傑，著作郎。		侁。	睦。	儼。	

【《表》二下·九·二七五三至二七五四】

【《集校》三五三至三五七】

							元彦。
						隱甫。	逸甫。
涣。	愻。		潛。		微。	瀓。	
		豐。	勝。	泳。	溉。		

《集校》已經綜合《補正》《校異》、趙氏自身等相關考證補充崔隱甫一支世系。今據新出及遺漏墓誌補充如下：

貞元十一年（795）十一月十六日《唐崔霸墓誌》（無首題）："嗚

① 蓋題"大唐故崔府君墓誌銘"，録文見《補遺》千唐，第217—218頁。拓片圖版及録文見《河南叁》一六六。

② 録文見《補遺》千唐，第174—175頁。拓片圖版及録文見《河南叁》一三三。

呼，有唐前常州江陰縣丞、清河崔公霸之墓。贈□散騎常侍元彦之曾孫，刑部尚書忠公隱□（甫）之孫，越州司馬徵之子。姑臧李氏之出，許州刺史綈之外孫。……元兄前常州司士參軍千□（里）迎喪，攜孤而歸。……有子曰直臣，及女子子四人。”[①]《集校》已考出徵有子千里、霸先，但不載霸先以下世系，今據是誌，霸先有子直臣，可補入。

大和九年（835）十一月二日《唐故湖南觀察支使試太常寺協律郎崔君（扶）墓銘并序》（再從兄宣德郎前守秘書省著作佐郎充集賢修撰倬撰并書）：“季名扶，炎帝之裔，國於齊，邑於崔。漢高帝有天下，徙大姓於清河，遂爲清河東武城人也。太保忠公諱隱甫之曾孫，處州刺史諱潛之元孫，陜府右司馬諱勝之嗣子。故常州晉陵縣令范陽盧鼎之外孫。……有子二人，女子岳娘，始三歲，後君數月又夭。男子同同，年十一，天苟大之，不爲無緒矣。明年，其次弟擢，護自潭。”[②]《表》缺潛子勝以下世系，今據是誌，勝有子扶、擢等，可補入《表》中。又撰誌者倬，爲勝堂兄溉之子，大和九年前曾經官守秘書省著作佐郎充集賢修撰。

開元十九年（731）三月十五日卒《大唐故右散騎常侍清河崔府君（元彦）夫人故河東郡太君裴氏墓誌并序》：“所奉之主。即右散騎常侍諱元彦其人也。……夫人有二男三女。長子逸甫，故河南府倉曹參軍，早終。少子隱甫。……官至御史大夫，刑部尚書。”[③]《表》不書逸甫官職，據是誌，官至河南府倉曹參軍。

---

① 録文見《補遺》八，第102頁。拓片圖版見《河洛》三五〇，繫於貞元十年，誤，第470頁。拓片圖版及録文見《續編》一八八。

② 蓋題“唐故協律郎崔君墓銘”，録文見《補遺》八，第153頁。拓片圖版見《邙洛》二五七，第304頁；《河洛》四一〇，第550—551頁。拓片圖版及録文見《續編》二二六。唯《河洛》葬年作大和八年十一月二日，誤。

③《八瓊室金石補正續編》卷二八，第2870頁，今録文據《補編》，下册，第2267—2268頁。

			元彦。
		隱甫。	逸甫，河南府倉曹參軍。
	潛。	徵。	
	勝，陝府右司馬。	霸，一作霸先。	
擢。	扶，湖南觀察支使。	直臣。	

【《表》二下·九·二七五六至二七五七】

子侃。					
					彦武。
					正辨。
思隱。					玄默。
				思貞。	思慶。
		庭晦。	庭暾。	庭曜。	延賓。
	暠。	嵩。			嘉祥。

大曆四年（769）九月七日《大唐故魏州元城縣尉盧府君（涚）夫人清河崔氏合祔銘并序》："夫人清河崔氏。曾祖玄默，合州司馬。祖思慶，漢州德陽縣令。父庭賓，太原府祁縣令。"[①]《表》失載玄默及思慶官職，據是誌，玄默，合州司馬；思慶，德陽令。《表》亦失載思慶子庭賓，祁縣令。又，《表》列思隱於子侃下，與玄默同輩，玄默子輩均以"思"行，疑此處有錯簡，思隱爲玄默子，《表》誤提一格，並竄入子侃下。

① 蓋題"大唐故崔夫人墓誌銘"，録文見《補遺》千唐，第250頁。拓片圖版及録文見《河南叁》二〇〇。

子侃。							
							彦武。
							正辨。
							玄默,合州司馬。
	思隱。				思貞。		思慶,德陽令。
			庭晦。	庭暾。	庭曜。	庭實,祁縣令。	延賓。
		暠。	嵩。				嘉祥。

【博陵大房崔氏】

【《表》二下·九·二七八六至二七八七】

	子博,隋泗州長史。
	元平,侍御史。
	行範。
	安儼。
藏穎。	藏類。

景龍二年（708）五月廿八日《唐故泗州録事參軍李君（義璋）墓誌銘并序》:“夫人博陵崔氏，隨泗州刺史子博之孫，唐櫟陽令、和州司馬文康之女。”①《表》不書子博子文康，據是誌，當補入，官和州司馬。

開元廿六年（738）三月五日《唐故朝散大夫漢州長史上柱國博陵崔公（安嚴）墓誌銘并序》:“公諱安儼，字安儼，博陵安平人也。……近代稱博陵房，有北燕公秉，最爲盛門，公即其後。曾祖子博，隨民部侍郎、泗州刺史、儀同三司。……祖元平，皇殿中侍御史、長水縣

① 蓋題“大唐故李府君墓誌銘”,録文見《補遺》千唐,第103—104頁。拓片圖版及録文見《河南叁》八三。

令、蘇州司馬。……父行軌，虢州湖城縣丞、鄜州洛交縣令。……公即府君之嫡子也。……嗣子藏用已下。”[①]行軌，洛交令，《表》作行範，當據誌改，或行範爲元平另一子?《表》失書安儼嗣子藏用，當補入。

		子博，隋泗州長史。
		元平，侍御史。
		行軌，洛交令。
		安儼。
藏穎。	藏類。	藏用。

【《表》二下·九·二七八六至二七九一】

		仲哲。
		仲琰。
		君昭。
		播。
		玄亮。
無怠。	無固。	無縱。

天授二年（691）十月廿三日《唐故雍州涇陽縣丞博陵崔公（玄亮）墓誌銘并序》：“公諱玄亮，字景徹，博陵安平人也。……四代祖秉，魏奉朝請、司空府司馬、輔國將軍、撫州刺史、廣平郡太守、司徒佐長史、金紫光禄大夫、冀州刺史、左光禄大夫、驃騎將軍、儀同三司，薨贈使持節都督冀定瀛三州諸軍事、定州刺史、司徒公、尚書令，謚曰静穆公。高祖仲哲，魏司徒府參軍、龍驤將軍、營冀滄瀛定使持節

① 拓片圖版及録文見趙振華《跋唐崔安儼墓誌》，《新出》，第82—87頁。拓片圖版見《邙洛》一五一，第174頁。録文見《補遺》九，第360—362頁。

五州諸軍事、營州刺史、安平男，謚曰忠。……祖君昭，周開府參軍、明威將軍、龍泉清騰郃陽三縣令。父公牧，隨左翊衛。……夫人隴西李氏，岐州長史李德沖之長女也。……嗣子洛州永昌縣尉無固等。”①

天授二年（691）十月廿三日《唐故奉議郎行兖州博城縣令崔君（無競）墓誌銘并序》：“公諱無競，字從讓，博陵安平人也。……曾祖君昭，齊明威將軍、隰州龍泉縣令、同州郃陽縣令。……祖公牧，時屬亂離，高尚不仕。……公玄亮，唐察孝廉秀才，并州祁縣丞、雍州涇陽縣丞。……有子曰錫，幼而過禮。季弟無固等，少傾嚴訓，夙禀友方。”②

聖曆三年（700）三月五日《大周故朝議大夫行汴州司馬上柱國崔府君（無固）墓誌銘并序》：“君諱無固，字通理，博陵安平人也。……曾祖昭，齊隰州龍泉、同州郃陽二縣令。祖公牧，隨末隱居不仕。……父玄亮，唐虢王府典籤、并州祁縣雍州涇陽二縣丞。……一子兼之，易州易縣尉，從事薊郡，没身寇庭。兼之子有鄰，藐爾幼沖，年未及識。朝脯主奠，諸女在焉。長女婿滎陽鄭智韜；第二女婿滎陽鄭然慶，第三女婿建安郡王攸宜，第四女婿彭城劉恂。”③《表》作玄亮父播，三誌均作公牧，是。《表》失載君昭以下四世官職，據諸誌，君昭，官至北齊郃陽令。公牧，唐隱居不仕。玄亮，涇陽丞。無競，博城令。無固，汴州司馬。無固爲玄亮幼子，聖曆三年（700）臘月廿三日卒，享年五十九歲，生當貞觀十六年（642）。無競載初元年（690）十月廿三日卒，年六十，生在貞觀五年（631）。《表》失載無競一支，當在

① 蓋題“大周故崔府君墓誌銘”，拓片圖版見《河洛》一一〇，第134—135頁。拓片圖版及録文見《續編》六〇。

② 録文見《補遺》千唐，第68—69頁。拓片圖版及録文見《河南叁》五六。

③ 蓋題“大周故汴州司馬崔府君墓誌”，録文見《補遺》八，第9—10頁。拓片圖版見《河洛》一二三，第152—153頁。拓片圖版及録文見《續編》六九。

無固前補入。又《表》於無固後嗣無聞，今據《無固誌》可補入一子兼之。

			仲哲。
			仲琰。
			君昭，北齊郃陽令。
			公牧。
			玄亮，涇陽丞。
無怠。	無固，汴州司馬。	無競，博城令。	無縱。
	兼之。	錫。	

【《表》二下·九·二七八七至二七九〇】

					玄亮。
					無縱。
温之。	琨之。	渾之。	藏之。	釋之。	望之。
		徹。	俠。		

天寶十載（751）十一月五日《唐故朝議大夫行尚書膳部員外郎上柱國崔府君（藏之）墓誌銘并序》："崔氏之先，太岳之裔。齊丁公子受姓因封，秦司徒家徙居爲族。博陵之後，不乏賢才。自魏司工尚書、幽并二大都督、恭懿公諱秉府君，生北齊趙定二州刺史諱仲琰府君，生梁襄定州刺史、博陵公諱仲哲府君，生隋處士諱公牧府君，生皇朝朝散大夫、雍州涇陽縣丞諱玄亮府君，生朝請大夫、洛州廣武縣令、上柱國諱無縱府君。……是生府君諱藏之，字含光。……嗣子堅，年甫孩啼，呱號襁褓。季弟太府少卿温之等。"[①]《表》不載無縱官職，

① 蓋題"唐膳部員外郎崔公誌"，録文見《補遺》千唐，第224—225頁。拓片圖版及録文見《河南叁》一七三。

是誌作，廣武令。與下引《混之誌》作汜水令不同。《表》失書藏之嗣子堅，當補入。

大曆十年（775）十月十三日《大唐故同州司士參軍先府君（崔混之）墓誌銘并序》(長子儆述)："先府君諱混之，姓崔氏。裔祖仲牟，以漢興徙封汶陽，因家于涿，今爲博陵人也。自四皓黄公，至後魏龍驤將軍仲哲，……曾祖諱玄亮，涇陽縣丞。大父諱無縱，汜水縣令。……從伯徵君從一，趙國公王公琚、陳州刺史李公邕、中書侍郎嚴公挺之、御史中丞盧公怡、給事中劉公日正、太尉房公琯，濁以高義，惠然相賓，悉有忘言之契。"[①]混之，《表》作渾之，蓋是渾、混同音假借，且失書其官職，《表》於混之後又列琨之，是否"混""琨"因形近而致訛，待考。又，大曆十年（775）十月十三日《大唐故尼法通墓誌并序》："尼號法通，俗姓崔氏，博陵人也。大父諱無縱，汜水縣令。父諱混之，同州司士參軍。"[②]亦可資佐證。

					玄亮。
					無縱,汜水令(一作廣武令)。
温之。	混之,同州司士參軍。		藏之。	釋之。	望之。
	儆。	俠。	堅。		

【《表》二下·九·二七八七至二七八八】

無縱。
藏之。
俠。

① 録文見《補遺》千唐，第257頁。拓片圖版及録文見《河南叁》二〇七。

② 録文見《補遺》八，第408頁。拓片圖版見《河洛》三二六，第438頁。拓片圖版及録文見《續編》一七五。

寶曆二年（826）七月八日《故鄉貢進士博陵崔公（元立）墓誌銘并叙》(從兄鄉貢進士冀述)："公諱元立，字善長，河南府汜水令無縱之曾孫，膳部員外郎藏之之孫，郴州使君俠之季子。……備陵谷之變，哲兄元儒買石，命愚爲文，以誌于墓。"①

某年十月十四日（大和至開成間）《唐故大理評事博陵崔府君（元夫）墓誌銘并序》："府君諱元夫，字大端，其先博陵安平人也。軒冕婚姻爲山東冠族，舊矣。曾王父無縱，河南府汜水縣令。王父藏之，尚書膳部員外郎。皇考俠，郴州刺史。府君郴州之次子也。……有子二人，長曰肇五，次曰僧伽。書之幼名，蓋示其未成人也。府君同氣四人，元昆元儒縻職郾郊，季弟元膺。"②《表》失載俠以下世系，據上述二誌，俠四子：長子元儒，次子元夫，次元立、元膺，元立早卒。元夫二子：肇五、僧加。又無縱官職，二誌均作汜水令。

會昌三年（843）二月一日《唐故試大理評事博陵崔府君（元夫）妻平陽敬夫人（損之）墓誌銘》(再從姪攝江南西道團練推官前鄉貢進士崔鈞撰，嗣子鋌書）③所書元夫二子之名皆系幼名，至其夫人敬氏卒時，業已成年，故作嗣子鋌，唯不知確指何子，待考。又，撰誌者鈞爲元夫從祖弟元受之子，見《表》(二下·九·二七八九)。

			無縱。
			藏之。
			俠。

① 録文見《補遺》千唐，第342頁。拓片圖版及録文見《河南叁》二八一。

② 蓋題"大唐故崔府君墓誌銘"，録文見《補遺》八，第160—161頁。拓片圖版見《河洛》四二二，第568—569頁。拓片圖版及録文見《續編》二三二。

③ 蓋題"唐平陽敬夫人墓誌銘"，録文見《補遺》八，第161頁。拓片圖版見《河洛》四二三，第570—571頁。

續表

元膺。	元立,鄉貢進士。	元夫字大端,大理評事。	元儒。
		鋌。	

【《表》二下·九·二七八八至二七八九】

	元略。
鎡。	鉉。

大和五年(831)四月十七日《唐故前明經博陵崔府君(鉥)墓誌銘并序》:"孝廉諱鉥,其先博陵安平人也。曾王父混之,皇同州司士參軍,累贈左散騎常侍。王父儆,皇尚書左丞,累贈太子太傅。皇考元略,鄭滑節度使,檢校吏部尚書,博陵郡公。贈右僕射。孝廉即博陵公之第二子。"[①]

大和五年(831)四月十七日《唐故僕寺進馬博陵崔府君(鍔)墓誌銘并序》:"府君諱鍔,博陵安平人也。曾祖諱混之,皇同州司士參軍,累贈左散騎常侍。祖諱儆,皇尚書左丞,累贈太子太傅。昭考諱元略,皇檢校吏部尚書、鄭滑節度使,贈右僕射。府君僕射之第三子。"[②]蓋因元略此二子早卒,故《表》未列入,大和五年四月十七日,二人同時改葬。

咸通三年(862)四月廿三日《唐故朝請大夫使持節宋州諸軍事守宋州刺史兼御史中丞充本州團練鎮遏使上柱國博陵縣開國男食邑三百户贈左散騎常侍崔府君(鐬)墓誌銘并叙》:"府君諱鐬,字節卿,其先博陵安平人也。曾祖混之,皇同州司士參軍、贈司空。祖儆,皇尚書左

① 蓋題"唐故孝廉崔府君墓誌",録文見《補遺》八,第145頁。拓片圖版見《河洛》四〇一,第536—537頁。拓片圖版及録文見《續編》二二一。

② 録文見《補遺》八,第146頁。拓片圖版見《河洛》四〇二,第538頁。拓片圖版及録文見《續編》二二〇。

丞、贈太師。皇考元略，檢校吏部尚書、兼御史大夫、義成軍節度使，贈太師。……府君即太師府君第四子也。……復念沆季父二人與嚴君差肩者，皆未仕而即世。……子男四人：長曰衮，前太府寺丞。次曰輈，前袁王府參軍。次曰軒，前左千牛衛備身。次曰牙兒，蓋小字也。”[①]《表》亦闕元略第四子鐬及其子嗣，可據誌補。

							元略。
鎡。				鐬，宋州刺史。	鍔，僕寺進馬。	鉥，明經。	鉉。
	牙兒。	軒。	輈。	衮。			

【《表》二下·九·二七九〇】

		元式。
鉅字挺業。	錭字君。	鎮字重威。

乾符三年（876）二月廿四日《唐故比部郎中博陵崔府君（鎮）墓誌銘并序》：“府君諱鎮，字重威，其先博陵人也。……曾祖混之，皇任同州司士參軍，贈司空。祖儆，皇任尚書左丞，贈太師。皇考元式，檢校尚書右僕射、兼户部尚書、門下侍郎平章事，册贈司空，累贈司徒。……府君即鉅之第四兄也。……有子四人：長曰溤，次曰澄，皆學業就而早亡。第三子曰溆，前禦侮校尉、左千牛備身。小曰小多。”[②]《表》列鎮爲元式長子，鉅爲第三子，據此誌所載，鎮爲鉅第四兄，可知其子嗣並不止三人，《表》有脱漏。又，可據是誌補鎮之四子：溤、澄（此二子早亡）、溆、小多。

---

① 録文見《補遺》千唐，第403—404頁。

② 蓋題“大唐故比部郎中博陵崔府君墓誌之銘”，録文見《補遺》千唐，第417—418頁。拓片圖版及録文見《河南叁》三三五。

					元式。
鉅字挺業。	鍘字君。				鎮字重威。
		小多。	溆。	澄。	潯。

【《表》二下·九·二七九一】

仁睿。
玄祇,刑部侍郎。

天寶十三載（754）四月八日《大唐朝議大夫行殿中侍御史張公故夫人崔氏（柔則）墓誌銘并序》（洛陽縣尉何昌裔撰）："夫人諱柔則，字柔則，博陵安平人也。……夫人即司農寺丞仁睿之曾孫，刑部侍郎諱玄祇府君之孫，蒲州録事參軍諱欽奭府君之長女。"[①]《表》不載仁睿官職及玄祇子嗣，是誌作：仁睿，司農寺丞；玄祇子欽奭，蒲州録事參軍。

仁睿,司農寺丞。
玄祇,刑部侍郎。
欽奭,蒲州録事參軍。

【博陵第二房崔氏】

【《表》二下·九·二七九三】

士謙。
曠。
弈。
大方。

① 拓片圖版見《河洛》三〇四,第411頁。

天授二年（691）一月十三日《唐崔子偘墓誌（無首題）》："君諱子偘，字金毗羅，博陵安平人也。祖大方，唐朝海州刺史，妣，隆山縣主。父思古，唐朝永州司士，母寶安縣主。"① 《表》不載大方以下世系，據是誌可補。

士謙。
曠。
弈。
大方，海州刺史。
思古，永州司士。
子偘。

【《表》下·九·二七九四至二七九七】

			確，隴州刺史。
			恭禮，駙馬都尉。
潤之。	進思。	興宗。	去惑。

天寶十載（751）十一月十七日《唐故漢東郡棗陽縣令博陵崔府君（珣）墓誌銘并序》："公諱珣，字珣，博陵郡安平人也。姜姓舊國，世胙東海。則知歸厚之門，保封之閈也。曾祖確，金紫光禄大夫、中書舍人、饒隴穀三州刺史。高門有閱，必固金狄。祖恭禮，銀青光禄大夫，尚真定長公主，延齊易三州刺史。……父通理，朝請大夫、果州相如縣令，尚清平縣主。……公則相如府君第七子。……有子怦、惟等，其往如墓，其反血泣。"②

① 蓋題"金毗羅誌"，拓片圖版見《邙洛》八二，第96—97頁。拓片圖版及録文見《續編》五七。

② 録文見《補遺》千唐，第225頁。

又貞元四年（788）七月廿一日《唐故朝議□□□□郡棗陽縣令崔公（珣）墓誌銘并序》：“公諱珣，字珣，定州博陵人也。……曾祖確，金紫光禄大夫、饒穀隴州刺史、博陵郡公。祖恭禮，金紫光禄大夫、駙馬都尉。考通理，金紫光禄大夫、光禄卿。……夫人越州剡縣令滎陽鄭令賓之息女。……有子男二人，六女焉。……長子像，宣州綏安主簿。幹宇孤絶，風韻灑落，名折其壽，次公而歿。少子惟，今常州江陰丞。”[①]確，《表》作礭，屬同字異形。《表》失載恭禮子通理，當據誌補入。通理，光禄卿，生珣，第七子，珣生怦、惟。又，怦，貞元四年誌作像，兩誌及《表》所書先世官職互異，不知孰是。

					礭，饒隴穀三州刺史。
					恭禮，駙馬都尉。
	通理，相如令。	潤之。	進思。	興宗。	去惑。
	（第七子）珣，棗陽令。				
惟。	怦，一作（像）。				

【《表》二下·九·二七九三至二七九八】

		士謙，周江陵總管、武康郡公。
曄。	彭。	曠。

貞觀十五年（641）七月廿五日《大唐前萊州昌陽縣令故崔君（忠）墓誌》：“君諱忠，字大義，博陵安平人也。……祖謙，周荆州總管、武康莊公。父曄，虔廬二州刺史、義豐郡開國公。”[②]謙，《表》作士謙，

① 録文見《補遺》千唐，第272—273頁。
② 録文見《補遺》千唐，第4頁。拓片圖版及録文見《河南叁》一一。

官爵略同。又《表》失書曄官爵及以下世系，據是誌，曄官虔蘆二州刺史，爵義豐郡開國公，時代當在隋。曄生忠，唐萊州昌陽縣令。

又開元十五年（727）十月十七日《大唐故中大夫使持節鄜州諸軍事鄜州刺史上柱國崔公（思忠）墓誌銘并序》："公諱思忠，字則烈，博陵人也。……曾祖曄，隨開府儀同三司、驃騎大將軍、瀘虔綿三州刺史、義豐公。祖爽，皇龍光府統軍、武安公。父孝祐，皇武安府左果毅都尉、柱國。……長男佶，殿中尚乘直長。次偘，嶲州長史，早亡。次俊，蒲州甘泉府别將。次偉，左驍衛萬善府别將。次倩，左衛翊衛。"[①]曄，是誌作隋開府儀同三司、驃騎大將軍、瀘虔綿三州刺史、義豐公，與上誌略同。又，《表》不載曄又一子爽以降世系。據是誌，曄生爽，龍光府統軍、武安公。生孝祐，武安府左果毅都尉。生思忠，鄜州刺史。生五子：佶、偘、俊、偉、倩。

							士謙，周江陵總管、武康郡公。
					曄，隋虔瀘等州刺史、義豐郡開國公。	彭。	曠。
				爽，龍光府統軍、武安公。	忠，昌陽令。		
				孝祐，武安府左果毅都尉。			
				思忠，鄜州刺史。			
倩。	偉。	俊。	偘。	佶。			

① 録文見《補遺》八，第365—367頁。拓片圖版及録文見《碑林新藏》一四〇，第353—356頁。

【《表》二下·九·二七九九】

【《集校》三九一、三九三】

			弘昇，隋左武衛大將軍、黄臺縣公。
		處仁。	處直。
頊。	琬。	璆。	

開元廿四年（736）十二月廿八日《大唐故原州長史蓋公夫人博陵郡君崔氏（安樂）墓誌銘并序》："夫人諱安樂，字檀波，博陵郡人也。……曾祖弘昇，隨正議大夫、使持節冀相鄭華四州刺史、上柱國、黄臺縣開國公。……祖玄表，皇舒王府掾、上柱國。……父慈，皇通議大夫、檢校甘州刺史、上柱國。禮樂攸歸，公侯必復。夫人即甘州府君第四女也。……胤子洮，泣血茹荼。"[①]《補正》引天寶十載（751）十一月廿七日《故濟陰郡參軍博陵崔府君（義邕）墓誌銘并序》考證處直有子玄應，今是誌載弘昇有子玄表，與《義邕誌》所載玄應爲弘昇孫不同，不知孰是。如《義邕誌》所載無誤，且按照唐人命名習慣，玄表當是弘昇孫輩，是誌其中闕載一代。且以年代考之，弘昇至安樂，爲隋至開元末，只傳三世，恐中有脱漏，但不知所脱者是否即爲處直、處仁兄弟。今暫從《補正》所考，以玄表爲弘昇孫。

				弘昇，隋左武衛大將軍、黄臺縣公。
			處仁。	處直。
玄表，舒王府掾。				
慈，檢校甘州刺史。	頊。	琬。	璆。	

① 録文見《補遺》八，第32—33頁。拓片圖版見《邙洛》一四六，第169頁。拓片圖版及録文見《續編》一二三。

【《表》二下·九·二八〇〇至二八〇一】

晊,徐州司馬。	晧,安平公。
滂,巴州刺史。	渾。

開元廿一年（733）十一月廿七日《大唐吏部常選鄭抵璧故妻博陵崔氏（同）墓誌銘并序》："夫人諱同，字同愛，博陵安平人也。……曾祖儼，皇益州雒縣令。祖晊，皇青州司馬。父滂，見任橋陵令。……二女：歡喜、招喜。嬰兒中路，母也云亡。"①

天寶八載（749）八月六日《有唐隴西李華故妻博陵崔夫人（絢）墓誌并序》："夫人姓崔氏，諱絢，博陵安平也。爰自炎皇種德，以至汝州長史諱暟，生監察御史諱渾，生濟源縣丞名衆甫。"②《集校》已經運用多種文獻對該支世系進行了詳細的補訂，兹不贅述，今新出該支相關墓誌兩種，内容可資補訂者，前賢均已發覆，但亦有佐證之功，姑附列於此。

【《表》二下·九·二八〇一】

	萬善,閬州刺史。
文操,滑州刺史。	文憲。
潤。醴泉令。	
立之。	

① 録文見《補遺》千唐,第168—169頁。

② 蓋題"唐故李氏崔夫人墓誌",拓片圖版見《河洛》二八四,第380—381頁。拓片圖版及録文見《續編》一四九。

天寶七載（748）十月五日《大唐登封何主簿故夫人崔氏墓誌銘并序》："夫人姓崔氏，博陵安平人。余長兄河南府登封縣主簿昌系之伉儷也。……曾祖萬善，皇銀青光禄大夫、左監門將軍。祖文操，皇朝銀青光禄大夫、潤州刺史。父知素，皇朝太中大夫、和州司馬。"①此誌載萬善、文操父子官職與《表》不同，但與《集校》所引開元廿七年（739）十月十四日《唐朝議郎行通事舍人京兆杜公元穎夫人臨清縣君崔氏墓誌銘》同，均作：萬善，左監門將軍；文操，潤州刺史，當以誌爲準。《表》缺載文操子，據是誌，文操有子知素，官和州司馬，不知是否即《表》中潤之父，待考。

		萬善，左監門將軍。
	文操，潤州刺史。	文憲。
	知素，和州司馬。	
潤。醴泉令。		
立之。		

【《表》二下·九·二八〇八至二八一〇】

	昂。
	液字君洽。
洽，隋散騎常侍。	曇首，掖令。
治，武彊令。	紹睿，武邑令。
預，監察御史。	頂，白水尉。
育，江陰令。	昇之，汾西令。

① 拓片圖版見《邙洛》一七一，第201頁。

貞元三年（787）十一月十七日《唐故壽州霍丘縣主簿崔府君（杲之）墓誌銘并序》："公博陵人也，諱杲之，字某。自元魏列弟氏姓，崇其名家。則公五代祖，時爲大鴻臚，雅多公望。歷仕北齊，七爲尚書，更左右僕射，爵華陽公。華陽生舊德傳家，令名在躬，仕隨朝，再爲侍郎。終散騎常侍。常侍首隨朝，初由文行升，終萊州掖縣令。掖縣生國朝武邑縣令。武邑生同州白水縣令。白水生公。……公又無息男。一女子子，適天水趙贇，贇□□之名卿也。公夫人趙郡李氏，父皇恒王府崇正卿朝弼之女。……公仲兄之子遜，克奉其葬禮矣。"①今《杲之誌》雖不書杲之上溯四代之名諱，但以官職度之，杲之即爲白水令頂之子。

又建中三年（782）閏正月庚寅七日《故蘇州司法參軍崔君（譒）墓誌銘并序》："君諱譒，字子尚，博陵人也。五代祖昂，北齊尚書左僕射、華陽國公。高祖君洽，隋水部司門二侍郎、聘陳使。曾祖曇首，以學究天人，舉登甲科，終萊州掖縣令。祖紹，終冀州武邑令。父頂，終同州白水尉。……有子五人，曰迢、曰道、曰遠、曰遂、曰遜。"②是知頂尚有子譒，蘇州司法參軍，譒五子：迢、道、遠、遂、遜。又《杲之誌》云："公仲兄之子遜，克奉其葬禮矣。"遜即譒第五子，可知譒即杲之仲兄。

又元和六年（811）四月九日《唐故秘書省秘書郎博陵崔公（遂）墓誌銘并序》："二子令懿、令嗣，……公諱遂，字通玄。建中元年以文字試禮部省，叶所擇者情，書名姓進士籍，聞見天下人耳目。……曾祖紹，冀州武邑令。祖頂，同州白水令。父譒，蘇州司法參軍。……

---

① 録文見《補遺》千唐，第270頁。拓片圖版及録文見《河南叁》二二二。

② 蓋題"大唐故崔府君墓誌銘"，録文見《補遺》八，第90—91頁。拓片圖版見《河洛》三三八，第455—456頁。拓片圖版及録文見《續編》一八一。

夫人天水趙氏，撫領二子八女。”[①]可據是誌補入遂官職，及以下世系。遂元和六年卒，終年57歲，可推知其生在天寶十四載（755）。

長慶三年（823）十月乙酉四日《唐故昭義支度巡官知湖南鹽鐵院朝議郎試大理評事飛騎尉崔府君（逢）墓誌銘并序》：“評事諱逢，字玄成，博陵安平人。六代祖昂，以直方博大，於禮樂刑政無不達。爲北齊右僕射，僕射生洽，器度弘遠，爲隋水部、司門二侍郎。至公曾祖紹，冀州武邑令。祖頂，同州白水令。父譒，蘇州司法參軍。……有子三人，曰雅伯、方伯、慶伯，率禮無違。女子子一人，適侍御史劉積中。”[②]據此誌“以長慶三年（823）五月歿于泗之行次，春秋七十四”推之，逢生當天寶九載（750）。對比上誌，可知逢居長爲兄，但不知何故在《譒誌》中闕載。

元和十四年（819）五月廿五日《唐試大理評事崔君（逢）夫人隴西李氏墓銘并序》：“三子，曰敬伯、方伯、慶伯。女曰仙君。”[③]亦可佐證。

開成五年（840）十一月廿四日《(前闕）崔府君（□伯）墓誌銘并序》(亳州刺史兼御史中丞賜紫金魚袋王玄質撰)：“□□□伯，字敬本，博陵安平人也。七代祖昂，仕北齊爲尚書左僕射，封華□□。華陽公生君洽，仕隋爲水部司門二侍郎及散騎常侍。常侍府君生曇首，任萊州掖縣令。掖縣府君生紹，任朝議大夫、冀州武邑縣令。武邑府君生頂，任同州白水縣尉。白水府君生譒，任蘇州司法。司法府君生和州司馬諱迢，公

① 蓋題“大唐故秘書省秘書郎博陵崔公墓誌銘”，録文見《補遺》八，第113—114頁。拓片圖版見《邙洛》二二八，第269—270頁。

② 録文見《補遺》八，第134頁。拓片圖版見《河洛》三八六，第515頁。拓片圖版及録文見《續編》二一一。

③ 蓋題“唐故隴西李夫人墓銘”，録文見《補遺》八，第126—127頁。拓片圖版見《河洛》三八〇，第506—507頁。拓片圖版及録文見《續編》二〇六。

則司馬府君之長子也。……遂詔以公爲泉州刺史。開成三年夏四月，始至于郡。……凡六月而泉人稱治，猶未施其志也。秋八月十二日遘疾，後月十六日，薨于正寢，享年六十七。……公實生十子四女。其存者曰球、珂、璟、通、會。”①《唐刺史考全編》“泉州”卷著録開成中有崔恭伯，以此誌觀之，蓋誌主其人也，可補誌闕。《全編》僅繫在開成中，未詳具體年代，據是誌可定爲開成三年，又可補入迢官職及以下三代世系。

結合之前考證重訂該支世系如下：

														昂。
														液字君洽，隋水部司門二侍郎、散騎常侍。
														曇首，掖令。
														紹睿，武邑令。
														頂，白水尉，一作白水令。
杲之，霍丘主簿。													謡字子尚，蘇州司法參軍。	昇之，汾西令。
	逐。		遂，秘書郎。			逢，大理評事。	遠。	道。					迢，和州司馬。	
		令嗣。	令懿。	慶伯。	方伯。	雅伯，一作敬伯。							恭伯，泉州刺史。	
									會。	通。	璟。	珂。	球。	

① 蓋題“唐故泉州崔府君誌銘”，録文見《補遺》千唐，第366—367頁。拓片圖版及録文見《河南叁》三〇一。

【《表》二下·九·二八〇八至二八一〇】

【《集校》四〇三至四〇四】

昂。
液字君洽。
洽。
治。
預。
育。
孚。
弘禮。

元和十五年（820）十月廿七日《唐故崔處士（弘載）墓誌銘并序》（幼弟相州刺史充本州防禦使兼御史中丞弘禮撰）："處士諱弘載，字弘載，博陵人也。……曾祖預，皇監察御史。祖育，皇常州江陰縣令。父孚，皇湖州長城縣令。"① 《補正》已據白居易《唐故湖州長城縣令贈户部侍郎博陵崔府君神道碑》及《崔遴墓誌》等所載，考訂預爲紹子，以洽、治爲《表》誤衍，趙氏亦認可此觀點。據此誌，弘禮尚有兄弘載，可補入。

大和元年（827）八月十三日《唐涇原節度掌書記試太常寺協律郎皇甫弘妻博陵崔氏夫人墓誌銘并序》："夫人崔氏，博陵人也。曾祖育，常州江陰縣令。祖孚，湖州長城縣令，贈户部侍郎，父華州刺史兼户

① 拓片圖版及録文見《新出》，第304—307頁。録文見《補遺》九，第396頁。拓片圖版見《邙洛》二四〇，第284頁。

部尚書。夫人即華州之長女也。”[①]據《弘禮墓誌》所載，弘禮曾任華州刺史，此誌中誌主之父蓋其人也。

	昂。
	液字君洽。
	紹。
	預。
	育。
	孚。
弘禮。	弘載。

【第三房崔氏】

【《表》二下·九·二八一六】

待詔。
玄範。
密，富州刺史。

元和十三年（818）十月廿三日《唐故博陵崔夫人（陽君妻）墓誌銘并序》：“崔夫人，博陵人也，號上元真。……四代祖待詔，爲兵部郎中。曾祖玄範，皇朝爲蘄州繁時（峙）縣令。祖儼，皇朝爲衛州録事參軍。烈考綽，爲太原府清源縣令。”[②]《表》失書玄範官職及子嗣，

① 蓋題“博陵崔氏夫人墓誌銘”，録文見《補遺》千唐，第343—344頁。拓片圖版及録文見《河南叁》二八二。

② 拓片圖版及録文見《新出》，第301—303頁。録文見《補遺》九，第395—396頁。

僅列其孫密。是誌作：玄範，繁峙令；生儼，衛州録事參軍；生綽，清源令。可補入。

	待詔。
	玄範,繁峙令。
	儼,衛州録事參軍。
密,富州刺史。	綽,清源令。

十二、來氏[1]

【《表》三上·九·二八七四】

		則。
		繪。
		護兒。
	濟。	恒。
慶遠。	敬業。	景業。

開元六年（718）正月十一日《大唐故銀青光禄大夫饒州刺史來府君（景暉）墓誌銘并序》："公諱景暉，字日新，南陽新野人也。……曾祖法敏，陳安城王長史、永嘉太守。祖護，隨左衛大將軍、柱國、瀛洲刺史、滎國公，皇朝贈越台括婺泉建等六州諸軍事越州都督，食邑三千户。……父恒，進士，對策高第，解褐陝雍二州司士參軍，遷太子舍人，加朝散大夫，職方郎中，主爵郎中，國子司業，忠硤二州刺史，太子少詹事，知兵部選事，又分掌吏部選事，益州大都督府長史，太府卿，黄門侍郎，同中書門下三品，贈潤州刺史，謚懿公，陪葬恭陵。……公即懿公之第五子也。……長子翁寵，次子瑶等。"[2]

開元十二年（724）十二月五日《大唐故銀青光禄大夫饒州刺史來府君（景暉）妻蘭陵郡夫人蕭氏墓誌銘并序》："夫人姓蕭，諱大通。蘭

---

① 來氏世系原始記載及考訂見《新唐書》卷七三上《宰相世系表三上》，第2874頁；《集校》，第469—470頁；《姓纂（附四校記）》卷三，第336頁。

② 蓋題"大唐故來府君墓誌銘"，拓片圖版見《河洛》一七四，第222—223頁。

陵郡人也。高祖引，梁黄門侍郎、吏部侍郎、封陽縣開國侯。曾祖德言，皇朝銀青光禄大夫行秘書少監，贈太常卿。祖沉，皇朝朝散大夫、太子洗馬。父安節，皇朝相王府兵曹參軍，贈徐州刺史。……嗣子前洪州高安主簿翁寵、冀州參軍瑶等。”[①]據此二誌，來恒至少有子五人，《表》僅載景業一人，可補入第五子景暉一支世系。

天寶八載（749）十一月十一日《故睦州□□沈府君故妻南陽來氏墓誌銘并序》：“夫人諱字三桑，高祖［法］敏，陳海陵令，隨贈東陽太守。曾祖護［兒］，隨開府儀同三司、榮國公，皇贈越州都督，謚忠公。祖恒，皇朝黄門侍郎、中書門下三品，贈潤州刺史，謚懿公。父皇朝銀青光禄大夫、饒州刺［史］。”[②]誌中闕載來三桑父名，但據該誌所序前代世系及其父之結銜，並對照上引來景暉夫婦墓誌，可知來三桑之父當是來景暉無疑。

《表》列護兒父繪，祖肅，但《來景暉墓誌》及《來三桑墓誌》均稱來恒之父爲來法敏，與《表》所列不同，“繪”與“法敏”是否爲同一人，或者“法敏”即“繪”之表字，不得而知。雖然《隋書·來護兒傳》[③]並未追叙其先代世系及父祖名諱，但《北史·來護兒傳》稱：“來護兒字崇善，本南陽新野人，漢中郎將歙十八世孫也。曾祖成，魏新野縣侯，後歸梁，徙居廣陵，因家焉。位終六合令。祖嶷，步兵校尉、秦郡太守、長寧縣侯。父法敏，仕陳終於海陵令。”[④]且《南史·來嶷傳》所載略同：“來嶷字德山，幼有奇節，兼資文武。既與皓義舉，

---

① 拓片圖版見《河洛》一九五，第251頁。

② 拓片圖版見《河洛》二八五，第382頁。

③［唐］魏徵、令狐德棻《隋書》卷六四《來護兒傳》，北京：中華書局，1973年，第1515—1517頁。

④《北史》卷七六《來護兒傳》，第2589—2590頁。

邵陵王承制除步兵校尉、秦郡太守，封永寧縣侯。及皓敗，并兄弟子姪遇害者十六。子法敏逃免，仕陳爲海陵令。”[①]二史均記來護兒之父爲來法敏，與上引二誌所叙相同，可知護兒父確爲法敏，其祖爲嶷，《表》所列世系當誤。

				嶷，梁步兵校尉、秦郡太守。
				法敏，陳海陵令。
				護兒。
	濟。			恒。
慶遠。	敬業。		（第五子）景暉，饒州刺史。	景業。
		瑶。	翁寵。	

① ［唐］李延壽《南史》卷七二《來嶷傳》，北京：中華書局，1975年，第1775—1776頁。

十三、吉氏[①]

【《表》四下·十·三一八五】

【《集校》七六七】

	哲。
琚。	頊。
温。	渾。

長安二年（702）八月七日《周故靈武軍副使吉公（琯）誌文》：“公諱琯，字叔玉，馮翊池陽人也。……曾祖湛，隨光禄少卿、儀同三司、使持節襄州諸軍事、襄州刺史、會昌伯。祖謙，唐河蘭譙三州諸軍事三州刺史、右驍衛將軍、永寧子。父哲，唐歸忠易三州諸軍事、三州刺史、汾川男。……元功未集，朝譴遠戍。爲障厲之人，竄流禦之地。……長安元年十一月廿七日，卒于康州旅舍，時年卌有八。”[②]兩《唐書·吉頊傳》並無記載吉頊其父吉哲以上之先代世系，《集校》已據《大唐故朝請大夫尚書司勳郎中吉公（渾）墓誌銘并序》[③]，補入哲父謙，及渾諸子。今據此誌，可補哲另一子琯，以其字叔玉推，當排行第三，在頊、琚之後，根據追叙的先代世系，除前補哲父謙，唐河蘭

① 吉氏世系原始記載及考訂見《新唐書》卷七四下《宰相世系表四下》，第3185—3186頁；《集校》，第766—767頁；《姓纂（附四校記）》卷一〇，第1497—1499頁。

② 蓋題“大周故吉府君墓誌銘”，録文見《補遺》千唐，第90頁。拓片圖版及録文見《河南叁》七二。

③ 録文見《彙編》先天〇〇八，第1148—1149頁，但誌中並無確切紀年可考。

譙三州諸軍事三州刺史、右驍衛將軍、永寧子，更可溯至其祖湛，隋光禄少卿，儀同三司、使持節襄州諸軍事襄州刺史、會昌伯。

長安四年（704）十二月□九日《大周故太中大夫易州刺史汾川公吉府君（哲）夫人狄道郡君（董氏）權殯記文》："夫人姓董，隴西人。……年廿而歸汾川公焉。尊禮不違，巽訓有法。故諸子著稱當今，爲道義之門。春秋七十。以長安四年十二月十日終於合宫縣道化之私第。嗚呼！即以其月□九日，殯於合宫縣龍門鄉之平原。子琚等，哀極先塋，將終大禮，以式占未順，權殯於斯。"[①]因是權殯墓記，故行文甚簡，僅載董夫人有子琚，據《表》所載吉氏世系及是誌所載董氏其夫官銜，可推知其夫當是吉哲無疑。誌文僅載子琚等，又據前文《吉琄墓誌》，其子琄長安二年已先於其母而逝，故此誌不載。

		湛，隋光禄少卿，儀同三司、使持節襄州諸軍事、襄州刺史、會昌伯。
		謙，唐河蘭譙三州諸軍事、三州刺史、右驍衛將軍、永寧子。
		哲。
琄，靈武軍副使。	琚。	頊。
	温。	渾。

① 録文見《補遺》千唐，第94頁。

十四、盧氏[①]

【《表》三上·九·二八八八】

行嘉，青州録事参軍。
知遠。
守賓。

天寶六載（747）七月廿八日《故上黨郡涉縣令盧府君（首賓）墓誌銘并序》："曾祖彦卿，隨殿内侍御史、東宫學士。祖行嘉，王府諮議、詳正學士。父知遠，不仕。……府君諱首賓，初任上黨郡潞城縣主簿。……孩孤伋，即夫人之子也。"[②]行嘉官職，《表》作青州録事参軍。首賓，《表》作守賓，蓋首、守同音假借，亦失書官職，是誌載官涉縣令。首賓生伋，《表》亦闕載。

行嘉。
知遠。
首賓，涉縣令。
伋。

① 盧氏世系原始記載及考訂見《新唐書》卷七三上《宰相世系表三上》，第2884—2941頁；《集校》，第491—530頁；《校補》，第81—88頁。

② 録文見《補遺》千唐，第209—210頁。拓片圖版及録文見《河南叁》一六〇。

【《表》三上·九·二八九三至二八九五】

							友裕，信都主簿。
							播，户部郎中。
將順。	椿。	處厚。	寬中。	將明。	藏密。	用晦。	居易。

大和八年（834）十一月十四日《唐故滑州酸棗縣令李府君（宙）夫人盧氏墓誌銘并序》："夫人姓盧氏，其先范陽方城人也。後魏儀曹尚書陽烏之裔孫。大王父友裕，冀州信都尉。王父播，左司員外郎。父將明，魏州魏縣令。"①友裕官職，《表》作信都主簿。播官職，《表》作户部郎中。《表》失書將明官職，誌作魏州魏縣令。

咸通九年（868）十二月七日《唐故倉部郎中鄭公（魴）盧夫人合祔墓誌銘并序》："夫人曾祖諱播，皇任河南府陽翟令，祖妣隴西李氏。祖諱藏密，皇任汝州襄城縣令，祖妣清河崔氏。考諱慎修，皇亳州司兵參軍，妣絳郡李氏。祖諱仲宣，皇齊州全節尉。夫人一姊一弟兩妹。姊適王迺，弟紡，前任宣州宣城縣丞。"②播官職，《表》作户部郎中，亦失書藏密官職，及以下世系，可據此二誌補。

							友裕，信都主簿。
							播，左司員外郎。
將順。	椿。	處厚。	寬中。	將明，魏縣令。	藏密，襄城令。	用晦。	居易。
					慎修，亳州司兵參軍。		
					紡，宣城丞。		

① 録文見《補遺》八，第121頁。拓片圖版見《河洛》四一一，第552頁。拓片圖版及録文見《續編》二二五。

② 拓片圖版見《河洛》四五九，第623頁。

【《表》三上·九·二八九六】

道亮。
思演。
朗,潤、青等州刺史。
廣敬。
含光。

開元十年（722）五月九日《大唐故豫州汝陽縣令盧府君（廣敬）墓誌銘并序》:“公諱廣敬，字廣敬，范陽人也。……曾祖赤松，皇朝太子率更令。祖安丘，隨儀同三司。父朗閏，皇朝銀青光禄大夫、使持節撫濮鄜劍許貝曹青八州諸軍事、八州刺史。……嗣子含光等。”①《表》點校時誤讀廣敬之父爲“朗，潤、青等州刺史”，據誌當點作“朗潤，青等州刺史”，唯誌作朗閏。《表》稱廣敬爲赤松侄孫，失書其曾祖、祖，今此誌明言曾祖赤松，不知孰是。

道亮。
思演。
赤松,太子率更令。
安丘,隋儀同三司。
朗閏,撫濮鄜劍許貝曹青等八州刺史。
廣敬。
含光。

① 拓片圖版見《河洛》一九二,第248頁。

【《表》三上·九·二八九八至二八九九】

			承基，主客郎中。
			元莊，嘉州刺史。
徽遠。	明遠。		知遠，資州刺史。
		孚。	巽。

景龍三年（709）十月廿六日《唐故楊府功曹盧公（元衡）墓誌銘并序》："公諱元衡，字，范陽人也。……曾祖思道，北齊黄門侍郎、武陽太守、范陽郡公。……祖赤松，唐太子率更令、范陽郡公。父承基，襄宋二州長史、郢州刺史。……夫人博陵崔氏，唐光禄卿萬石之女。……嗣子三人：濟光、庭泌、□□。"①

天寶七載（748）正月一日《大唐故景城郡録事參軍上柱國隴西李府君（景獻）墓誌銘并序》："夫人范陽盧氏，皇主客郎中、郢州刺史承基之孫，皇揚府功曹元衡之女。"②《集校》綜合《訂譌》《補正》《校異》引證及趙氏本人之考證，已訂補盧思道以下世系，此處不贅。可惜將承業、承泰、承禮、承福四門之世系誤降一格，當糾正。又，未發現承基除元莊外尚有一子元衡，據此二誌，承基生元衡，元衡三子：濟光、庭泌、□□，當補入。

						承基，主客郎中。
		元衡，楊府功曹。				元莊，嘉州刺史。
某。	庭泌。	濟光。	徽遠。	明遠。		知遠，資州刺史。
					孚。	巽。

① 録文見《補遺》七，第347—349頁。拓片圖版及録文見《續編》八七。

② 誌藏山東桓臺拿雲美術博物館，録文見《補遺》九，第365—366頁。

【《表》三上·九·二九〇一】

	承福，考功郎中。
	瑶。
	伯初，太原少尹。
	卿。
知晦。	知退。
導字熙化。	準字昭儉。

乾封二年（667）十月廿二日《唐故益州大都督府司馬上騎都尉盧君（承福）墓誌》："君諱承福，字子祐，幽州范陽人也。十二代祖植，漢北中郎將。八葉祖諶，後趙中書令。五代祖玄，後魏散騎常侍。大父思道，齊黄門侍郎、隋散騎侍郎。父赤松，率更令。……春秋五十有五，以乾封元年十一月三日遘疾薨於益府之公館。……夫人彭城劉氏，刑部尚書彭城公之長女，母曰平壽縣主。……嗣子㮚，年甫將立，奄傷荼蓼。"[①]承福官職，《表》作考功郎中，據此誌，終於益州司馬，下引《鬲誌》亦作益州司馬，蓋是終官。誌殘泐嗣子名諱。

貞元九年（793）二月壬申廿三日《唐故華州司法參軍范陽盧公（鬲）墓誌并序》（河東裴埴篹）："公諱鬲，范陽涿人也。曾祖承福，皇益州司馬。祖瑶，梓州銅山縣令。考伯初，鄭州别駕。公即鄭州府君長子也。……嗣子利貞等。"[②]伯初官職，《表》作太原少尹，誌作鄭州别駕。《表》失書瑶官職，是誌作銅山令。又，據是誌，伯初長子鬲，非卿，可補入。

① 録文見《補遺》七，第10—12頁。拓片圖版及録文見《續編》四二。

② 録文見《補遺》七，第67頁；《補遺》八，第97—98頁。拓片圖版及録文見《續編》一八四。

		承福，益州司馬。
		瑶，銅山令。
		伯初，鄭州别駕。
	卿。	曷，華州司法參軍。
知晦。	知退。	
導字熙化。	準字昭儉。	

【《表》三上·九·二九〇二至二九〇三】

				安壽。
				正紀。
				伉。
		岳。		嶠。
戡。	戣。	載。	嘉猷。	

大和六年（832）七月十九日《唐故河中府士曹參軍盧府君（嘉猷）墓誌銘并叙》（堂弟朝議郎守諫議大夫上柱國賜緋魚袋載譔）："大和五年七月一日，范陽盧府君遘疾終於晉州臨汾縣臨晉里之私第，享年八十一。公諱嘉猷，字知道，范陽人也。漢侍中植十七代孫。曾祖正紀，汝州司馬。祖抗，絳州聞喜縣令。皇考復，大理司直。公幼挺仁敏，長而端莊，季弟載先大夫，贈工部尚書。……夫人大理評事太原王臧女。長子亮，先府君即世，次子景厚、弘禮、漢封。長女早亡，次女適陽翟令太原王鋋，次適亳州成父令隴西李忞，次適昭應縣丞裴鉷，次適洪州建昌令李宗義，次適御史臺主簿裴涣，次適華州鄭縣尉鄭識，次適絳州大平尉裴中行，次適河東裴中孚。"[①]抗，《表》作伉。又，

① 蓋題"唐故范陽盧府君墓誌"，録文見《補遺》八，第149頁。拓片圖版見《河洛》四〇六，第544—545頁。

《表》闕載嘉猷官職、其父及子嗣，據此誌可補嘉猷官河中府士曹參軍，其父復，官大理司直，四子：亮、景厚、弘禮、漢封。

							安壽。
							正紀。
							伉。
		岳。				復,大理司直。	嶠。
戡。	戣。	載。				嘉猷,河中府士曹參軍。	
			漢封。	弘禮。	景厚。	亮。	

【《新表》三上·九·二九〇二至二九〇三】

安壽。
正勤。
侹。
汶。
士珏。
占。

景龍二年（708）正月十二日《大唐故朝議郎行洺州邯鄲縣令上輕車都尉盧府君（正勤）墓誌并序》："君諱正勤，字子勵，涿郡范陽人也。……曾祖昌衡，隨尚書祠部侍郎、金州刺史、太子左庶子。……祖寶素，隨潭州惣管府記室、鄜州内部縣令。……父安壽，唐朝議大夫，行綿州長史兼越王府司馬。……以大唐景龍元年十月廿六日卒于邯鄲官舍，享年七十有四。嗚呼哀哉！嗣子肅敬、侑，扶櫬首路，就宅伊闕。以景龍二年正月十二日葬于洛州合宫縣伊汭鄉萬安山南舊塋，禮也。"①

① 蓋題"大唐故盧府君墓誌銘",録文見《補遺》八,第334頁。拓片圖版及録文見《續編》七八。

景龍三年（709）三月廿八日《大唐故洺州邯鄲縣令范陽盧正勤夫人隴西李氏墓誌銘并序》："夫人，隴西成紀人也。晉州府君仲舉之曾孫，隨縣府君玄運之長女。……嗣子肅敬、侑等。"①

貞元六年（790）十一月十日《□（唐）巖邑府折衝范陽盧公故夫人樂安蔣氏（無盡燈）墓誌銘并序》（哀姪鄖述）："夫人諱某，字無盡燈，樂安博昌人也。曾祖□，皇□州司馬。祖元祐，皇秘書少監。考欽緒，皇吏部侍郎，贈禮部尚書，謚曰忠公。……夫人即忠公之女，同氣九人，載誕最小。母曰蘭陵太夫人蕭氏，則故中書令至忠之妹矣。……嬪于范陽盧晛，盧公即資陽□（丞）府君肅敬之第二子，邯鄲縣令府君□（正）勤之介孫。妣曰隴西李氏。……嗣子文達，年纔成童。"②

貞元十七年（801）十月十九日《唐故致果校尉前守右衛河南府巖邑府折衝盧府君（晛）墓誌銘并序》："公諱晛，字晛，范陽人也。……曾祖安壽，皇綿州長史。祖正勤，皇邯鄲令。……父肅敬，皇資州資陽丞。……公即資陽府君之第二子也。尊夫人隴西李氏，即杭州長史緘之女也。……夫人樂安蔣氏，則我烈祖故大理卿、吏部侍郎，贈禮部尚書欽緒之小女。……嗣子文敏。"③《表》書正勤子爲侹，而正勤及其妻李氏二誌均不載。《補遺》《續編》所録《盧正勤誌》均釋讀作正勤三子：肅、敬、侑，據盧晛及其妻蔣氏墓誌，不確，當作：肅敬、侑。又，參《表》可知，肅敬從曾祖兄弟中有肅誠，亦可佐證。正勤官至

---

① 蓋題"大唐故蔣夫人墓誌銘"，録文見《補遺》八，第337—338頁。拓片圖版見《河洛》一四八，第190頁。拓片圖版及録文見《續編》八三。該誌漫漶，部分内容據《盧晛誌》補。

② 録文見《補遺》千唐，第275頁。拓片圖版及録文見《河南叁》二二六。

③ 録文見《補遺》千唐，第296—297頁。

邯鄲令，生二子，肅敬，官至資州資陽縣丞。侑，官歷無聞，可補《表》闕。然不知侹係墓誌脱漏，或爲他系竄入。

開元六年（718）十二月一日《大唐故正議大夫曹州别駕上柱國范陽盧公（正權）墓誌文并序》："公諱正權，字正權，先范陽人也。後因官徙居河南里，今乃爲河南府河南縣人焉。……曾祖昌衡，隨左庶子、金州刺史。……祖寶素，隨晉州别駕。父安壽，皇朝綿州長史。……以開元六年十月九日遘疾而終，春秋七十有八。……嗣子侹，朝散郎、行仙州西平縣丞。"①

開元十一年（723）十月丁酉《唐故曹州别駕盧府君（正權）妻安平郡夫人李氏合祔誌文》："夫人頓丘人，北齊散騎常侍、豫州持中、周掌朝上士辯言之曾孫，隨宣州涇縣令、本州大中正宗儉之孫，唐吏部員外郎、刑部郎中、淄州刺史、揚州司馬文禮之子。……府君范陽人。曾祖昌衡，隨祠部侍郎、兼散騎常侍、儀同三司，金州刺史、太子左庶子。祖寶素，隨潭州總管府記室、鄜州内部令。考安壽，唐朝議大夫、綿州長史、兼越王府司馬。……夫嗣子前西平丞侹爲後焉。"②對比二誌，《表》脱正權而誤將其子侹竄入正勤下，恰可釋前疑。正權，官至曹州别駕，開元六年卒（718），享年七十八，推知其生當貞觀十五年（641）。正勤景龍元年卒，享年七十四，當生於貞觀八年（634），故正勤居長爲兄，可於其後補入正權。

咸通七年（866）五月十一日《唐盧占墓誌（無首題）》："君諱占，字子從。大王父諱喆。王父諱君度，皇任試太常寺奉禮郎。烈考諱占，皇任河南府兵曹。……粤惟先尚書贈左僕射弘宣公，當文宗武宗朝，

① 録文見《補遺》千唐，第129頁。

② 録文見《補遺》千唐，第138—139頁。

顯振位望，表儀搢紳。君實弘宣公親猶子。……男三人：長曰隨師，次曰阿胡，次曰道兒。……季弟槩，自渭南縣令奏改河南府司録。”①

乾符六年（879）八月十五日《唐故申州刺史盧府君（槩）墓誌銘》：“府君諱槩，字子隱，以乾符六年六月廿四日捐歿申州所任。曾祖汶，皇任監察御史。祖士喆，皇不仕。父君度，皇試太常寺奉禮郎。府君實故荆南節使，檢校兵部尚書弘宣之親猶子也。……有男三人，長曰紇兒，次曰胡僧，次曰膽兒。”②《表》載汶有曾孫占，爲士珏孫，失書其父。據此誌，占爲士喆之孫，君度之子，又是二誌均稱誌主爲弘宣親猶子，可見弘宣與君度爲兄弟，其父爲士喆。《表》闕載弘宣之父，可補。或《表》之士珏即士喆之訛，《表》失書君度及季子槩等。

					安壽。
			正權，曹州別駕。		正勤，邯鄲令。
			侹。	侑。	肅敬，資陽丞。
			汶。		（第二子）涀，巖邑府折衝。
		士喆。	士珏。		文敏。
弘宣，太常奉禮郎。		君度，太常寺奉禮郎。			
	槩字子隱，申州刺史。	占字子從，河南府兵曹。			
	男三人，長曰紇兒，次曰胡僧，次曰膽兒。	男三人，長曰隨師，次曰阿胡，次曰道兒。			

① 録文見《補遺》八，第205—206頁。拓片圖版及録文見《續編》二六〇。

② 録文見《補遺》八，第206—207頁。拓片圖版見《河洛》四六九，第640頁。拓片圖版及録文見《續編》二七四。

【《表》三上·八·二九〇二至二九〇三】

【《集校》五〇六至五〇七】

昌衡。
寶素。
安壽。
正道。

開元廿一年（733）二月十六日《大唐故中大夫使持節鄂州諸軍事鄂州刺史上柱國范陽盧府君（正道）墓誌銘并序》："皇唐開元十四年十一月廿六日，中大夫、使持節鄂州諸軍事、守鄂州刺史、上柱國范陽盧君，卒于東都行脩里第，其明歲二月十八日，安神于河南萬安山之陽原。……曾祖曰金州刺史、上柱國昌衡，生晉州別駕寶素，寶素生綿州長史安壽，安壽生鄂州刺史正道。……優詔蒙許，逾歲而終，時年八十。夫人鄭大，隨民部尚書善果之孫，皇廣州長史玄度之女。……有子五人：長曰桃林令堅。次朝散大夫、恭陵令寬。次太原府士曹參軍徹。次朝散大夫、太府寺丞曉。次太子通事舍人竦。"①

正道開元十四年（726）十月廿六日卒，享年八十，可推知其生於唐貞觀廿一年（647）。《表》不載正道以下世系，《校異》據《全唐文》卷二六五李邕《中大夫上柱國鄂州刺史盧府君（正道）神道碑》所載："□（仲）□（子）□（寬）朝□（散）大夫、□（恭）□（陵）令。叔子徹，太原府士曹、並□□□□□。長（子）□□□□□堅，前桃林宰。季子曉□（朝）□（散）□（大）□（夫）、□州司馬。

① 録文見《補遺》八，第26—27頁。拓片圖版及録文見《續編》一一五。

□（幼）子□（竦）太子宫門郎。"[①]認爲："按《世系表》，不著正道之後，今稽之《神道碑》，雖已殘損不完，但有子甚衆，蓋《世系表》失載故也。"[②]當是由於《神道碑》殘泐過甚，《校異》並未用之以補正道以下世系，《集校》亦全文照録《校異》，並無補正之辭[③]，今據此誌，正道五子，堅、寬、徹、曉、竦，又有開元廿一年合祔時五子之任官情況。

天寶七載（748）十一月十八日《唐故太原府交城縣令盧府君（竦）墓誌銘并序》："嗚呼！公諱竦，字不忒，范陽人也。……曾祖寶素，隨晉州别駕。祖安壽，皇綿州長史。考正道，皇朝中大夫、使持節鄂州諸軍事、守鄂州刺史。公則鄂州之第五子也。……有子三人：長曰濟，未勝冠弁；次曰洽，纔能佩觿；季也嬰孩，尚未舉字。"[④]竦，正道第五子，與前誌所載相合，又可補竦嗣子三人。

						正道。
		竦，交城令。	曉。	徹。	寬。	堅。
某。	洽。	濟。				

① ［清］王昶《金石萃編》卷八五《盧府君碑》（上海：上海古籍出版社，2020年，第1422—1424頁）及《全唐文》卷二六五李邕《中大夫上柱國鄂州刺史盧府君（正道）神道碑》（第2686—2687頁）均録有全文，但殘泐過甚，其中《全唐文》誤以"叔子徹"爲"叔子澈"，今據《盧正道墓誌》及《金石萃编》録文，當以"徹"爲是。

②《校異》，第1022頁。

③《集校》，第506—507頁。

④ 録文見《補遺》八，第54頁。拓片圖版及録文見《續編》一四六。

【《表》三上·九·二九〇四至二九〇八】

【《集校》五〇九至五一〇】

						安志。
正容。				正言,左監門衛將軍。	正義。	遊道。
	先之。	踐微。	執顔。	晀。		

開元十八年（730）十月十三日《大唐故右監門衛將軍上柱國贈銀青光禄大夫兖州都督謚曰光范陽盧府君（正言）墓誌銘并序》："君諱正言，字履貞，范陽人也。……高祖道虔，魏尚書左僕射。曾祖昌衡，隨左庶子。祖寳素，隨晉州别駕。父志安，皇朝協律郎、萬年縣丞，無違德也。君即萬年縣丞第五子。……令子五人：朝請大夫、鄧州司馬朓，左衛兵曹執顔，晉州司士踐微，吏部常選景初，秀才擢第先之。"[①]此誌稱正言爲志安第五子，故正言昆仲至少五人，《表》僅書四人，且序其爲第三子，恐有脱漏。誌作正容官右監門衛將軍，下引《彦方誌》作左監門衛將軍，不知孰是。《表》僅載正言四子：晀（當作朓）、執顔、踐微、先之。據是誌，正言有子五人，闕載第四子景初，時爲吏部常選。志安，《表》作安志，此誌、《彦方誌》及《涚誌》均作"萬年丞志安"，作志安是。

							志安。
正容。					(五子)正言,右監門衛將軍。	正義。	遊道。
	先之。	景初。	踐微。	執顔。	朓。		

① 録文見《補遺》千唐,第158頁。

【《表》三上·九·二九〇四】

		安志，萬年丞。
		游道。
	絢，太子詹事。	肅誠。
鎮。	熾。	傳禮。
鴻應。		
耕字子成。		

貞元十二年（796）十一月廿八日《唐故和州含山縣主簿盧府君（弼）墓誌銘并序》（從孫將仕郎守右衛胄曹參軍則撰）："公諱弼，字佐元，范陽涿人。……高祖志安，萬年丞。曾祖遊道，劍州普安縣丞。……大父絢，……位至兵部侍郎。烈考鎮，以文行光充，貞廉激俗，官至華州功曹掾。公即功曹之子。……李氏無子，崔氏二女，皆尚童稚。異二子，長曰劉七，次曰吴老。……且無適嗣，又鮮昆弟。"① 絢官職，《表》作太子詹事，是誌稱其官至兵部侍郎。《表》不載游道及鎮之官職，據是誌，游道官至普安丞，鎮官至華州功曹。《表》列鎮有子鴻應，而誌云"（弼）且無適嗣，又鮮昆弟"，疑《表》此處鴻應以下爲他系竄入，又可於鎮下補弼一支世系。

				志安。
				游道，普安丞。
			絢，兵部侍郎。	肅誠。
		鎮，華州司功。	熾。	傳禮。
	弼，含山主簿。	鴻應。		
吴老。	劉七。	耕字子成。		

① 蓋題"唐故范陽盧府君墓銘"，録文見《補遺》八，第104頁。拓片圖版及録文見《河洛》三五六，第477—478頁。

【《表》三上·九·二九〇五】

晀。
涚。

大燕二年（乾元三年，760）三月廿二日《大燕故魏府元城縣尉盧府君（涚）墓誌序》："府君則吾之季兄。……公諱涚，范陽涿郡人也。曾祖志安，唐朝萬年縣丞。祖正言，唐朝右監門衛將軍，贈銀青光禄大夫、兖州刺史。父朓，唐朝朝請大夫、秘書郎、深鄧二州司馬。……嗣子三人，年始齠齔，官名未定，各以小字而稱之，曰阿大、阿王、吴郎。……公娶崔氏，曰堂舅清河君庭實之第三女。……弟溉撰。"[①]

大曆四年（769）九月七日《大唐故魏州元城縣尉盧府君（涚）夫人清河崔氏合祔銘并序》（士準叔秘書丞瀜撰）："盧府君諱涚，范陽涿人也。自晉及魏，時稱望族。簪纓弈葉，特冠于兹。已備前文，此或不載。夫人清河崔氏。曾祖玄默，合州司馬。祖思慶，漢州德陽縣令。父庭實，太原府祁縣令。……嗣子三人：士準，前揚州天長縣尉；士鞏、士聿，生事以禮，送終以哀。"[②]《表》書晀（朓）有子涚，不載其以降世系。涚卒時三子尚幼，僅記小名。盧涚與崔氏合祔誌稱三子曰：士準、士鞏、士聿，可補《表》闕。《涚誌》署"弟溉撰"，《合祔誌》署"士準叔秘書丞瀜撰"，據表所序排行，溉、瀜均爲涚之弟，《表》、誌相合。

長慶二年（822）二月廿二日《唐故朝散大夫守鄭州長史范陽盧府君（士鞏）墓誌銘并序》："公諱士鞏，字從真，姓盧氏，其先燕人也。自兩漢至唐，世負休問。大則忠孝昭族，細則文章動時。標光士林，

① 録文見《補遺》千唐，第241—242頁。拓片圖版及録文見《河南叁》一九〇。

② 録文見《補遺》千唐，第250頁。拓片圖版及録文見《河南叁》二〇〇。

首冠山左，國史家諜，其文焕乎。曾祖府君諱正言，左監門衛將軍。烈祖府君諱朓，終深州司馬，趙郡李華爲之誌，皆以雄文茂行彰于當代。烈考府君諱涚，終魏州元城尉，贈工部郎中。天寶末，羯胡叛國，屠踐魏封，脅以兵威，逼之事任，廷辱凶師，遂罹于灾。夫杖義立名，不屈則終折。郎中所以由卑位而得旌贈也。公則郎中之第二子。……崔夫人有二男兩女，長子盥，始舉進士，脩詞立誠，稱于親友，必大之望，其庶幾乎？次子公及，以明經補汴州參軍。……姪宣德郎前行太原府參軍公燮書并篆。"①

大和三年（829）十月廿六日《唐故朝散大夫守鄭州長史范陽盧府君（士鞏）夫人滎陽鄭氏合祔墓誌銘并叙》(堂弟朝散大夫守均王府諮議參軍上柱國仲權撰)："有唐朝散大夫守鄭州長史范陽盧公諱士鞏，……夫人滎陽鄭氏，山東令族，與我儔疋。曾祖崇質，祖傑。父晃，家令寺丞。夫人即家令之長女也。……生二女，長適外生滎陽鄭孝綽，見任伊闕縣令。次適太原王叔仲，見任洪州録事參軍。鄭氏外孫曰圖，進士及第，見任秘書省校書郎。二女，長適江夏李仁本，次適范陽盧邵。王氏外孫，男一人，曰壽子。繼夫人博陵崔氏，令淑佐餕，懿德居室。生二子二女，長子曰罕，次曰公及，皆有才有譽。又長男曰公友，亦能恭能順。長女適外生河東文規，見任右補闕；次女適隴西李昭甫，終陜州芮城縣尉。張李二族，俱有令子淑女。……堂弟仲權而實守宗門焉。"②《士鞏誌》載士鞏子二人：盥、公及，侄公燮。前士鞏父母合祔誌所載士鞏昆季三人：士準、士鞏、士聿，以士鞏誌中有

① 蓋題"大唐故盧府君墓誌銘"，録文見《補遺》八，第130—131頁。拓片圖版及録文見《續編》二〇八。

② 蓋題"大唐故盧府君墓誌銘"，録文見《補遺》八，第144—145頁。拓片圖版見《河洛》三九七，第531—532頁。

“伯舅不忘，誠言榮不失親，慙偕非偶”之句，或爲長兄士準之子歟？又，《士鞏鄭氏合祔誌》亦載士鞏與繼夫人博陵崔氏育有二子，但長子異作“罕”，不知孰是。此外，尚有庶出長子曰公友，可補前誌之未備。此誌詳載士鞏前後夫人所出四女之婚嫁，及子婿當時之官任及諸外孫/女情況。

				朓。
				涚。
士聿。			士鞏。	士準。
	公及。	盥(罕？)。	公友。	公燮？

【《表》三上·九·二九〇五至二九〇六】

【《集校》五〇九至五一〇】

			眺。
			灉。
士璵。			士瓊。
儔。	嗣業。	嗣宗。	孺方。
絳。			

元和七年（812）七月廿八日《唐東都留守推官試大理評事盧君（士瓊）故夫人滎陽鄭氏墓誌銘并序》（夫東都留守推官試大理評事盧士瓊撰）：“夫人姓鄭氏，滎陽人也。……以元和七年歲次壬辰五月廿七日終于行脩里之私第，享年卅七。……即以其年七月廿八日寧神于河南縣伊汭鄉萬安山南原，禮也。長男孺方，……夫人二男一女。男樹兒，年始八歲。”① 《表》載士瓊三子，《集校》據傳世及出土之李翺撰

① 録文見《補遺》千唐，第314—315頁。拓片圖版及録文見《河南叁》二五七。

《盧士瓊墓誌》已證《表》不誤。今此誌亦證士瓊長子爲孺方。

大中三年（849）三月六日《唐故朝議郎行宣州當塗縣令上柱國范陽盧府君（季方）墓誌銘》（親弟鹽鐵巡官文林郎監察御史裏行儔撰）："公諱季方，字子穉，其先涿郡人也。……曾祖朓，皇深州司馬。……祖瀜，檢校祠部郎中，贈太子少保。……烈考諱士瓊，河南府司録參軍。……公即先府君長子也。……儔始就外傳之次，崔氏妹洎弟倬皆丱角之年。"①此誌明載季方爲士瓊長子，昆仲三人：季方、儔、倬，而《表》《盧士瓊誌》均載士瓊三子爲：孺方、嗣宗、嗣業。《盧士瓊妻鄭氏誌》亦載孺方爲士瓊長子，相互抵牾之處甚多，殊不可解。按，《盧季方誌》署親弟儔撰，以常理度之，絶無不明其父姓字之道理。而《鄭氏誌》爲盧士瓊親撰，更無誤書子女之情況發生。故不知何故，存疑。

咸通八年（867）十一月廿五日《唐故宣州當塗縣令盧府君（季方）故夫人滎陽鄭氏合祔墓銘并序》（親外甥承議郎行河南府河南縣丞柱國崔瓌撰）："維唐大中二年十二月六日，長舅故宣州當塗縣令府君自秦將適故林，捐館於汴州旅次。……夫人覆育諸女及一子，皆曲盡慈仁。長女三順，先夫人歿世。次女婉，適瓌再從兄、前房州刺史渾。次曰緶、曰組、曰昭皆相次而夭。小曰鐵婆，……一子曰褒，既學而謹，可以承家。"②

① 蓋題"唐故范陽盧府君墓誌"，録文見《補遺》八，第176頁。拓片圖版及録文見《續編》二三九。

② 蓋題"盧府君故夫人鄭氏合祔墓銘"，録文見《補遺》八，第208頁。拓片圖版見《河洛》四五五，第616—617頁。拓片圖版及録文見《續編》二六二。

					朓。
					瀜。
					士瓊。
倬。	儔。	季方，當塗令。	嗣業。	嗣宗。	孺方。
		褒。			

【《表》三上·九·二九〇五至二九〇六】

【《集校》五〇九至五一〇】

				眺。
				瀜。
士璵。	士玟。	士瑛。	士瓊。	士珵。

長慶二年（822）十一月四日《唐故蘇州長洲縣尉范陽盧府君（士珩）墓誌銘并序》（第七弟中散大夫守太子賓客上柱國賜紫金魚袋士玟撰）：“公諱士珩，字景瑜，其先范陽人也。……至唐故右監門衛將軍、光侯諱正言，公之曾祖也。……唐故朝散大夫、深州司馬府君諱朓，公之大父也。……唐故朝議大夫、尚書祠部郎中、贈兵部尚書府君諱瀜，公之皇考也。……公即尚書府君之第六子也。……前娶清河崔夫人，生子曰慶方。後娶滎陽鄭夫人，無子，早夭。……余，公之季弟也，故秉翰爲誌，得而詳焉。……堂兄承奉郎前守大理司直仲權書。”[①]《表》失書士珩，此誌載士珩爲瀜第六子，又署第七弟士玟撰。可推知瀜至少七子，《表》僅録五子：士珵、士瓊、士瑛、士玟、士璵，可補入士珩。士珩有子曰慶方。

大中七年（853）正月五日《唐故登仕郎蔡州司士參軍上騎都尉范

① 録文見《補遺》千唐，第336—337頁。

陽盧府君（溥）墓誌銘并序》（堂弟陝虢都防禦判官文林郎殿中侍御史内供奉盧儔撰）："公諱溥，字子光，范陽涿人也。……曾祖朓，皇深州司馬。……大父瀜，皇檢校祠部郎中、贈太子少保。……烈考士珩，皇蘇州長洲縣尉。……公即長洲府君冢嗣也。……夫人滎陽鄭氏，父敦質，皇秘書省正字。……生一女，字之畢師，年逾及笄，亦將許嫁。男三人，皆爲令器。長曰承宗，年十八，方從孝廉之舉於鄉里。次曰承嗣，年十六。小曰伴兒，年七歲。别四男二女。長曰彦閔，前太廟齋郎。克家禀訓，志無越思，次曰彦朗，曰彦弘，皆弱冠志學之歲。曰小伴，生六稔矣。女曰總兒，年十七。小鄭，年十二。"[①]前誌載士珩有子慶方，此誌則稱溥爲士珩冢嗣。溥與鄭氏有一女畢師，三子：承宗、承嗣、伴兒。又别出四男二女，男：彦閔、彦朗、彦弘、小伴；女：總兒、小鄭。

							朓。
							瀜。
							士珩，長洲尉。
慶方。							溥，蔡州司士參軍。
	小伴。	彦弘。	彦朗。	彦閔。	伴兒。	承嗣。	承宗。

【《表》三上·九·二九〇五至二九〇七】

晀。
清。
士牟。

會昌元年（841）九月十五日《唐盧氏故夫人隴西李氏墓誌銘并序》（夫宣德郎守蘇州海鹽縣令范陽盧繪撰并書）："夫人姓李氏，字胡第十

① 録文見《補遺》千唐，第383—384頁。

四。其先隴西成紀人。九代祖虔，即姑臧公承之第三子也。夫人曾祖温玉，皇朝散大夫相王府文學。祖成質，皇符寶郎，揚府兵曹參軍。父諱士龍，皇鄧州向城縣丞。……繪曾祖諱朓，皇秘書郎、深鄧二州司馬。祖考諱清，皇魏郡莘縣主簿，贈右贊善大夫。先考府君諱仲權，皇朝散大夫、守均王府諮議參軍、上柱國、分司東都。”①

會昌六年（846）八月廿八日《大唐故宣德郎前守蘇州海鹽縣令繪并前妻故隴西李氏合祔墓誌文自叙》：“唐故宣德郎、前守蘇州海鹽縣令盧繪，北祖大房。七世祖諱昌衡，後魏侍中道虔第四子，任後魏驃騎將軍，《隋書》有傳。高祖諱正言，皇朝左監門衛大將軍，贈兗州刺史。曾祖諱眺，皇朝進士，判等拔萃，秘書郎、深鄧二州司馬。祖諱清，皇魏郡莘縣主簿，贈右贊善大夫。祖妣，滎陽鄭氏，贈滎陽郡大居（君）。父諱仲權，皇朝均王府諮議參軍、上柱國，分司東都。……繪早娶姑臧李氏，故向城縣丞士龍之女，凡廿六年。……不幸夭失長男，遂闕承繼。唯生一女子，名劉婆，七歲偏露。……自顧衰年無子，尚希暮齒，猶繼家風，以會昌三年八月再娶趙郡南祖李氏，故杭州司功參軍敏德女爲繼室。……有弟從度，前任宋州單父縣尉。”②《表》僅載清有子士牟，今據此二誌可補另一子仲權，官均王府諮議參軍。仲權生二子，長曰繪，蘇州海鹽縣令。次曰從度，繪無嗣。

咸通十年（869）八月廿四日《唐故陝州安邑縣令范陽盧府君（從度）墓銘有序》：“公諱從度，字子彝。其先伯夷爲舜秩宗，太公實表東海，至僖公之子高傒食菜盧邑，世爲齊卿，子孫因以爲氏。曾祖朓，

---

① 蓋題“唐盧氏故李夫人墓誌”，誌蓋之下有李氏墓表一篇，拓片圖版見《河洛》四二一，第565—567頁。

② 録文見《補遺》千唐，第373—374頁。

以不世之才，名動區宇。祖清，魏郡莘縣主簿，贈右贊善大夫。考仲權，均王府諮議參軍。……門無嗣子，孀妻稚女，歸葬洛南。”①

咸通十一年（870）八月十日《唐故陝州安邑縣令盧府君（從度）滎陽鄭夫人（緄）墓銘并序》：“古言清族者，必本於姬姜，而鄭自武公受封於諸姬，其價不肩，子孫有仕于後魏者，因爲南祖，則夫人之先也。夫人諱緄，從父相國陽武侯諱絪，元和時，自翰林相章武皇帝，已而鎮南海，文學行事，不媿於軒組。故其後益煇爗於朝貫。夫人慧孝無倫，既笄歸安邑。盧府君諱從度，居家潔蘭藻奉賓客，内外盡其職而以柔正訓諸女。故府君歷官數十年，既釐之日，家無可給，皆均恤孤弱，匡拯危絶，未嘗以儲抯爲畫。”②從度爲仲權次子，繪之弟，從度無嗣。前《盧士翬及鄭氏合祔誌》署堂弟朝散大夫守均王府諮議參軍上柱國仲權撰，《表》書清爲涚弟，仲權爲士翬堂弟，不誤。

		朓。
		清。
	仲權,均王府諮議參軍。	士牟。
從度,安邑令。	繪,海鹽令。	

【《表》三上·九·二九〇六】

處約。
震。

大和九年（835）四月十日《唐故楚州營田巡官將仕郎徐州彭城縣

① 拓片圖版見《邙洛》二七二，第323頁。

② 拓片圖版見《邙洛》二七四，第325頁。

主簿范陽盧府君（處約）墓誌銘并序》（隴西李林宗撰）："君諱處約，字得之，范陽人。……曾祖朓，年十七，擢進士上第，著《龍門篇》，播于洛中，歷秘書郎、深鄧二州司馬。祖瀜，肅宗時應制考，登甲科，官至檢校祠部郎中，階至朝散。元和末，以子貴贈太子少保。烈考士瑛，少以明經擢第，及壯入仕，遂以廉謹材能聞。貞元中，藩方交辟爲從事，歷留守浙江西道二府，後爲奉先令、岳州牧。岳州娶于裴吏部侍郎、河南尹諝之女也。夫人生彭城君。……有子七人：長曰繼，前洋州參軍。次子軺、輗，舉進士。又次曰軿、轍、軥、轓，皆廣而儉，好學而善屬詞。"①

會昌三年（843）十一月一日《唐故楚州營田巡官廬州舒城縣丞盧府君（處約）夫人隴西李氏墓誌銘》（第二子軺篹并書）："……有七子四女。長曰繼，揚州江陽縣尉。次曰軺。次曰鍼，弱冠舉進士。次曰軿。次曰轍。次曰軥。次曰轓。……長女適清河崔彦方，次適扶風竇緘，次適博陵崔芻言，唯最小女未從人。"②《表》僅載處約一子震，據此二誌，處約子凡七人，除第三子兩誌記載互異外，餘皆同，《盧處約誌》作"輗"，《李氏誌》作"鍼"，蓋系改名所致，而《表》之"震"與"鍼"同音，當係同一人。

大中三年（849）四月廿五日《唐故鄉貢進士范陽盧府君（輻）墓誌銘》（季弟軥撰）："公諱輻，字子固。自幼至壯，則名軿，字子飛。及其隨薦，則更之以上名，今亦兩存焉。大王父皇檢校祠部郎中，累贈太子少保，諱瀜。烈祖皇朝散大夫、岳州刺史，諱士瑛。我先府君

① 録文見《補遺》八，第154—155頁。拓片圖版見《河洛》四一四，第556頁。拓片圖版及録文見《續編》二二七。

② 録文見《補遺》八，第167—168頁。拓片圖版及録文見《續編》二三四。

皇廬州舒城縣丞，諱處約。公即舒城府君第四子。……有女子十歲，曰小倩。男五歲，曰宣兒。”[①]誌主原名軿，壯年後改名曰輻，處約第四子，有子宣兒。亦可佐證其兄輗改名之可能。

大中十一年（857）四月九日《唐故進士盧府君（衢）墓誌銘》(仲兄朝議郎行國子監主簿柱國軺纂)：“秀才名衢，字子重，范陽涿人也。……逮于隋唐，即清濁異流，大啓閥閲，分爲四姓，盧氏之族，獨雄冠於其上矣。君大父諱士瑛，皇任朝散大夫、岳州刺史。……我先府君諱處約……君即舒城府君第六子也。君婚清河崔氏，秘書郎章之女，湖南觀察使罕之姪也。……有三男一女：長曰詵，……次曰陶。女曰眉。最小子生纔逾月而失所怙。……大中十一年三月七日，季弟鄉貢進士轓抆泣書。”[②]誌主盧衢，處約第六子，原名軥，後改名爲同音之“衢”，可見處約諸子多有改名，有子三人，詵、陶、某。

大中十三年（859）十一月四日《唐故京兆府三原縣尉盧府君（愻）墓誌銘并序》：“府君諱愻，字子順，其先范陽人也。曾祖瀜，皇尚書祠部郎中。祖士瑛，皇岳州刺史。皇考公燮，皇汴州雍丘縣令。府君即長官第三子。”[③]據是誌，士瑛另有子公燮，雍丘令。公燮生愻，第三子，三原尉。

									士瑛。
公燮，雍丘令。									處約。
(第三子）愻字子順，三原尉。	轓。			軥(衢)。	轍。	軿(輻)。	輗(鍼)。	軺。	繼。
		某。	陶。	詵。		宣兒。			

① 録文見《補遺》千唐，第377—378頁。拓片圖版及録文見《河南叁》三一〇。

② 録文見《補遺》千唐，第392—393頁。拓片圖版及録文見《河南叁》三二五。

③ 蓋題“唐故范陽盧府君墓誌”，拓片圖版見《河洛》四四六，第599—600頁。

【《表》三上·九·二九〇七至二九〇八】

							先之。
汶。	浚。	沛。	泚。	洋。	潘字子濬。	湘。	沐。

元和二年（807）八月十七日《唐故朝散大夫監察御史裹行上柱國賜魚袋盧公（湘）墓誌銘并叙》："公諱湘，字鏡源，范陽涿人也。……曾祖志安，皇鄭州滎澤縣令。祖正言，皇右監門衛將軍，贈兖州刺史，謚曰光。父先之，皇河南府汜水縣丞。公即汜水府君第五子也。……先夫人博陵崔氏，左庶子浩之女。繼夫人滎陽縣君鄭氏，刑部侍郎少微之孫，滁州別駕朝之女。有子三人：長曰行質，河中府永樂縣尉；次曰從贄，方舉進士；幼曰德貞。皆禀嚴訓，不墜素節。二女，長適給事中苗粲，幼適前滑州匡城縣主簿鄭達。"[①]

廣明二年（881）五月十二日《唐故隴西李公（杼）范陽盧氏夫人墓誌》："盧氏爲山東鼎族，特美稱北祖大房，夫人即其後也。曾祖先之，皇監察御史裹行。祖湘，皇河南府汜水縣丞。烈考從贄，皇楊州都督府倉曹參軍。"[②]

咸通辛卯（十二年，871）十月十八日《唐故河南府福昌縣令范陽盧府君（彦方）合祔墓誌銘》："盧氏之宗，以祖決源流，以房顯甲乙。在祖則居北爲其右，分房則承長紹其尊。故盧氏有北祖大房，巍然得表裹於五性矣。府君諱彦方，字子圭，則是族也。五代祖萬年丞諱志安，生左監門衛將軍贈兖州刺史諱正言。將軍生汜水丞諱先之。汜水府君生夏縣令諱湘。夏縣府君生烈考諱行質、皇芮城令。……府君則元嗣也。……

① 蓋題"唐故盧府君銘"，拓片圖版見《邙洛》二二二，第261—262頁。

② 録文見《補遺》八，第228—229頁。蓋題"唐故李公范陽盧氏夫人墓誌"，拓片圖版見《杏園》四四。

渠，即府君長子，前澤州參軍。……李夫人之嗣，小字願老。”①

咸通己丑（869）五月三日《唐故范陽盧氏元昆子獻墓誌銘》［長第（弟）孤子裔龜謹撰］：“有唐武宗皇帝在位三年，我元昆鍾慶于永崇里之私弟（第）。……涿郡范陽人。祖居于北房稱爲大，列於鼎甲之爲右祖。曾大父諱湘，仕至陜州夏縣令。王父諱行質，仕至芮城令。先君尊諱獲，□記失意，爲鍾離□長史。我太夫人趙郡東祖李氏。外曾祖諱絳，平章事。外祖諱璆，河南府司録。子獻即元嗣也。……告愚與仲弟子佩曰。”②《表》失書先之官職，且所載先之八子，僅季子汶後嗣有載，其餘諸子之世系均無聞，今據《湘誌》《彦方誌》，先之官汜水丞，湘爲先之第五子，官至監察御史裏行，三子：行質、從贊、德貞。又，《盧氏誌》以先之爲監察御史裏行，湘爲汜水丞，當屬兩者顛倒之誤，下引《殷誌》亦證先之官汜水丞。

大和甲寅歲（834）九月廿四日《唐故太府寺主簿范陽盧府君（從雅）墓誌銘并序》：“君諱從雅，字子法，范陽人也。……曾祖正言，右監門衛將軍。祖先之，汜水縣丞。烈考潘，終河南府司録。府君則司録之子也。……有三子：長曰周史，嗣曰顗，幼曰顥。”③

開成五年（840）二月二日《唐故儒林郎守太府寺主簿盧府君（從雅）夫人隴西李氏（真）墓誌銘并序》：“長子瑶，嗣子前鄉貢明經顗，幼曰顥等。”④據此二誌，潘官至河南府司録，有子從雅，太府寺主簿。從雅三子：周史（《李氏誌》作瑶）、顗、顥。

① 録文見《補遺》八，第217—218頁。拓片圖版及録文見《續編》二六七。

② 録文見《補遺》八，第212—213頁。拓片圖版及録文見《續編》二六四。

③ 録文見《補遺》千唐，第357—358頁。

④ 蓋題“大唐故盧府君墓誌銘”，録文見《補遺》千唐，第364—365頁。拓片圖版及録文見《河南叁》二九九。

大中四年（850）十一月十日《唐故陝州平陸縣尉盧府君（殷）滎陽鄭夫人合祔墓誌銘并序》："府君諱殷，字鼎臣，其先涿郡范陽人。……曾祖正言，皇右監門衛將軍，贈兖州刺史。祖先之，河南府汜水縣丞。開元中登進士第，有文學，尤長篇□，嘗賦銅爵妓詩，爲時人諷詠。皇考魏州元城縣主簿。府君即元城之長子也。早失怙恃，幼自脩飭。……長子方回，殿中侍御史知陝州院。次子敬回，監察御史，邠寧從事。幼子望回，京兆府兵曹。"①

大中四年（850）十一月十日《唐故魏州元城縣主簿盧府君（泙）夫人滎陽鄭氏墓誌銘并序》："年既笄，遂歸于沆之外曾王父、故魏州元城縣主簿范陽盧府君之門。府君諱泙，五代祖昌衡，後魏金州刺史、左庶子、贈開府。……時沆之外王父，故陝州平陸縣尉府君諱殷。……伯舅三人：前知度支陝府院殿中侍御史方回，前邠寧節度推官、監察御史敬回，前京兆府兵曹參軍望回。"②《表》不載先之有子元城主簿泙，泙元子平陸尉殷，殷生三子：方回、敬回、望回。

										先之，汜水丞。
		泙，元城主簿。			潘字子濬，河南府司録。					（第五子）湘，監察御史裹行。
		殷字鼎臣，平陸尉。			從雅，太府寺主簿。	德貞。	從贄。			行質，芮城令。
望回。	敬回。	方回。	顥。	頵。	周史，一作瑶。			獲。		彦方，福昌令。
									願老。	渠。

① 録文見《補遺》八，第183—184頁。拓片圖版及録文見《續編》二四二。

② 録文見《補遺》千唐，第381—382頁。拓片圖版及録文見《河南叁》三一六。

【《表》三上·九·二九〇四至二九〇九】

				安志。
				正容。
光宗。	光裕。	光遠。	光烈。	光懿。

開元十九年（731）十一月廿七日《大唐故朝議郎行潤州司户參軍事范陽盧府君（正容）墓誌銘并序》（猶子朝議大夫行中書舍人絢撰）："君諱正容，字休昭，范陽涿人也。……曾王父昌衡，隨金州刺史。大父寶素，隨晉州别駕。父志安，皇朝相州鄴縣、鄭州滎澤二縣令，雍州萬年縣丞。……君即萬年府君之少子也。……有昆弟四人，……元昆始尉于西蜀，而早世不造；仲兄次掾乎北京，而中年見背。……第三兄諱正言，歷官中外，當朝騫耀。……有子七人，六子以明經擢第，雁行之季者，亦業就而丁艱焉。……猶子，前晉州司士參軍事踐微書。嗣子均芳、次子光懿、次子光遠、次子光裕、次子待進、次子光俗。"①誌言盧正容昆季四人，正容居末，第三兄正言，唯失書其長兄及仲兄之名，與《表》相合。誌言正容嗣子七人，誌末僅臚列其六：嗣子均芳、次子光懿、次子光遠、次子光裕、次子待進、次子光俗，而《表》載其有五子：光懿，光烈、光遠、光裕、光宗，互有異同，當以誌爲準。

開元十九年（731）十一月廿七日《大唐故文林郎守徐州沛縣主簿范陽盧府君（有鄰）墓誌銘并序》："君諱有鄰，字慕真，范陽涿人也。烈曾寶素，隨晉州别駕。王父志安，皇朝相州鄴縣、鄭州滎澤二縣令、

① 蓋題"大唐故盧府君墓誌銘"，録文見《補遺》八，第25—26頁。圖版見劉小磊、田麗《唐盧正容墓誌及綫刻墓門考釋》，《中原文物》2009年第4期，第62—66頁，但考證盧正容世系較粗略。

雍州萬年縣丞。皇考正容，潤州司户參軍。……君即潤州府君之次子也。……嗣子栖霞等，年踰始孩。”[①]兩誌葬期相同，蓋有鄰早逝，與父母同時歸葬祖塋。此誌書有鄰爲正容次子，開元十七年七月廿三日卒，其母開元十九年七月十七日卒時已離世，正因如此，上誌雖言正容七子，而僅録其六，所闕者或爲早世之次子有鄰。另一種可能是，有鄰即光懿，或因改名之故，今存疑待考。

天寶六載（747）七月廿八日《大唐故北海郡千乘縣令盧府君（均芳）墓誌并序》：“君諱均芳，字德宗，涿郡范陽人也。六代祖淵，字陽鴻，魏秘書令、固安侯。譽滿寰中，名播海内。曾祖寶素，隨晉州别駕。題旗佑理，囹圄虛空。祖志安，皇朝萬年縣丞。價重黄金，毗贊赤縣。父正容，皇朝潤州司户參軍。……君潤州府君之長子。……森然而昆季七人，宦成名立。……太中大夫行上郡太守隴西李涓序。”[②]前二誌所叙不差。

						志安。
						正容。
光俗。	待進。	光裕。	光遠。	光懿。	有鄰，沛縣主簿。	均芳，千乘令。
					栖霞。	某。

【《表》三上·九·二九一〇至二九一一】

	同吉。
	元茂。
遠價。	韞價。

貞元七年（791）七月廿三日《唐故宣義郎行鉅鹿郡參軍李公（祐）

① 録文見《補遺》千唐，第162頁。拓片圖版及録文見《河南叁》一二三。

② 録文見《補遺》千唐，第208—209頁。

墓誌銘并序》:“夫人(盧氏)即定州母(毋)極縣丞同吉之曾孫,洛陽縣尉元茂之孫,贊善大夫昭價之第三女也。”①《表》失書同吉、元茂父子二人官職及元茂另一子昭價。是誌作同吉。毋極縣丞;生元茂,洛陽尉;生昭價,贊善大夫。

		同吉,毋極丞。
		元茂,洛陽尉。
昭價,贊善大夫。	遠價。	韞價。

【《表》三上·九·二九一二】

				士繪。
	方慶。			嘉慶。
昭彩。	受彩。	見象。	見義。	重明。

開元十七年(729)十月三日《大唐故范陽盧夫人(鄭琇妻)墓誌銘并序》:“皇唐前宋州碭山縣丞滎陽鄭琇故妻范陽盧氏,後漢侍中植十五代孫。曾祖士繪,隨貝州清河縣令。祖嘉慶,皇朝婺州信安縣令。父重明,皇朝亳州刺史。”②《表》不書士繪、嘉慶父子官職,據是誌,士繪,官隋貝州清河縣令;嘉慶,官信安令。

天寶十三載(754)正月十三日《唐故宋州下邑縣尉鄭府君(兢)墓誌銘并序》:“夫人范陽盧氏,曾祖士緒。祖方慶,許州許昌縣令。父昭彩,睦州桐廬縣丞。”③《表》列方慶爲嘉慶之弟,據此誌,其父士緒,非士繪。《表》並失書方慶、昭彩父子官職,此誌作,方慶,許昌

① 蓋題“唐故李府君夫人墓誌”,録文見《補遺》千唐,第276頁。拓片圖版及録文見《河南叁》二二七。

② 録文見《補遺》八,第360頁。拓片圖版見《杏園》一六。

③ 蓋題“大唐故鄭府君墓誌銘”,拓片圖版見《河洛》三〇二,第407—408頁。

令；昭彩，桐廬丞。

	士緒。			士繪，隋清河令。
	方慶，許昌令。			嘉慶，信安令。
昭彩，桐廬丞。	受彩。	見象。	見義。	重明。

【《表》三上·九·二九二〇】

萬石，司農卿、昌平公。
暄，太原少尹。
珽，常州刺史。

貞元十四年（798）五月廿三日《唐山南西道節度行軍司馬殿中侍御史内供奉賜紫金魚袋鄭公故夫人范陽盧氏墓誌文》：“夫人字某，父珽，任蘄州刺史。大王父諱萬石，皇銀青光禄大夫、司農卿、洛州長史、岐華汝等州刺史。王父諱暄，皇慈州刺史。”[①]是誌作：萬石，皇銀青光禄大夫、司農卿、洛州長史、岐華汝等州刺史；暄，慈州刺史；珽，蘄州刺史。與《表》所載官職均異。

【《表》三上·九·二九二二至二九二三】

					景開。
					仲俊。
				之信，洛州司功參軍。	之道。
	珙。	元哲，金州刺史。	璟。	瑾。	
			思殷，渭州司倉參軍。		
貞諒，刑部侍郎。			全濟，封丘丞。		

① 拓片圖版見《河洛》三五九，第482頁。

開元三年（715）十月十二日《唐故處士盧君（珉）墓誌銘并序》："君諱珉，字子琨，涿郡范陽人也。其先蓋齊太公之後。至漢尚書植，以忠義經術聞。自植至君，一十四代，書國史者十有二焉。其餘，家諜詳之矣。曾祖景開，北齊城皋郡太守，贈衛大將軍、郢州刺史，謚曰簡。祖仲俊，瀛州持中、河間郡贊持。父之信，豫州吴房、唐州湖陽令。……君竟無胤嗣。猶子鑠等，并裴氏、崔氏、封氏等三女。"①《表》失書景開、仲俊官職，此誌載之信，吴房、湖陽令；景開，北齊城皋郡太守；仲俊，瀛州持中、河間郡贊持。又，《表》闕載之信子珉，孫鑠，當補入，但不詳雁行，姑列於後。之信子輩均以斜"玉"旁行，《表》中唯元哲例外，疑此處有錯簡，然更待明證。

元和十四年（819）二月廿五日《唐安州都督府法曹参軍郭文應亡妻范陽盧氏墓誌銘并序》："夫人其先，即度世第二子敏，是八代祖也。高祖之信，湖陽縣丞。曾祖璟，江都縣丞。祖鎬，鄽城令。考峘，譙縣尉。夫人乃譙縣公第二女，太原王知新外孫。"②《表》失書璟官職，稱璟子思殷，思殷子全濟。此誌載之信官湖陽丞，璟官江都丞，有子鎬，鄽城令，鎬子峘，譙縣尉。《珉誌》亦稱珉有猶子鑠，可知之信孫輩或均以"金"旁行，不知《表》所載思殷、全濟是亦爲他系竄入，待考。

寶曆二年（826）十二月廿七日《唐故安州司法參軍郭公（文應）墓誌并序》："夫人范陽盧氏，皇朝亳州樵（譙）縣尉峘之次女。"③

---

① 録文見《補遺》千唐，第120—121頁。

② 蓋題"唐郭氏盧夫人墓誌銘"，録文見《補遺》千唐，第330頁。拓片圖版及録文見《河南叁》二七一。

③ 録文見《補遺》千唐，第342—343頁。

							景開。
							仲俊。
						之信,洛州司功參軍。	之道。
	珉。	珙。	元哲。		璟,江都丞。	瑾。	
	鑠。			鎬,郾城令。	思殷,渭州司倉參軍。		
貞諒,刑部侍郎。				峘,譙縣尉	全濟,封丘丞。		

【《表》三上·九·二九二三】

海相,涇令。
彥恭,伊闕令。
昭度,監察御史。
詢,晉州司馬。

開元廿四年（736）十二月廿八日《大唐故司農寺丞盧府君（悦）墓誌銘并序》:“府君諱悦，字子儒，范陽人也。……曾祖彥恭，固安縣開國公、伊闕令。文以從政。祖昭諒，武德丞。禮以制俗。父詳，襄城□□□□□，遷南部都尉。……嗣子仙胄、仙宗。”[①]《表》僅載彥恭一子，據此誌彥恭尚有一子昭諒，武德丞。生詳，南部都尉。生悦，司農寺丞。生仙胄、仙宗。

元和十五年（820）三月廿八日《唐故越州剡縣尉盧府君（廣）夫人隴西李氏合祔墓誌銘并序》（嗣子蕃撰）:“先君諱廣，字元表。……五代祖海相，宣州涇縣令。祖彥恭，河南府伊闕縣令。曾祖昭度，伊闕縣尉，以賢良就徵，策試三等，拜監察御史。祖詢，太中大夫、右

① 蓋題“大唐故盧府君墓誌銘”,拓片圖版見《河洛》二二九,第299—300頁。

金吾衛長史、贈宋州刺史。烈考昌容，博州司户參軍。先君，司户第三子。……補越州剡縣尉之官。遂吟曰：挂席日千里，長江乘便風。無心羡鸞鳳，自若騰虚空。……先妣年十七歸于先君，生子八人，四不育于嬰稚，三女一子存焉。長適吉州刺史隴西李宣，次適檢校刑部郎中弘農楊同志，次適潞州長子縣令博陵崔誼。子蕃，進士及第，自秘書省正字調授左金吾衛騎曹參軍。"①

會昌四年（844）二月廿日《唐鄉貢進士盧府君（厚德）墓誌文并叙》："盧氏北祖第二房，……君第二房，名厚德。祖廣，道舉出身，剡縣尉。皇先考蕃，進士登第，揚州司馬。外族鄭氏第二房，亦門族之右也。君則司馬之幼子，……兄厚古、兄厚質、二姊、尊夫人。"②《表》失書詢以下世系，詢，《表》作晉州司馬。據此二誌，詢生昌容，博州司户參軍。生廣，第三子，剡縣尉。生蕃，揚州司馬。生厚古、厚質、厚德。

				海相，涇令。
				彦恭，伊闕令。
	昭諒，武德丞。			昭度，監察御史。
	詳，南部都尉。			詢，晉州司馬。
	悦字子儒，司農寺丞。			昌容，博州司户參軍。
仙宗。	仙胄。			（三子）廣字元表，剡縣尉。
				蕃，揚州司馬。
		厚德。	厚質。	厚古。

① 録文見《補遺》千唐，第331—332頁。拓片圖版及録文見《河南叁》二七二。

② 録文見《補遺》八，第168—169頁。

【《表》三上·九·二九三六至二九三七】

	士朗。
	仁爽。
審忠。	審經，瑕丘令。
仲臻。	河童，豐令。
銛，延州刺史。	嵒，河中倉曹參軍。

開元十七年（729）正月十八日《大唐故亳州山桑縣令盧府君（守默）墓誌銘并序》："君諱守默，字審□（經），幽州范陽人也。曾祖釋壽，隨雍州盩厔縣尉。祖買臣，隨楚州鹽城正。父仁爽，高尚不仕。……公長子法童，官至亳州司法。次子河童，徐州豐縣令。……夫人渤海高氏。……孫岱。"[①]《表》列擇壽、仁爽爲兄弟，買臣、審經爲堂兄弟，較誌所載，大相徑庭。且守默開元十六年（728）卒，年八十三，而其曾祖文翼後魏永熙中（532—534）卒，年六十。[②]近兩百年僅傳四代，恐《表》中有錯簡，疑爲《表》將仁爽抬昇二格，與其祖同列所致。故正確之世系當作：士朗生釋壽、擇壽，釋壽生買臣，買臣生仁爽，仁爽生守默，守默生法童、河童。

大曆十年（775）十月十三日《大唐故鄧州穰縣丞盧府君（嵒）墓誌銘并序》："公諱嵒，字叔山，其先范陽涿人也。……祖守默，皇亳州山桑令。父河童，徐州豐縣令。……夫人博陵崔氏，金吾將軍釋之之女也。嗣子堪。"[③]

---

① 蓋題"大唐故盧府君墓誌銘"，録文見《補遺》千唐，第155頁。拓片圖版及録文見《河南叁》一一八。

②《魏書》卷四七《盧文翼傳》，第1062頁。

③ 録文見《補遺》八，第81頁。拓片圖版見《河洛》三二七，第439頁。拓片圖版及録文見《續編》一七六。

貞元十年（794）十月廿日《唐故太子司議郎兼河中府倉曹參軍鄧州穰縣丞范陽盧府君（咠）夫人博陵崔氏合祔墓誌銘并序》（嗣子承奉郎前上都太廟齋郎堪撰）："府君諱咠，字叔山，范陽涿人也。自遠祖徙居洛陽，因家焉。祖守默，皇亳州山桑縣令。父河童，徐州豐縣令。"①《表》載咠官河中倉曹參軍，而誌稱穰縣丞，一爲最高官職，一爲終官。又，《表》不載咠子嗣，據二誌，咠有子堪。

會昌三年（843）二月廿五日《和州烏江縣令燉煌張公（澮）故夫人范陽盧氏墓誌銘并序》："夫人其先范陽人也，北祖四室之令女。……即皇唐司農寺丞審忠之曾孫，懷州脩武縣令仲臻之愛孫，太子左贊善大夫、賜緋魚袋鎮之長女。"②《表》失書審忠、仲臻父子官職，據此誌審忠官司農寺丞，仲臻官脩武令。仲臻子鎮，太子左贊善大夫。

			士朗。
			釋壽，隋盩厔尉。
			買臣，隋鹽城正。
			仁爽。
	審忠，司農寺丞。		守默字審經，山桑令。
	仲臻，脩武令。	河童，豐令。	法童，亳州司法。
鎮，太子左贊善大夫。	銛，延州刺史。	咠，河中倉曹參軍。	岱。
		堪。	

① 録文見《補遺》八，第99—100頁。拓片圖版見《河洛》三四九，第469頁。拓片圖版及録文見《續編》一八六。

② 録文見《補遺》千唐，第369—370頁。

【《表》三上·九·二九三八至二九三九】

					士嬰。
				珣，同州參軍。	璹。
				買德。	法德。
藥王。		醫王。	壽王。	虔。	彜倫。
	玄明，均州刺史。	子慎。			子輿。
					同。

景龍三年（709）十月二日《唐故滑州匡城縣丞范陽盧府君（毉王）墓誌銘并序》："府君諱毉王，字毉王，涿郡范陽人也。……曾祖嬰，齊左司郎。祖珣，隨同州參軍。考虔壽，隨司騎參軍。……有子曰衛尉寺丞玄明。"①

開元廿一年（733）十一月廿七日《唐故巴州刺史盧公（玄明）墓誌銘并序》（澤州參軍事清河崔至撰）："公諱玄明，字厶，涿郡范陽人也。齊洺州主簿珣之曾祖。隨同州司騎參軍虔壽之孫。唐滑州匡城縣丞毉王之子。……公即匡城府君之長子也。"②《校異》據《全唐文》卷五二一梁肅《舒州望江縣丞盧公墓誌銘》，於《表》所載士嬰一支世系提出異議："士嬰與同之間相隔三世，而《世系表》乃相隔四世。"③今取二誌所載重列珣以下世系，可知《表》所列珣子買德有誤，當作虔壽，爲他系竄入，且誤將虔壽降下一格所致。虔壽生毉王，匡城丞。毉王生長子玄明。又，士嬰孫輩法德、買德、孝德三人均失書官職，

① 蓋題"唐故滑州匡城縣丞范陽盧府君墓誌銘"，録文見《補遺》八，第12—13頁。拓片圖版及録文見《續編》八五。

② 蓋題"大唐故盧府君墓誌銘"，録文見《補遺》八，第28—29頁。拓片圖版及録文見《續編》一一七。

③《集校》，第529頁。

故此三人或爲他系竄入，恰可解釋此前《校異》之疑問，一家之言，俟後明證之出。

				士嬰。
			珣,隋同州參軍。	璹。
			虔壽,隋同州司騎參軍。	彝倫。
藥王。		醫王。	壽王。	子輿。
	子慎。	玄明,均州刺史。		同。

十五、鄭氏①

【《表》五上·十一·三二六八】

【《集校》七九二】

瓘。
守廣。
早，六合尉。
子中。

大和九年（835）四月廿二日《唐故尚書倉部郎中滎陽鄭府君（魴）墓誌銘并序》："府君諱魴，字嘉魚，滎陽人。世以禮法自名。祖守廣，昇州司倉。父早，富平尉，贈考功郎中。……考功娶清河崔氏，生府君。……夫人范陽盧氏，前脩武尉慎脩之女。男二人，思誨、處訥。……府君有四昆弟，長兄忠，不仕。仲曰鮪，北海令。次弟鯢，季曰鯤，舉秀才。"②

咸通九年（868）十二月七日《唐故倉部郎中鄭公盧夫人合祔墓誌銘并序》："倉部郎中鄭公府君諱魴，字嘉魚，北祖第二房爲天下鼎族，……祖皇昇州司倉參軍諱守廣，祖妣清河崔氏。考遭賊李希烈亂，忠聞，由京兆府富平縣尉除大理廷評，贈工部郎中，諱早。妣清河崔氏，追

① 鄭氏世系原始記載及考訂見《新唐書》卷七五上《宰相世系表五上》，第3258—3354頁；《集校》，第789—811頁；《校補》，第113—117頁。

② 拓片圖版見《河洛》四一五，第557頁。

封清河縣太君。………公之兄諱忠，一子曰建。次兄諱鮪，皇長沙縣令，娶夫人隴西李氏，三子七女。弟名鰼，不婚，男子子三人。次弟諱鯤，不婚，四子，子未娶，女子適盧氏。郎中夫人范陽盧氏，得姓於齊，爲世著姓，北祖大房。漢侍中諱植、晉侍中諱廣、魏吏部尚書諱陽烏之後，昭彰圖諜，鬱爲鼎族。語曰：盧陽烏、鄭述祖，非斯二家，孰曰門户，其閥閲可知矣。夫人曾祖諱播，皇任河南府陽翟縣令，祖妣隴西李氏。祖諱藏密，皇任汝州襄城縣令，祖妣清河崔氏。考諱愼修，皇亳州司兵參軍，妣絳郡李氏。祖諱仲宣，皇齊州全節尉。夫人一姊一弟兩妹，姊適王迺，弟紡，前任宣州宣城縣丞。妹適武翊黄，翊黄以恃科第强傲，縱僕妾不法輕妻，貶謫遐徼，妻竟離，銜冤入道，人皆歎其妻之不幸而怒翊黄一無士行。又一妹適李裔。夫人司兵之第二女，與姊弟妹皆李夫人出。……男子二人，其長曰長晦，皇泗州臨淮縣尉，娶博陵崔渠之女，女子子四人，長適進士盧後閔，次奉黄老入道，次適陽翟縣尉清河崔行規，皆他出。其第二子長言，有出身，□選，娶妻范陽盧氏，第三女子子適燉煌李景莊。景莊承外家重疊及是三世，長言及第三女皆夫人出。”[①]鄭魴爲中晚唐著名文人，但事迹無聞。趙超先生據咸通六年（865）十月甲寅《唐故登仕郎前守河南府陽翟縣尉清河崔公（行規）夫人滎陽鄭氏（娟）合祔墓誌銘并序》補入鄭魴。其實《表》收鄭魴，列於《表》（五上·十一·三二八八），但誤録於穆先一支下，爲常州參軍卑子。據此二誌，《集校》所考約略不差，鄭魴確係早之子，誌云魴昆季五人，二兄二弟：忠、鮪、鯢（鰼）、鯤。二子：思誨（長誨）、處訥（長言）。但二誌所記魴長弟及

① 拓片圖版見《河洛》四五九，第623—624頁。

二子之名均有異，當是改動之緣故。故可補《表》所闕該支世系。又“子中”或即爲早之長子“忠”。

又大中十一年（857）八月廿六日《唐故前泗州臨淮縣尉滎陽鄭府君（長誨）墓誌銘并序》：“君諱長誨，字子遵，滎陽人也。曾曰守廣，昇州司倉。祖曰早，京兆府富平尉，贈考功郎中。考曰魴，倉部正郎。外祖范陽盧慎脩。……君即正郎元子也。……夫人主客郎中博陵崔渠長女。有男一人，名曰恪郎。有女三人：長曰佐娘，次曰瀛娘，幼曰迎娘。”[①]據此誌，魴長子當正作長誨，官臨淮尉。又魴父早，《表》作六合尉，上引三誌均作富平尉，當據以正之。

												瓘。
												守廣。
												早，富平尉。
			鯤。			鯇（鰼）。		魴。			鮪。	忠。
某。	某。	某。	某。	某。	某。	某。	處訥（長言）。	長晦（思誨），臨淮尉。	某。	某。	某。	建。
								恪郎。				

【《表》五上·十一·三二六三至三二七一】

					德脊，固安令。
					脩松，一名元宗，莘令。
					言思，泗州刺史。
					琇，霍丘令。
華。	若。	植。	橋。	荎。	蕙。

① 録文見《補遺》千唐，第393頁。拓片圖版及録文見《河南叁》三二六。

開元廿四年（736）正月十六日《大唐故壽州霍丘縣令鄭府君（琇）墓誌銘并序》："君諱琇，字帝釋，滎陽開封人也。曾祖德脊，皇朝侍御史。……祖脩松，皇朝魏州莘縣令。……父言思，皇朝泗州刺史。……嗣子蕙、荃、橋、植、相、若、華等。"[①]

天寶九載（750）十一月廿一日《大唐故壽春郡霍丘縣令鄭公（琇）墓誌銘并序》："公諱琇，字適，滎陽開封人。魏散騎侍郎七代之裔。……曾祖德慎，隨侍御史、刑部郎中。……祖脩松，唐魏郡莘縣令。……父言思，唐臨淮郡太守。……舍弟臨淄郡太守懷隱、歷城縣令球，……長子烏江縣令蕙，次子慶王府騎曹參軍荃，當未葬之辭，有先期之禍，零落相次，中外所悲。次子通川縣令橋，……次子偃師縣令植，……夫人范陽盧氏，譙郡太守重之第七女也。"[②]唐人崇厚葬，亦重視死後擇吉遷葬，此二誌屬鄭琇死後不久之藁葬墓誌，及卒後十四年重新遷葬誌。二誌所叙鄭琇家族世系及先世仕宦，基本相同。與《表》對勘，可知《表》闕書琇第五子相，當據誌補入。

開元十七年（729）十月三日《大唐故范陽盧夫人（鄭琇妻）墓誌銘并序》："皇唐前宋州碭山縣丞滎陽鄭琇故妻范陽盧氏，後漢侍中植十五代孫。曾祖士繪，隨貝州清河縣令。祖嘉慶，皇朝婺州信安縣令。父重明，皇朝亳州刺史。……有七子：蕙、荃、橋、植、相、若、葶等。"[③]幼子，《表》作華，誌作葶。

① 録文見《補遺》八，第378—379頁。拓片圖版見《杏園》一五。

② 録文見《補遺》八，第58—59頁。拓片圖版見《杏園》一七。

③ 録文見《補遺》八，第360頁。拓片圖版見《杏園》一六。

						德脊,固安令。
						脩松,一名元宗,莘令。
						言思,泗州刺史。
						琇,霍丘令。
華(一作葶)。	若。	相。	植。	橋。	荃。	蕙。

【《表》五上·十一·三二八七至三二八九】

		弘幹,鼓城尉。
		思静。
	璥。	玠。
	兢,下邑令。	
鞏。	舉,易州參軍。	
黄中,洪洞尉。		

天寶十三載(754)正月十三日《唐故宋州下邑縣尉鄭府君(兢)墓誌銘并序》:“君諱兢,字濟,滎陽人也。曾祖弘幹,隨定州鼓城縣令。王父思静,楊州大都督府高郵縣令。……皇考珍,襄州司户參軍。……君即襄州府君之長子也。……嗣子上谷郡參[軍]舉等。”① 兢,《表》作下邑令,列作璥子,據是誌,官至下邑尉,父珍,襄州司户參軍,當以誌爲是。《表》中兢有伯父玠,恐即其父珍也,玠、珍因形近致譌,《表》誤竄兢於璥下。弘幹,《表》作鼓城尉,據誌當在隋代官鼓城令。

① 蓋題“大唐故鄭府君墓誌銘”,拓片圖版見《河洛》三〇二,第407—408頁。

		弘幹,隋鼓城令。
		思静,高郵令。
璥。		珍,襄州司户参軍。
		兢,下邑尉。
	鞏。	舉,易州参軍。
	黄中,洪洞尉。	

【《表》五上·十一·三三〇六至三三〇七】

【《集校》七九八】

						巖。
泌。						潤。
	湘。	錞。	鍊。	鋒。	淮。	鉷。

貞元元年（785）二月五日《唐故長安縣尉鄭府君（泌）墓誌銘并序》："君諱泌，字季洋，滎陽開封人也。曾祖行諶，洋州刺史。祖琰，贈齊、鄭二州刺史。父巖，銀青光禄大夫、少府監。君少府監府君之季子也。……嗣姪孤子前洛陽縣尉鍊。"①

開成二年（837）十月七日《唐故朝散大夫守中書舍人贈禮部侍郎上柱國賜紫金魚袋滎陽鄭府君（居中）墓誌銘并序》："公諱居中，字貞位，滎陽人。……公，皇少府監諱巖之曾孫，皇洛陽令諱汲之孫，皇興平令，贈刑部郎中諱鋒之子。……夫人清河崔氏，皇秘書監諱謙之孫，皇殿中侍御史諱鄘之女。……有女一人，適大理評事隴西李瓘。幼子石胡，年始七歲。"②

① 蓋題"大唐故鄭府君墓誌銘"，録文見《補遺》千唐，第266頁。拓片圖版及録文見《河南叁》二一八。

② 録文見《補遺》八，第156—157頁。

咸通五年（864）五月十七日《唐故朝散大夫守中書舍人贈禮部侍郎上柱國賜紫金魚袋滎陽鄭府君（居中）及清河崔夫人合祔墓誌銘并序》："公諱居中，字貞位，滎陽人。……曾大父皇少府監諱嚴，大父皇洛陽縣令諱汲，顯考皇興平縣令、贈刑部郎中諱鋒。……夫人有一子曰鸞，娶清河崔氏，故侍御史讜之女。"[①]趙振華先生在考證中認爲，二誌中鄭居中之父"鋒"即《表》中潤之子"鋒，京兆府倉曹參軍"。然仔細辨認今點校本發現二字不同，當非同一人。但據鄭居中夫婦墓誌，可補入巖又一子汲及以降世系。又鄭泌誌明言泌爲巖季子，故汲當是其兄。又，咸通十一年（870）十一月十八日《唐故右金吾衛録事參軍滎陽鄭府君夫人隴西李氏墓誌銘并序》署堂姪淮南觀察推官朝散郎試大理評事攝監察御史居中撰。[②]

乾符四年（877）閏二月七日《唐故滎陽鄭氏第二女（張八）墓誌銘》（母兄鄉貢進士綬撰）："女郎姓鄭，小字張八，未有名，鄂州中丞府君諱鸞之第二女，余之仲妹也。"[③]疑此處之鄂州中丞鸞，即上誌之居中子，年代亦合，姑列於此。

貞元十四年（798）二月十九日《唐故右金吾衛録事參軍鄭府君（鉷墓誌銘并序》："公諱鉷，字公度，……曾祖琰，皇朝齊州歷城縣令，贈齊鄭二州刺史。祖巖，皇朝銀青光禄大夫、少府監。父潤，皇朝太府寺主簿。……夫人隴西李氏，皇朝符寶郎推之孫，前鄭州録事參軍

---

① 拓片圖版及録文見趙振華《唐鄭居中夫婦墓誌發覆》，《洛陽工學院學報（社會科學版）》2002年第4期，第5—12、16頁。録文見《補遺》八，第202—203頁。

② 録文見《補遺》千唐，第337—338頁。拓片圖版及録文見《河南叁》三三三。

③ 蓋題"唐故鄭氏第式女墓銘"，録文見《補遺》八，第225頁。拓片圖版見《河洛》四六八，第638—639頁。拓片圖版及録文見《續編》二七一。

鈞之女。……嗣子一人，已聞詩禮，遺孤二女，俱在孩提。”[1]以諸誌所載該支先世官職勘之以《表》可知：琰官職，作歷城主簿，是誌作令；巖官職，作京兆少尹，四誌均作少府監，知其曾歷少府監一職。

							巖。
泌。	汲，洛陽令。						潤。
	鋒，興平令。	湘。	錞。	鍊。	鋒。	淮。	鉷，右金吾衛録事參軍。
	居中，中書舍人。						某。
	鸞，鄂州中丞。						
	綬。						

【《表》五上·十一·三三一〇至三三一二】

敬德。
振。
元良。
大壽。
顯宗。
塵，脩武尉。
佺期，須昌丞。

大中十二年（858）仲秋十四日《唐鄉貢進士崔鎮亡妻滎陽鄭氏墓誌銘》：“夫人滎陽鄭氏，曾祖塵，皇常州司兵參軍。祖佺期，皇潞州涉縣令。父公直，皇左武衛倉曹參軍。夫人六代祖元良，昔任給事中，時頗知名。自八代祖將軍敬德至于倉曹公，門無雜婚。故衣冠名家，時號鼎族。……有子一人曰辮，至性孝恭。雖未弱冠，知禮已如老成

① 蓋題“大唐故鄭府君墓誌銘”，拓片圖版見《河洛》三五八，第480—481頁。

人。”[①]是誌所載世系與《表》相合，然佺期父子官職均不合，誌較《表》高。《表》闕載鄭氏六代祖元良之官職，據是誌，曾官給事中，又失載佺期以下世系，可補入公直，官左武衛倉曹參軍。

敬德。
振。
元良，給事中。
大壽。
顯宗。
廑，常州司兵參軍，一作脩武尉。
佺期，涉縣令，一作須昌丞。
公直，左武衛倉曹參軍。

【《表》五上·十一·三三二一至三三二二】

【《集校》八〇二至八〇三】

										長裕。
										歡。
藏師。	韞玉。	珪璋。	仲均。	季熊。	仲堪。	季達。	仲容。	叔向。	叔獻。	球之。

元和七年（812）七月廿八日《唐東都留守推官試大理評事盧君（士瓊）故夫人滎陽鄭氏墓誌銘并序》（夫東都留守推官試大理評事盧士瓊撰）：“夫人姓鄭氏，滎陽人也。曾祖諱長裕，歷尚書郎，潁川郡太守。……祖諱歡，殿中侍御史。……父諱璆之，易州淶水縣令。……夫人即淶水府君第三女也。……叔父故相國文獻公珣瑜，今吏部尚書，故中書侍郎同平章事滎陽公餘慶。”[②]趙超先生據唐人取名排行之通例，

① 録文見《補遺》千唐，第396—397頁。

② 録文見《補遺》千唐，第314—315頁。

疑《表》所載歡之十一子或有他系誤入，或有脱落。又認爲羅氏《補正》據元和十二年七月既望《唐故懷州録事參軍清河崔府君（稃）故夫人滎陽鄭氏合祔墓誌銘》所考璆芝即《表》中之長子球之，無據。今此誌亦曰歡有子璆之，士瓊妻爲其中女，或“璆”“球”同音致訛，本爲同一人，果依趙超先生所論璆之（芝）爲《表》所脱漏失載者，兄弟二名同音異字，或更難圓其説，故羅氏所論當不差。

開成三年（838）十一月七日《唐故魏博節度判官監察御史裏行賜緋魚袋李府君（仲昌）夫人滎陽鄭氏合祔墓誌銘并序》：“皇潁川郡太守諱長裕之曾孫，殿中侍御史諱歡之孫，魏州大都督府參軍諱季熊之女。適李氏，産二子：長曰丕，前任澧州慈利縣令；次曰芣，而行義有聞。庶子二人：長曰贊，次曰□”[①]趙超先生據貞元十五年（799）八月甲申《唐故河南府河南縣主簿崔公（程）墓誌銘》及大中九年（855）二月廿三日《□□□□□□使持節曹州諸軍事守曹州刺史賜紫金魚袋清河崔府君（翬）墓誌銘》，確考歡之子叔向。今據此誌，可證季熊亦是歡子，《表》不誤。

【《表》五上·十一·三三二一至三三二七】

【《集校》八〇五至八〇六】

		長裕。
	慈明，太子舍人。	諒，冠氏令。
承慶。	餘慶。	珣瑜。

元和四年（809）八月十一日《唐前黔中觀察推官試太常寺協律郎盧載妻鄭氏墓誌銘并序》：“夫人滎陽郡滎陽人也。曾祖潁川郡太守諱長

① 録文見《補遺》千唐，第362—363頁。

裕。祖太子舍人、贈吏部尚書諱慈。列考山南西道節度推官、試大理評事諱承慶。外祖陜縣令范陽盧府君諱居易。故門下侍郎平章事、文憲公諱珣瑜，夫人之從祖父也。舊相、今東都留守檢校兵部尚書餘慶，夫人之叔父也。”[①]《訂譌》認爲：“(承慶)《餘慶傳》餘慶兄。”趙超先生又以《舊唐書·鄭餘慶傳》之記載，揭出傳與《表》之不合多處，可知鄭長裕一支世系出宰相多人，但世系記載諸多混亂。是誌亦明言承慶爲餘慶之兄，曾官山南西道節度推官、試大理評事，可資史傳之佐證。慈明，誌略作慈。珣瑜、慈明兄弟爲從兄弟，故於鄭氏爲從祖父。

		長裕。
	慈明，太子舍人。	珣瑜。
餘慶。	承慶，山南西道節度推官、試大理評事。	

【《表》五上·十一·三三四四至三三四九】

【《集校》八一〇】

							過庭，蒨令。
							崇業。
							杳。
							羨。
							絪。
							祗德。
晢。	就。	頎。	頻。	碩，真源令。	顗。	項。	顥。

① 蓋題“唐故榮陽鄭夫人墓銘”，録文見《補遺》千唐，第308—309頁。拓片圖版及録文見《河南叁》二五四。

大中十二年（858）五月十二日《唐故范陽盧氏（軺）滎陽鄭夫人墓誌銘》："夫人滎陽人也，其先本於姬姓，至周厲王封少子友於鄭，後爲韓所滅，以國爲姓。至温三子，分爲三祖，最少子曰簡，號爲南祖。……六代祖渾，有功於魏，其勳烈備在魏書。夫人曾祖諱羡，皇池州刺史，贈太尉。……祖諱絪，皇太子太傅，贈太師。公進士擢第，首冠宏詞，迥出判等，授鄠縣尉。由西川掌記歷補闕、起居、史館修撰，轉職方員外，遷司勳員外，知制誥，尋加翰林學士、中書舍人，後爲承旨。翰林承旨自公始也。優遊内廷凡十五年，備有懿績。今之翰林壁記，公爲之首。後之由是者，無不遵其故事。公自内署拜中書侍郎、集賢大學士。由中書爲門下侍郎、弘文大學士。公出入六朝，秉心如一。獨憲宗寵遇特異，總轄樞務，康濟域中，于今賴之。後爲嶺南節度使、同州刺史、東都留守。復持上銓，所至之處，而人自伏。凡師傅之官，無不由之。公竟告老，以太傅致仕。……父曰祗德，……自以門蔭筮仕，入省爲員外郎中。累换名曹，自庫部郎中爲國子司業。由司業爲河南少尹。……夫人即公長女也。……夫人之兄五人，皆杭州使君之外孫也。……長兄曰顥，……次兄曰顗，前進士，未及諸侯之命，以疾殁於招國私第。次曰頊，後五年繼踵於春官。其人文之美，無以加焉。次曰就，常以二昆未立，不願偕進。……次曰晦，……夫人有别妹一人，適趙郡李悰，楚州司功參軍。"[①]是誌所載世系，除六代祖《表》作"過庭，蒨令"外，其餘皆合，是誌稱誌主鄭夫人有同母兄五人：顥、顗、頊、就、晦，《表》無晦而多碩、頻、頎、晢，且雁序亦不合。又，《訂譌》因《表》（五上·十一·三三五一）另有頎字廷美，與

① 蓋題"唐大中故范陽盧氏滎陽鄭夫人墓誌銘"，録文見《補遺》六，第173—175頁。拓片圖版見《河洛》四四一，第592—593頁。

祇德子頎爲從祖兄弟，認爲"當有一譌"，是誌所列祇德五子，並無頎，疑此處之頎譌，或爲他系竄入，尚俟明證之出。

【《表》五上·十一·三三五一】

			習，宋城尉。
			汭，諫議大夫。
緄，太子洗馬。	繒。	純。	紓。

咸通十一年（870）八月十日《唐故陝州安邑縣令盧府君（從度）滎陽鄭夫人（緄）墓銘并序》（鄉貢進士李損撰）："子孫有仕于後魏者，因爲南祖，則夫人之先也。夫人諱緄，從父相國陽武侯諱絪，元和時，自翰林相章武皇帝，……既笄，歸安邑盧府君諱從度，……夫人凡三女，無子以嗣。不知天之報施，謂何？長女適監察御史河東裴公珪，次適伊闕縣丞滎陽鄭君宣遠，幼將許嫁而未期。曾祖諱習，皇宋城縣尉，贈右贊善大夫，祖妣趙郡李氏，贊皇縣君。祖諱汭，皇諫議大夫，贈華州刺史，王夫人隴西李氏，隴西縣君。皇考諱緄，緱氏縣令、太子洗馬，先夫人范陽盧氏。皆爵行明盛，婚媾崇潔。"[①]此誌與《表》（五上·十一·三三五一）所序世系相合，謹録如上，以資佐證。唯是誌稱元和宰相鄭絪爲誌主從父，據《表》及前引大中十二年（858）五月十二日《唐故范陽盧氏滎陽鄭夫人墓誌銘》，可知絪與其父緄同曾祖，二人實爲從曾祖兄弟，故誌中之"從父"，並非確指親叔伯，讀者當有留意焉。又本誌父女同名爲緄，在出土唐誌中亦屬少見。

① 拓片圖版見《邙洛》二七四，第325頁。

十六、第五氏①

【《表》五上·十一·三三七四至三三七五】

【《集校》八四〇】

		琦。
申。	平，京兆兵曹參軍。	峰。
牟，兼御史中丞。		

建中三年（782）九月己酉《唐故相國太子賓客扶風郡公贈太子少保第五公（琦）墓誌銘并序》："有唐相國贈太子少保扶風郡公，諱琦，字禹圭，京兆人也。大舜之後，胡公滿封于陳，及厲公之子敬仲適齊，至成子遂有齊國。其後遷徙，以次第爲氏。漢有伯魚爲司空，興爲兖州刺史，皆忠清亮直，爲漢名臣。自兖州至江州司户參軍孚，弈世仁賢，動無違得。江州生鄜州司馬舉，鄜州生右監門衛長史贈太子少保庭。公實少保之第三子。……夫人南陽郡夫人張氏，左衛將軍景之女，……有子七人：常、峰、平、準、干、牟、申等，並稟性□深，執喪加等。"②《表》於第五琦先代世系，闕載無聞，今是誌除追叙第五氏得姓之由外，又上溯至其曾祖一輩，云第五琦曾祖江州司户參軍孚，祖鄜州司馬舉，父右監門衛長史庭，第五琦爲其第三子，《舊唐書·第五琦

① 第五氏世系原始記載及考訂見《新唐書》卷七五上《宰相世系表五上》，第3374—3375頁；《集校》，第840頁；《校補》，第118—119頁。

② 李舉綱、王亮亮《西安新見〈唐第五琦墓誌〉考疏》，《書法叢刊》2010年第5期，第18—27頁。

傳》載："第五琦，京兆長安人。少孤，事兄華，敬順過人。"①可補入《表》，誌言琦爲第三子，本傳及《新表》僅云兄華，不知其排行。又，岑仲勉《四校記》據《姓纂》原文"申，兼御史中丞"及《册府元龜》卷七〇〇"元和十五年資州刺史第五申貶連州司馬"認爲元和年間申子牟未必官至御史中丞，《表》所記牟官兼御史中丞有誤。②今據《第五琦墓誌》可知，牟實與申爲昆仲，並非父子，誌云琦有七子：常、峰、平、準、干、牟、申。《新表》僅載峰、平、申三子，並誤以第六子牟爲申之子，可據誌以正之。

大和二年（828）三月廿五日《唐故特進檢校工部尚書使持節都督延州諸軍事行延州刺史充本州防禦左神策行營先鋒安塞軍等使兼御史大夫上柱國隴西李府君（良）誌銘并序》："隴西郡夫人，京兆第五氏，唐京兆尹、鹽鐵度支使、平章事琪之孫，京兆掾平之女。"③亦可資佐證，唯琦作琪，當是同音假借。

								孚，江州司户參軍。
								舉，鄜州司馬。
								庭，右監門衛長史。
						琦。	某。	華。
申。	牟。	干。	準。	平，京兆掾。	峰。	常。		

①《舊唐書》卷一二三《第五琦傳》，第3516—3518頁。

②《姓纂（附四校記）》卷八，第1243頁。

③ 拓片圖版及録文見姬乃軍、范建國《唐李良墓誌銘考釋》，《考古與文物》1996年第1期，第80—83頁。録文見《補遺》五，第36—38頁。

中編　新刊唐代碑誌所見唐代刺史考補

郁賢皓先生積數十年之功，遍稽典籍，搜羅各種新舊碑誌石刻資料，從中蒐輯各類唐代刺史相關史料，終成《唐刺史考全編》一書，[①]分道列郡，繫以編年，羅列有唐一代地方牧守之任職年代及相關問題，於唐代文史研究多有裨益。但隨着貞石墓誌的不斷出土，專家學者利用新出墓誌資料對《全編》多有補正之作。[②]近年來《邙洛碑誌三百種》《河洛墓刻拾零》《秦晉豫新出墓誌蒐佚》等大型新見墓誌圖録本及《新中國出土墓誌》系列叢書的出版，先後集中刊布了大量新出唐代墓誌。本人閱讀之餘，留心唐代刺史相關材料，同時又兼及近年來期刊論文中新刊唐代墓誌，希望能補《全編》之闕而證其微瑕。

① 郁賢皓《唐刺史考》，南京：江蘇古籍出版社；香港：中華書局香港分局，1987 年。此後郁先生又積十年之功，苦索細研、增删考訂成《唐刺史考全編》，合肥：安徽大學出版社，2000 年。

② 郁賢皓《〈唐刺史考全編〉訂補》，《南京師大學報（社會科學版）》2001 年第 3 期，第 147—155 頁；潘明福《〈唐刺史考全編〉補遺》，《文獻》2005 年第 2 期，第 149—156 頁；毛陽光《〈唐刺史考全編〉新補訂》，《文獻》2006 年第 1 期，第 31—40 頁；毛陽光《〈唐刺史考全編〉再補訂》，《文獻》2007 年第 2 期，第 53—65 頁。吴炯炯《〈唐刺史考全編〉補正》，《中國歷史文物》2010 年第 3 期，第 83—88 頁。馬建紅《〈唐刺史考全編〉拾補》，杜文玉主編《唐史論叢》第十二輯，西安：三秦出版社，2010 年，第 215—219 頁。楊曉、吴炯炯《〈唐刺史考全編〉補正（二）》，《甘肅社會科學》2011 年第 1 期，第 173—176 頁。趙望秦《〈唐刺史考全編〉補遺》，趙力光主編《碑林集刊》（十六），西安：三秦出版社，2011 年，第 252—289 頁。客洪剛《〈唐刺史考全編〉輯補》，《圖書館理論與實踐》2012 年第 1 期，第 58—61、93 頁。陳翔《〈唐刺史考全編〉拾遺、訂正》，杜文玉主編《唐史論叢》第十四輯，西安：陝西師範大學出版總社有限公司，2012 年，第 272—281 頁。

爲節省篇幅，本編所引書名多用簡稱，主要者如下：

全稱	簡稱
[宋]歐陽修、宋祁《新唐書·宰相世系表》 (北京:中華書局,1975年)	《表》(序號·册數·頁碼)
[唐]林寶撰,岑仲勉校記,郁賢皓、陶敏整理,孫望審訂《元和姓纂(附四校記)》 (北京:中華書局,1994年)	《姓纂(附四校記)》
吴鋼主編《全唐文補遺》七至九輯、千唐誌齋新藏專輯 (西安:三秦出版社,2000—2007年)	《補遺》七至九、千唐
郁賢皓《唐刺史考全編》 (合肥: 安徽大學出版社, 2000年)	《全編》
中國文物研究所、河南文物考古研究所編《新中國出土墓誌·河南〔貳〕》 (北京:文物出版社,2002年)	《河南貳》
趙君平編《邙洛碑誌三百種》 (北京:中華書局,2004年)	《邙洛》
趙君平、趙文成編《河洛墓刻拾零》 (北京:北京圖書館出版社,2007年)	《河洛》
中國文物研究所、千唐誌齋博物館編《新中國出土墓誌·河南〔叁〕·千唐誌齋〔壹〕》 (北京:文物出版社,2008年)	《河南叁》
洛陽市第二文物工作隊、喬棟、李獻奇、史家珍編著《洛陽新獲墓誌續編》 (北京:科學出版社,2008年)	《續編》

謹按《全編》之格式分次而録之：

卷一　京畿道　京兆府（雍州）上

李慎名　天寶中

《邙洛》二四九《唐故洪州高安縣令李府君（愻）墓誌銘并序》

(貞元四年七月一日卒，大和三年六月十八日合葬)："祖諱慎名，襄州元子。天寶中，以德行冠宗屬，歷官京兆尹、左金吾大將軍、東都留守、太原尹、宗正卿。"《全編》"京兆府（雍州）上"卷據《新唐書·宗室世系表上》梁王房之記載，推測李慎名任京兆尹約在開元末，據此誌，李慎名天寶中任京兆尹，後轉東都留守、太原尹。

卷三　京畿道　華州（太州、華陰郡）

蕭齡之　永徽元年至二年(650—651)

《大唐故持節華州諸軍事華州刺史柱國方陽縣開國男蕭使君（齡之）墓誌銘并序》(顯慶元年正月十四日卒，二年十月六日葬)："公因得歸順，授大將軍、員外散騎侍郎、行通事舍人，尋拜邵州刺史。……武德九年，轉淅州刺史。貞觀元年，詔爲山南道觀風俗大使。……五年，出爲深州刺史。八年轉渝州刺史。……遷使持節黔州都督、一十三州諸軍事、黔州刺史。……遷使持節都督廣州等一十四州並高崖二府諸軍及百姓之務、廣州刺史。……永徽元年，追授持節華州諸軍事、華州刺史。"[①]蕭齡之自武德初歸唐至高宗永徽初歷任邵、淅、深、渝、黔、廣、華等州刺史。《全編》"華州（太州、華陰郡)"卷據《唐會要》卷三九、《册府元龜》卷六一六等記載，繫蕭齡之在永徽二年，今據是誌，可知其永徽元年即追授華州刺史，可補。又《全編》"廣州（南海郡)"卷僅定其任廣州刺史在貞觀十八年，是誌稱其任廣州刺史直至永徽元年。

---

① 拓片圖版及録文参見毛陽光《唐蕭齡之墓誌考釋》，杜文玉主編《唐史論叢》第十一輯，西安：三秦出版社，2009 年，第 383—388 頁。

據是誌，蕭齡之約武德四年至九年任邵州刺史[1]，武德九年至貞觀元年任淅州刺史，貞觀五年出爲深州刺史，八年轉爲渝州刺史，後遷爲黔州都督，至貞觀十八年轉任廣州都督，均可補正《全編》諸卷之闕如。

卷四 京畿道 同州（馮翊郡）

李祐 貞觀二年(628)

《大唐國公禮葬故祐墓誌銘》（貞觀十七年四月六日卒，十月十五日葬）："貞觀之始，天睠彌隆。進封燕王，拜同州刺史。俄遷幽州都督、幽易等六州諸軍事、幽州刺史。前後所授，竟不之藩。……於是改封齊王，拜齊州都督、齊青等五州諸軍事、齊州刺史。"[2]《全編》"同州（馮翊郡）"卷未著録李祐，據《新唐書·太宗諸子傳》記載李祐封爲燕王在貞觀二年，又據此誌，李祐任同州刺史也在貞觀二年，不久即遷幽州刺史。

張涚 開元廿六年(738)

《大唐故太中大夫使持節同州諸軍事同州刺史上柱國張府君（涚）墓誌銘并序》（開元廿八年五月三日卒，十一月十九日葬）："遂抗封以上奏，請秣馬以待行，乃貶授衡州刺史。居二年，遷越州都督。……

① 武德四年平蕭銑，置南梁州。貞觀十年改名邵州，故毛陽光在考證中認爲此處之邵州當屬撰誌時之追述，時間在武德四年至九年，見毛陽光《唐蕭齡之墓誌考釋》，杜文玉主編《唐史論叢》第十一輯，第386頁。

② 鄭炳林、張全民《〈大唐國公禮葬故祐墓誌銘〉考釋和太宗令諸王之藩問題研究》，《敦煌學輯刊》2007年第2期，第1—12頁。

逾年轉秦州都督，累日又遷太府少卿。到官未幾，拜少府監兼中尚使，後充京副留守兼判都省。……俄遷國子祭酒。……明年拜同州刺史，既至，任簡以乂。”① 《全編》“同州（馮翊郡）”卷據《會稽掇英總集·唐太守題名》及《表》（二下·九·二七二一）相關記載，推測在開元廿四年左右，趙振華先生據是誌考證，其任同州刺史在國子祭酒後一年，其任國子祭酒在開元廿五年，故其刺同州當在開元廿六年。

卷八　關內道　坊州（中部郡）

赫連欽若　開元十七年(729)

《邙洛》一二六《皇唐故坊州刺史赫連府君（欽若）墓誌銘并序》(開元十七年十二月十四日卒，十八年六月十三日葬)：“除陳州、宋州刺史，入爲慶王府長史，復除坊州刺史。……春秋六十七，以開元十七年十二月十四日薨於坊州公館。”《全編》闕載赫連欽若任坊州刺史。據此誌，赫連欽若開元十七年卒於坊州刺史任上。之前曾任陳州、宋州刺史，時間約在開元中，當在開元十七年之前。

卷一〇　關內道　延州（延安郡）

崔行温　高宗或武后時

《全編》“延州（延安郡）”卷繫崔行温於開元中，疑誤，據《唐故通議大夫宗正少卿上柱國隴西李府君（辿）墓誌銘并序》推之，當在高宗或武后時。

---

① 趙振華《唐張説墓誌簡疏》,杜文玉主編《唐史論叢》第十一輯,第 375—382 頁。

卷一一　關内道　寧州（彭原郡）

周履宣　唐初

《河洛》二〇三《大唐故宣議郎行邵州司法參軍薛府君夫人周氏（嚴順）墓誌銘并序》（開元十六年二月二日卒，二月十五日葬）："大父履宣，以藝總文房，唐爲寧州刺史。"《全編》"寧州（彭源郡）"卷闕載周履宣，據此誌，周嚴順卒於開元十六年，享年六十四，其祖周履宣曾任寧州刺史，時間約在唐初。

卷一二　關内道　慶州（安化郡、順化郡）

陽惠　貞觀中

《全編》"慶州（安化郡、順化郡）"卷闕載陽惠，據《大周故銀青光禄大夫尚方監陽君（儉）墓誌之銘并序》補。

卷一五　關内道　隴州（汧陽郡）

李元昌　貞觀十七年（643）

《唐故元昌墓誌銘》（貞觀十七年四月六日卒）："貞觀二年授散騎常侍；五年除西韓州刺史，俄遷華州刺史；八年除梁州刺史。十年正月改封漢王、梁州都督；［十］[①]七年隴州刺史，餘封知故。……貞觀

① 據樊波、畢綱考證此處當脱一"十"字，詳見《新見唐〈李元昌墓誌〉考略》，《考古與文物》2006年第1期，第95—96頁。

十七年四月六日，賜死於私第，春秋廿有五。”《全編》“隴州（汧陽郡）”卷未著録李元昌任隴州刺史。據此誌記載，李元昌貞觀十七年任隴州刺史，同年受高陽公主謀逆案牽連賜死。

《全編》據兩《唐書》本傳及《通鑑》等相關記載，著録李元昌任梁州刺史在貞觀十年至貞觀十六年。但據此誌記載，李元昌貞觀五年任西韓州刺史，貞觀八年轉任梁州刺史，貞觀十年又加梁州都督，至貞觀十七年遷爲隴州刺史，可據此補正。

崔確　貞觀中

《唐故漢東郡棗陽縣令博陵崔府君（�）墓誌銘并序》（天寶十載四月十一日卒，十一月十七日葬）：“公諱珣，字珣，博陵郡安平人也。姜姓舊國，世胙東海。則知歸厚之門，保封之閈也。曾祖確，金紫光禄大夫、中書舍人、饒隴穀三州刺史。高門有閱，必固金狄。祖恭禮，銀青光禄大夫，尚真定長公主，延齊易三州刺史。”[①]又，貞元四年（788）七月廿一日《唐故朝議□□□□郡棗陽縣令崔公（珣）墓誌銘并序》：“公諱珣，字珣，定州博陵人也。……曾祖確，金紫光禄大夫、饒穀隴州刺史、博陵郡公。”[②]《全編》據《表》（二下·九·二七九四）所列崔礭，著其於貞觀中刺隴，今據上引二誌所載世系考諸《表》，可知“礭”“確”同字異形。趙望秦在《〈唐刺史考全編〉補遺》[③]一文中因不審世系，不知其中關係，誤補崔確。

① 録文見《補遺》千唐，第 225 頁。

② 録文見《補遺》千唐，第 272—273 頁。

③ 趙望秦《〈唐刺史考全編〉補遺》，趙力光主編《碑林集刊》（十六），第 252—289 頁。

卷一六　關内道　夏州（朔方郡）

黄河壽　約高宗時

《河洛》一九一《故朝議大夫守綏州刺史姚府君（愛同）墓誌銘并序》（開元九年九月廿八日卒，十年二月十日葬）："於是乎授朝議大夫、使持節綏州諸軍事、守綏州刺史。……前夫人江夏黄氏，懷潞等五州刺史、虢國公君漢之孫。銀青光禄大夫、靈夏二州都督河壽之女也。"《文館詞林》卷四五九李百藥《夔州都督黄君漢碑銘一首并序》載黄君漢貞觀六年卒於任上，享年五十二，開元七年立碑之時"嗣子騎都尉河壽"[①]。故《全編》據《通鑑》等著録黄氏之祖君漢武德元年至六年任懷州刺史，貞觀六年前任夔州都督，約貞觀初至六年任潞州刺史。結合此誌推知黄河壽任靈、夏二州都督約在高宗時。

據此誌，姚愛同自綏州刺史任上致仕，開元九年卒，可知其任綏州刺史約在開元初。

皇甫恂　先天元年(712)

《唐故殿中少監錦州刺史皇甫公（恂）墓誌銘并序》（開元十三年十一月卒，十五年八月廿日葬）："屬君盜未除，良士先逐，出爲渭州刺史，又除銀州刺史。……爲朔方道元帥代公所重，揚于旒扆，乃授公使持節都督夏州諸軍事兼押党項突厥諸部卌二蕃。……公直修臣節，不

① [唐]許敬宗編，羅國威整理《日藏弘仁本文館詞林校證》，北京：中華書局，2001年，第204—207頁。

備世疵，出爲萬州别駕，稍轉滎州刺史。……又遷雅州都督。”[①]

《全編》“錦州（盧陽郡）”卷於開元十三年著録皇甫恂，據此誌可知皇甫恂開元十三年出爲錦州刺史，同年卒於任上。又據墓誌所載，并結合穆渭生、耿晨二先生之考證皇甫恂景雲二年（711）出爲渭州刺史，不久遷爲銀州刺史。先天元年（712）升任夏州都督。開元四年（716）出爲萬州别駕，不久之後又遷滎州刺史，隨後遷雅州都督。

《全編》據《太平廣記》所載著録皇甫恂約開元中任綿州刺史，對比此誌，並結合穆、耿二先生之考證，我們發現《廣記》中所載皇甫恂的字及其前期歷官與皇甫恂並不相同，可知《廣記》所載“貶綿州刺史而卒”之皇甫恂與開元十三年卒於錦州刺史任上的皇甫恂並非一人，而《全編》將之比定爲同一人，不確。

《全編》比定《蜀中名勝記》卷一七重慶府之中所著録之皇甫珣（恂）即皇甫恂，並據以著録其曾於開元中任渝州刺史。結合此誌及穆、耿之考證，皇甫恂開元中曾“録功除益州大都督府司馬兼充劍南道支度營田副大使”，並未出任渝州刺史，疑《全編》此條考證不確。

卷一七　關内道　綏州（上郡）

姚愛同　開元九年前

《全編》“綏州（上郡）”卷闕載姚愛同，據《河洛》一九一《故朝議大夫守綏州刺史姚府君（愛同）墓誌銘并序》補。

① 拓片圖版及録文見穆渭生、耿晨《〈唐皇甫恂墓誌〉考述》，成建正主編《陝西歷史博物館館刊》第十三輯，西安：三秦出版社，2006年，第176—184頁。

李涓　天寶六載(747)

《大唐故北海郡千乘縣令盧府君（均芳）墓誌并序》(天寶六載七月廿八日葬)署："太中大夫行上郡太守隴西李涓序，承議郎前行潁川郡司法參軍李興宗銘。"[①]《全編》"綏州（上郡）"卷闕載李涓。此誌署太中大夫行上郡太守隴西李涓序，天寶六載七月廿八日葬，可知其時李涓在任，可補入。

卷一八　關内道　靈州（靈武郡）

黄河壽　約高宗時

《全編》"靈州（靈武郡）"卷闕載黄河壽，據《河洛》一九一《故朝議大夫守綏州刺史姚府君（愛同）墓誌銘并序》補。

卷一九　關内道　鹽州（五原郡）

李釋子　久視初

《河洛》二一〇《唐故嶲州都督李府君（釋子）之墓誌銘并序》(開元九年三月廿九日卒，十八年十二月廿九日葬)："久視初，出牧鹽、甘、肅州刺史，又充玉門軍大使，又充營田、處置等大使。景雲中，持節嶲州都督，又□姚嶲兩州討擊大使，凡三任，徽班十遷。……先天初，敕追赴京，公辭疾長請致仕。"[②]《全編》"鹽州（五原郡）""肅州

---

① 録文見《補遺》千唐，第208—209頁。

② 録文見張乃翥《裴懷古、李釋子、和守陽墓誌所見盛唐邊政之經略》，《西域研究》2005年第2期，第25—33頁。

(酒泉郡)”卷據《千唐誌·唐故左領軍衛執戟李公（佖佖）墓誌銘并序》及《隋唐五代墓誌匯編·陝西卷》第三册《大唐故左監門率上柱國李府君（長雄）墓誌銘并序》之記載，定神龍二年李釋子在肅州刺史任上，推測李釋子任鹽州刺史約在武后長安中，據此誌，李釋子刺鹽州當在久視初。

又，《全編》“嶲州（越嶲郡）”卷據《李佖佖墓誌》之記載推測其任嶲州都督約在景龍中。據此誌，李釋子於景雲中授嶲州都督，先天初罷任致仕，可知其任嶲州都督當在景雲中至先天初。

卷二〇　關内道　會州（會寧郡）

韋衢　約開元末

《河洛》二八二《大唐故正議大夫殿中監閑廄使群牧都使貶南平郡司馬韋府君（衢）墓誌銘并序》(天寶七載八月十日卒，八載二月廿五日葬)：“遷會州刺史。”《全編》“會州（會寧郡）”卷闕載韋衢，據此誌，韋衢終於南平郡司馬任上，天寶元年改州爲郡，會州改會寧郡，誌文言其任會州刺史而非會寧郡太守，疑其刺會州在開元末。

李夷吾　天寶八載(749)前

《河洛》二九一《唐故中散大夫慶王府司馬李府君（夷吾）墓誌銘并序》(天寶八載卒，天寶九載葬)：“又改汝南郡别駕，旋領會寧郡太守，入爲慶王府司馬。……夫人太原王氏，故相州刺史琇之女。”《全編》“會州（會寧郡）”卷闕載李夷吾，據此誌，李夷吾天寶八載卒，終官慶王府司馬，又言其曾任會寧郡太守，時間應在天寶八載之前。

又，《表》（二上·八·二五九九）：“夷吾，竟陵太守。”《全唐文》卷二八二李夷吾小傳：“夷吾，睿宗時官竟陵太守。”《全編》據以繫其任竟陵太守在天寶中。今此誌無李夷吾任竟陵太守之記載，可知《表》所載有誤，《全唐文》小傳當一仍《表》之舊。

又，李夷吾前夫人太原王氏，其父王琇曾任相州刺史，時代約在開元中。

卷二一　關内道　銀州（銀川郡）

皇甫恂　景雲二年（711）

《全編》“銀州（銀川郡）”卷闕載皇甫恂，據《唐故殿中少監錦州刺史皇甫公（恂）墓誌銘并序》補。

武令璋　天寶初至五載（742—746）

《唐故壯武將軍行右司禦率府副率使持節銀川郡諸軍事兼銀川太守充押本郡吐蕃党項使沛縣開國男賜紫金魚袋上柱國武公（令璋）墓誌銘并序》（天寶七載十二月六日卒，十三載閏十一月十一日葬）：“於是明主分憂，出佐外臺，文武之任非不爲。遂拜銀川太守兼部落使。位高知命退就閑，歸里閭而偃息；坐悌（第）宅而婆娑。終以天年壽齡七十有貳，昊不憖，降此鞠凶。天寶七載十二月六日，薨於私悌（第）。”① 《全編》“銀州（銀川郡）”卷闕載武令璋。據是誌，武令璋天寶初任銀川郡太守，又稱其“位高知命退就閑”，大約在七十知天命

① 拓片圖版及録文見王勇剛、白保榮、宿平《新發現的唐武令璋石椁和墓誌》，《考古與文物》2010年第2期，第20—29、68頁。

之年致仕歸里，以誌云“終以天年壽齡七十有貳，昊不憖，降此鞠凶。天寶七載十二月六日薨於私悌（第）”推算，可知其任銀川太守在天寶初至天寶五載。

卷二四　關内道　勝州（榆林郡）

楊思齊　高宗時

《大唐銀青光禄大夫使持節代州諸軍事代州刺史上柱國恒農郡開國公楊君（思齊）墓誌銘并序》（景龍元年九月十二日卒，三年二月十五日葬）：“公諱思齊，恒農華陰人也。……曾祖昇，隨工部尚書、昌樂公。祖峻，隨瀛州刺史。考立，皇朝隆州奉國縣令。……遷朝散大夫、守瓜州刺史，兼玉門等諸軍大使。……制公招慰吐蕃。……使迴，檢校勝州都督，兼遊弈軍大使。……俄丁憂去職，尋起服勝州都督，依前知諸軍事。……拜右領軍衛將軍，兼勝州都督，依前知諸軍事。……遷涼州都督，兼隴右諸軍大使。……遷秦州都督。……拜右武衛將軍，再遷勝州都督，依前知諸軍事。……加銀青光禄大夫，遷代州刺史。……遷瀛州刺史。……再遷代州刺史，封恒農郡開國公，食邑二千户。……乃拜公充天兵中軍大使。……以景龍元年九月十二日遘疾薨于并州陽曲之傳舍，春秋六十有九。”①《全編》僅“瀛州（河間郡）”卷據《表》（一下·八·二三八〇）著録思齊，疑在肅宗時，據是誌，思齊卒於中宗景龍元年九月，享年六十九。其主要活動時期當在高宗、武后時期。

---

① 録文見《補遺》千唐，第108—109頁。

卷二七　隴右道　秦州（天水郡）

李恪　貞觀五年至七年（631—633）

《大唐故恪墓誌銘并序》（永徽四年二月六日卒）："太宗龍德既昇，帝業方遠；唐建茅社，式固磐石，進封蜀王，仍授大都督益、簡、綿、嘉、邛、隆六州諸軍事、益州刺史。……改授都督秦、成、渭、武四州諸軍事、秦州刺史。……七年還，授都督齊、淄、青、莒、萊、密七州諸軍事，齊州刺史。……改封吴王，徙授潭州都督，不行。轉授都督安、隋、温、沔、復五州諸軍事，安州刺史。十一年，又與諸王同，詔代襲安州刺史。……策拜司徒、徙授梁州都督，尋又重授都督安、隋、温、沔、復五州諸軍事，安州刺史。……以永徽四年二月六日罄于有司之别舍。"① 《全編》未著録李恪任秦州刺史。據誌文及鄭炳林等先生之考證，李恪任秦州刺史在貞觀五年至七年。

楊思齊　武后時

《全編》"秦州（天水郡）"卷闕載楊思齊，據《大唐銀青光禄大夫使持節代州諸軍事代州刺史上柱國恒農郡開國公楊君（思齊）墓誌銘并序》補。

① 鄭炳林、張全民、穆小軍《唐李恪墓誌銘考釋與有關問題研究》，《敦煌學輯刊》2007年第3期，第5—22頁。

卷二八　隴右道　成州（同谷郡）

李叔政　元和八年至九年(813—814)

今甘肅省隴南成縣大雲寺有一處唐憲宗元和九年《李叔政題壁》墨跡："元和八年六月十五日，敕授成州刺史、開府兼侍御史李叔政到任。……九年，一境春秋大豐，倉廪盈溢，以其年八月八日設清齋。……開府儀同三司、(使) 持節成州諸 (軍事)、成州刺史，充本州守捉使。"① 《全編》"成州（同谷郡）"卷闕載李叔政，據此題記，李叔政元和八年到任成州刺史，至九年題壁時尚在州刺任上。

卷二九　隴右道　渭州（隴西郡）

皇甫恂　景雲二年(711)

《全編》"渭州（隴西郡）"卷闕載皇甫恂，據《唐故殿中少監錦州刺史皇甫公（恂）墓誌銘并序》補。

竇銓　天寶七載(748)

《唐故朝議大夫隴西郡太守扶風竇府君（銓）墓誌銘并序》(天寶七載六月廿四日卒，十二月六日葬)："公諱銓，字悟微，扶風人也。……遂除隴西郡太守。……以天寶七載六月廿四日寢疾終于郡之官舍，春秋六十有八。"② 《全編》"渭州（隴西郡）"卷闕載竇銓，據此誌，天寶

① 蔡副全《唐〈李叔政題壁〉墨跡考略》,《敦煌研究》2009 年第 2 期,第 45—49、122 頁。

② 録文見《補遺》千唐,第 215 頁。

七載竇銓卒於隴西太守任上。

卷三〇　隴右道　蘭州（金城郡）

吉謙　約貞觀中

《周故靈武軍副使吉公（琯）誌文》（長安元年十一月廿七日卒，二年八月七日葬）："公諱琯，字叔玉，馮翊池陽人也。……曾祖湛，隨光禄少卿、儀同三司、使持節襄州諸軍事、襄州刺史、會昌伯。祖謙，唐河蘭譙三州諸軍事、三州刺史、右驍衛將軍、永寧子。父哲，唐歸忠易三州諸軍事、三州刺史、汾川男。"[①]《全編》"襄州（襄陽郡）"卷據《千唐誌·大唐故朝請大夫尚書司勳郎中吉公（渾）墓誌銘并序》（無明確紀年），著録吉謙約貞觀中仕襄州刺史。據此誌記載，任襄州刺史者並非吉謙，當是吉謙之父吉湛，《全編》有誤。按吉琯，長安元年卒，享年三十八歲，故可推知其祖謙刺河、蘭、譙三州約在貞觀中。

卷三三　隴右道　河州（安鄉郡）

吉謙　約貞觀中

《全編》"河州（安鄉郡）"卷闕載，據《周故靈武軍副使吉公（琯）誌文》補。

① 録文見《補遺》千唐，第 90 頁。

卷三五　隴右道　岷州（和政郡）

趙德明　麟德元年至總章中(664—)

《大唐故邛州刺史趙府君（德明）墓誌銘并序》（咸亨三年三月十一日卒，四年十一月十五日合葬）："公諱德明，字德琳。晉國南陽人也。……曾祖鸞，後魏成皋郡丞。祖賢，周滎陽大中正。父紹恭，……永徽初，授蘭州都督府司馬。……龍朔中，授靈州都督府長史。……麟德年，除岷州刺史，仁飆載洽，膏液斯霑，何篘騎之獨嘉，匪梧禽之可尚。二年，朝宗泰岳，加中大夫。……總章中，遷邛州刺史。……以咸亨三年四月十一日遘疾薨于邛州之官舍，春秋七十有三。"① 《全編》"岷州（和政郡）"卷未載趙德明任岷州刺史，據此誌，趙德明麟德元年任岷州刺史，至總章中轉邛州刺史，咸亨三年卒於任上。

卷三六　隴右道　廓州（寧塞郡）

殷平　光宅之後

《邙洛》九三《大周左監門衛將軍上柱國陳郡開國公殷府君（平）墓誌銘》（聖曆二年六月十四日卒，聖曆三年一月十一日葬）："光宅之後，頻殄西蕃，授右監門衛將軍、積石軍經略大使、檢校廓州刺史、兼知營田事。"《全編》闕載殷平任廓州刺史。據此誌，殷平光宅後任

① 鄭州市文物考古研究院《河南滎陽唐代邛州刺史趙德明墓》,《文物》2010 年第 12 期，第 43—51 頁。

廓州刺史。

又，毛陽光據洛陽師範學院圖書館藏未刊《殷善征墓誌》之記載："父平，左右監門二將軍、相州刺史、陳郡公。"推測殷平約武后時任相州刺史。[1]但此誌並無殷平任相州刺史之記載，僅云殷平於光宅之後任廓州刺史、積石軍經略大使，不知孰是，存疑。

崔思忠　神龍元年至景龍二年(705—708)

《大唐故中大夫使持節廓州諸軍事廓州刺史上柱國崔公（思忠）墓誌銘并序》："神龍元年，制除廓州刺史，兼知積石軍事。……景龍二年九月七日，薨於積石軍之公館，享年六十有三。"[2]《全編》闕載崔思忠任廓州刺史，據此誌，神龍元年任廓州刺史，景龍二年卒於任上。

卷三七　隴右道　疊州（合川郡）

武令璋　開元十四年(726)

《唐故壯武將軍行右司禦率府副率使持節銀川郡諸軍事兼銀川太守充押本郡吐蕃党項使沛縣開國男賜紫金魚袋上柱國武公（令璋）墓誌銘并序》（天寶七載十二月六日卒，十三載閏十一月十一日葬）："上帝封禪，制命鎮單于副都護。……又換疊、莨貳刺史……忽西戎南越，

① 毛陽光《〈唐刺史考全編〉新補訂》，第 36 頁。

② 録文見《補遺》八，第 365—367 頁，拓片圖版及録文見趙力光主編《西安碑林博物館新藏墓誌彙編》一四〇，北京：綫裝書局，2007 年，第 353—356 頁。又，王其禕、王京陽《〈唐崔思忠墓誌〉考釋》，周天游主編《陝西歷史博物館館刊》第十一輯，西安：三秦出版社，2004 年，第 196—203 頁。

勞我王師。公被甲前驅，麾戈直進。”[①]《全編》闕載武令璋任疊州刺史，“上帝封禪”即開元十三年（725）唐玄宗封禪泰山一事，兩《唐書·玄宗紀》均載，而“忽西戎南越，勞我王師”當指開元十六年，吐蕃進攻瓜州一事。可知武令璋任疊州刺史當在開元十四年至十六年。誌文又載其曾任莨州刺史，莨州不見史載，《新發現的唐武令璋石椁和墓誌》一文認爲系芳州之誤，姑存疑待考。

卷三九　隴右道　凉州（武威郡）

王守節　武德初

《河洛》一二〇《大周故朝散郎檢校潞州司户參軍琅邪王君（紹文）墓誌銘并序》（天授二年正月十八日卒，聖曆二年十月三日葬）：“父守節，唐涼州總管、上柱國、吴興郡開國公。”《全編》“涼州（武威郡）”卷闕載王守節，唐武德二年曾於涼州置總管府，七年改爲都督府。[②]故此誌所載王守節任涼州總管當在唐初武德二年至七年之間。

卷四〇　隴右道　甘州（張掖郡）

郭意　約武德中

《河洛》一五四《大唐故寧遠將軍郭府君（小師）墓誌銘并序》

---

① 拓片圖版及録文見王勇剛、白保榮、宿平《新發現的唐武令璋石椁和墓誌》，第20—29、68頁。

② ［後晉］劉昫等《舊唐書》卷四〇《地理志三》：“涼州中都督府 隋武威郡。武德二年，平李軌，置涼州總管府，管涼、甘、瓜、肅四州。……七年，改爲都督府，督涼、肅、甘、沙、瓜、伊、芳、文八州。”北京：中華書局，1975年，第1640頁。

(卒年不詳，景龍三年十二月廿日葬)：“祖意，唐任定遠將軍，制授綏州刺史，遷甘州諸軍事、甘州刺史。”《全編》“甘州（張掖郡）”卷闕載郭意，據此誌推之，郭意約武德中任甘州刺史。

翁郜　中和元年至四年(881—884)

《京兆翁氏族譜》收《賜勞翁郜敕》云：“敕静難軍節度使河西防禦使押番落等使、朝散大夫檢校兵部尚書上柱國賜紫金魚袋翁郜：右前件官，……自頃爲涼州都防禦使判官；五年改授甘州刺史，八載復攝涼州防禦使并正授。十餘年吮血同甘，能致人之死力。……龍紀元年四月十六日王尚父行。”[①]《全編》“甘州（張掖郡）”卷未著録翁郜，李軍先生據此敕考證翁郜任甘州刺史的時間在中和元年至四年。[②]

卷四二　隴右道　瓜州（晉昌郡）

楊思齊　高宗時

《全編》“瓜州（晉昌郡）”卷闕載楊思齊，據《大唐銀青光禄大夫使持節代州諸軍事代州刺史上柱國恒農郡開國公楊君（思齊）墓誌銘并序》補。

---

① 翁忠言、翁金水《京兆翁氏族譜》,《京兆翁氏族譜》編輯理事會,1994年,第185頁。

② 李軍《晚唐政府對河西東部地區的經營》,《歷史研究》2007年第4期,第27—41頁。

卷五六　河南道　宋州（睢陽郡）

赫連欽若　開元中

《全編》“宋州（睢陽郡）”卷闕載赫連欽若，據《邙洛》一二六《皇唐故坊州刺史赫連府君（欽若）墓誌銘并序》補。

李鶚　乾元中

《河洛》四〇九《唐故中大夫澤州刺史贈光禄卿工部尚書太子少傅李府君（鶚）墓誌銘并序》（興元元年四月廿六日卒，大和八年五月十六日葬）：“洎天人嗣位，上皇尅復，擢拜郢州刺史。無幾，累轉朗、辟（壁）、歸、巴等四州刺史。……乾元中，稍遷宋州刺史。……征拜光禄少卿，束帶立朝，休問日著，改爲洋州刺史，尋加中大夫，再遷澤州刺史。……無何除替，入覲京師，會朱玼（泚）之亂，乘輿西幸，公奔赴行在，爲亂兵所隔，遂間道歸懷州，以興元元年四月廿六日遘疾薨于家。……有子四人，曰尚，台州臨海令；曰逈，前郢州刺史；曰恬，前道州刺史；曰怡，大理評事、攝監察御史。”《全編》僅據《通鑑·大曆十四年》之記載僅著録李鶚任澤州刺史，據此誌，李鶚在肅宗初任郢州刺史，至德中轉朗、辟（壁）、歸、巴等四州刺史；乾元中遷宋州刺史；約在大曆中改爲洋州刺史。其子李逈，亦曾任郢州刺史，據此誌推，時間約在大曆中。第三子李恬，曾任道州刺史，時間約在大曆年間。

卷五九　河南道　許州（潁川郡）

曹汾　咸通九年至十四年（868—873）

《河洛》四五八《唐故天水趙氏（善心）墓誌》（咸通九年十一月廿四日卒，十二月七日葬）："不幸遘疾，以咸通九年歲次戊子十一月廿四日終于許州之使宅。……忠武軍節度使、檢校禮部尚書、兼許州刺史、御史大夫、賜紫金魚袋曹汾記。"《全編》"許州（潁川郡）"卷據兩《唐書·曹確傳》及《登科記考》等相關記載，考證曹汾任許州刺史在約咸通十年至十四年。據此誌，曹汾咸通九年已在許州刺史任上。

卷六〇　河南道　陳州（淮陽郡）

赫連欽若　開元中

《全編》"陳州（淮陽郡）"卷闕載赫連欽若，據《邙洛》一二六《皇唐故坊州刺史赫連府君（欽若）墓誌銘并序》補。

卷六一　河南道　豫州（汝南郡、蔡州）

盧照己　神龍中

《唐故銀青光禄大夫金州刺史上柱國盧君（照己）墓誌銘并序》（開元十一年九月一日卒）："神龍初，遷復州刺史，以良政聞。……尋遷光禄少卿，出爲豫州刺史。……開元初，有司明白，制還舊資，授房州刺史，加銀青光禄大夫，授金州刺史，七年遇疾罷郡，歸於洛京。”[①]《全編》未著録盧照己任復、豫、房、金四州刺史。據是誌，盧照己神龍初年任復州刺史，後轉爲豫州刺史，開元初任房州刺史，尋轉金州刺史，開元七年罷職。

楊仲嗣　天寶五載(746)

《唐故銀青光禄大夫前汝南郡太守楊公（仲嗣）墓誌銘并序》（天寶十載二月三日卒，十月十一日葬）：“有唐天寶十載二月既望越四日壬申，銀青光禄大夫、趙郡别駕、魏國公楊公終于位。……外除，歷……高密、閬中、淄川、汝南四郡太守。……十佐大郡，四典雄藩。……夫人，魏國夫人，趙郡李氏，皇朝給事中崇德之孫，鄂州司户諶之子，銀青光禄大夫大理卿、荆州長史、山南按察使誠之姪女也。……春秋五十九，天寶五載正月廿四日，薨于汝南郡官舍。”[②]《全編》“密州(高密郡)”卷據《舊唐書·楊元琰傳》之附傳所載收録，並以楊元琰之卒年推之，疑其刺密約在肅宗時。今據此誌可知，楊仲嗣曾先後任高密、閬中、淄川、汝南四郡守。其妻天寶五載卒於汝南郡官舍，其時楊仲嗣當在汝南郡太守任，其刺高密、閬中、淄川應在此前，其刺密州不在肅宗時，而在天寶五載之前，或開元末。又，《全編》不載其任閬中、淄川、汝南三郡太守。

---

① 洛陽市第二文物工作隊《洛陽唐盧照已墓發掘簡報》,《文物》2007 年第 6 期,第 4—8 頁。

② 拓片圖版及録文見《河南貳》三一四。

卷六二 河南道 潁州（信州、汝陰郡）

崔尚 開元十八年(730)

《唐故陳王府長史崔君（尚）誌文》（天寶四載七月九日卒，十月十三日葬）："無何，外轉竟陵郡太守。……尋授汝陰郡太守，其政化復如竟陵焉。……出牧東平郡。歲餘，授濟王府司馬。改通川郡太守，以疾不之任，授陳王府長史。不樂王官，其疾轉殛，以天寶四載七月九日終于京師静恭里之私第。"[①]又，《唐故閬州奉國縣令鄭府君（融）靈誌文》（開元十八年合葬）此誌撰人爲潁州刺史崔尚。[②]《全編》"潁州（信州、汝陰郡）"卷闕載崔尚，據此二誌，崔尚開元十八年在任潁州刺史。

魏中庸 大中三年至六年(849—852)

《唐故舟濟律師墓誌銘并叙》（大中四年二月十二日卒，四月十二日葬）署"兄朝散大夫使持節潁州諸軍事守潁州刺史充本州團練使上柱國賜紫金魚袋中庸撰"："師號舟濟，魏氏姓。……己巳歲，其兄爲汝陰守，師隨嫂姪至郡。"[③]《全編》"潁州（信州、汝陰郡）"卷未著録魏中庸任潁州刺史，僅"亳州（譙郡）"卷據《全唐文》卷七四八杜牧《李暨除絳州刺史魏中庸除亳州刺史等制》著録魏中庸於大中六年刺亳州，據此誌可知魏中庸於大中己巳歲（三年）刺潁州，六年轉爲亳州刺史。

---

① 拓片圖版及録文見郭茂育《唐崔尚墓誌略考》，楊作龍、趙水森等編著《洛陽新出土墓誌釋録》，北京：北京圖書館出版社，2004年，第107—115頁。録文見《補遺》九，第364—365頁。

② 石藏山東桓臺拿雲美術博物館，録文見《補遺》九，第356—357頁。

③ 石藏山東桓臺拿雲美術博物館，拓片圖版及録文見劉建、任秀珍《唐魏舟濟律師墓誌考釋》，《書法叢刊》2006年第2期，第39—55頁。録文見《補遺》九，第413頁。

卷六三　河南道　亳州（譙郡）

吉謙　約貞觀中

《全編》"亳州（譙郡）"卷闕載吉謙，據《周故靈武軍副使吉公（琯）誌文》補。

卷六七　河南道　濮州（濮陽郡）

李弁　開元十七年（729）

《河洛》二〇四《唐故華州司馬李府君夫人段氏墓誌銘并序》（開元十七年二月卒，二月廿二日葬）："開元十七年二月，遇疾終於洛陽縣興藝里私第，時年七十二，嗚呼哀哉！嗣子濮州刺史弁，悲摧欒棘，思結寒泉。"《全編》"濮州（濮陽郡）"卷未著録李弁，據此誌，李弁開元十七年在濮州刺史任上。

卷六八　河南道　曹州（濟陰郡）

許臨　先天元年至開元二年（712—714）

《河洛》一六七《唐故銀青光禄大夫使持節曹州諸軍事曹州刺史上柱國潁川縣開國男許公（臨）墓誌銘并序》（開元二年十一月廿八日卒，三年七月廿三日葬）："太上皇樓居，……天子休之，加銀青光禄大夫、使持節曹州諸軍事、曹州刺史。……享年五十三，以開元二年歲次甲寅十一月乙酉朔廿八日壬子啓手足于公館。”[①]《全編》未著録許臨任曹州刺史。是誌載許臨於玄宗即位之初任曹州刺史，開元二年卒於任上。

卷六九　河南道　兖州（魯郡）

褚庭詢　天寶七載前

《唐故正議大夫行歷陽郡太守上柱國舒國公褚府君（庭詢）墓誌銘并序》(天寶七載三月十七日卒,十一月十八月葬)：“公有牧人之術，願從出守，果得雄藩。遂除常山郡太守兼恒陽軍使，……换魯郡太守，……一年之間，人吏莫犯。……群邪作計，經使薄言，公以其違約，笞而致斃。使司准法，遽以上聞。主上以事不緣私，特從寬宥，除歷陽郡太守，從輕貶也。……下車之政，不失常調，忽遘微疾，奄至大漸。……以天寶七載三月十七日薨於郡之官舍，春秋六十有六。”[②]誌主褚庭詢，玄宗朝著名文士褚無量之長子，天寶中歷任常山、魯、歷陽三郡太守，《全編》“兖州（魯郡）”卷闕載褚庭詢，顧飛考證其任魯郡太守當在天寶中，然據墓誌所載其天寶七載卒於歷陽太守任上，可知之前所任魯郡太守當在天寶七載之前。

---

① 録文及相關考證參韋娜、趙振華《賀知章撰許臨墓誌跋》,《河南科技大學學報(社會科學版)》2005 年第 1 期,第 23—25 頁。

② 顧飛《洛陽出土唐褚庭詢墓誌考釋》,《洛陽師範學院學報》2009 年第 1 期,第 28—30 頁,文中亦有相關考證,今據之補充。

卷七〇　河南道　沂州（琅邪郡）

李志　久視元年（700）

《河洛》一四五《唐故使持節沂州諸軍事沂州刺史李府君（志）墓誌銘》（久視元年九月十一日卒，景龍二年十一月二日葬）："尋而暴嬰風疹，屢乞骸骨，特降恩旨，加朝議大夫、使持節沂州諸軍事、沂州刺史，兼賜錦袍、雜綵及絹百段。……因奉計入途，次徐方，以久視元年九月十一日終于彭城之北館。"《全編》據《表》（二上·八·二四八八）所列世系推測李志任沂州刺史約在武后時期，未繫具體年月。據此誌，李志久視元年在任沂州刺史，卒於當年入計京師途中。

卷七一　河南道　密州（高密郡）

楊仲嗣　天寶五載前

《全編》"密州（高密郡）"卷所繫時間有誤，據《故銀青光禄大夫前汝南郡太守楊公（仲嗣）墓誌銘并序》正之。

陽濟　廣德元年（763）

《河洛》三一三《大唐故懷州武陟縣令愛州長史陽公（璡）墓誌銘并序》（廣德元年十月十五日改葬）："以廣德元年十月十五日改葬合祔。……公之嗣孫朝散大夫、攝侍御史、密州刺史濟。"《全編》"密州（高密郡）"卷載陽濟任密州刺史約在廣德二年。據是誌，廣德元年陽濟已在密州刺史任上。

卷七三　河南道　齊州（臨淄郡、濟南郡）

李恪　貞觀七年至十年（633—636）

《全編》“齊州（臨淄郡、濟南郡）”卷僅據《新唐書·李恪傳》著録李恪刺齊州在貞觀十年前。《大唐故恪墓誌銘并序》載：“七年還，授都督齊、淄、青、莒、萊、密七州諸軍事齊州刺史。”李恪任齊州刺史當在貞觀七年至貞觀十年。

卷七四　河南道　淄州（淄川郡）

李迪　開元初

《唐故通議大夫宗正少卿上柱國隴西李府君（迪）墓誌銘并序》（開元十四年七月十一日卒，十一月八日葬）：“公諱迪，字季珍，隴西成紀人也。……郯王，上之愛子也。金輅以封，遂荒東海。曳裾藩邸，允屬端僚。遂除爲司馬。外轉淄州刺史。……夫人清河崔氏，延州刺史行温之女也。……以久視元祀，先公而逝。”[①]《全編》“淄州（淄川郡）”卷闕載李迪。據誌文所載，李迪先任郯王府司馬，後外轉淄州刺史，時間約在開元初。

又，《全編》“延州（延安郡）”卷據《表》（二下·九·二七六八）所載懷疑崔行温任延州刺史在開元中，但據此誌，崔行温之女爲李迪之妻，卒於久視元年，行温任職不可能在開元中，當在高宗、武后時爲宜。

---

① 録文見《補遺》千唐，第145—146頁。拓片圖版及録文見《河南叁》一一〇。

楊仲嗣　天寶五載前

《全編》"淄州（淄川郡）"卷闕載楊仲嗣，據《故銀青光禄大夫前汝南郡太守楊公（仲嗣）墓誌銘并序》補。

卷七五　河南道　濟州（濟陽郡）

杜萬　約高宗時

《河洛》二八一《唐故濮陽郡臨濮縣令杜府君（暄）墓誌銘并序》（天寶七載十月五日卒，十一月廿四日葬）："皇濟州刺史曰萬之曾孫。"《全編》"濟州（濟陽郡）"卷闕載杜萬任濟州刺史。杜萬孫杜暄爲玄宗時人，據此其任濟州刺史約在高宗時。

來景暉　約中宗、睿宗時

《河洛》一七四《大唐故銀青光禄大夫饒州刺史來府君（景暉）墓誌銘并序》（開元五年七月十日卒，六年正月十一日葬）："父恒，……忠、硤（峽）二州刺史。……益州大都督府長史。……（景暉）國子明經擢第，……銀青光禄大夫，濟、饒二州刺史，以親累，謫郴州別駕。"《全編》"濟州（濟陽郡）"卷闕載來景暉，是誌載來景暉開元五年卒，時年七十歲，任濟州刺史約在中宗、睿宗時。

又，《全編》"益州（蜀郡、成都府）"卷據《楊炯集》卷四《大唐益州大都督府新都縣學先聖廟堂碑文并序》之記載著録來恒於高宗時任益州都督，此誌云其曾任忠、峽二州刺史，益州大都督府長史，非都督也，當據誌以正之。

卷七七　河南道　萊州（東萊郡）

袁建康　天寶十二載(753)

《河洛》二九七《扶風竇氏汝南袁夫人墓誌銘并序》（天寶十一載七月十一日卒，十二載五月二日葬）：“父建康，今東萊郡太守。”《全編》據《姓纂》及《表》（四下·一〇·三一六四）所列世系，著録袁建康天寶中任淮陽郡太守，不載其任東萊郡太守。據是誌所叙，天寶十二載撰誌時，袁建康在任東萊郡太守。

卷七八　河南道　登州（東牟郡）

竇庠　貞元中

《河洛》三八五《唐故朝散大夫守國子司業上柱國扶風竇公（牟）墓誌銘并序》（長慶二年二月四日卒，八月十四日葬）署“第五弟朝議郎前使持節都督登州諸軍事守登州刺史賜緋魚袋庠書”：“長慶二年二月丙寅，以疾卒，其年八月十四日葬。”《全編》據《舊唐書》本傳、《表》（一下·八·二三三一）、《全唐文》卷七六一褚藏言《竇庠傳》等記載考證其刺登州在長慶二年，並以《唐才子傳》卷四《竇庠傳》所載其任登州刺史在貞元中爲非。但據此誌，長慶二年其兄竇牟卒時，竇庠書誌時自署“第五弟朝議郎前使持節都督登州諸軍事守登州刺史賜緋魚袋庠書”，“前”字已明言其時竇庠已不在登州刺史任上，《唐才子傳》當另有所據，所載或不誤。

卷八二　河東道　慈州（汾州、南汾州、文城郡）

李問政　開元初

《大唐正議大夫行鄭州別駕李公（問政）墓誌銘并序》（開元八年八月廿四日卒，十一月十一日葬）："公諱問政，字就列，隴西成紀人也。……高祖穆，隋太師、申國公。曾祖辯，儀同三司。祖琮，井陘令。父敬止，皇朝衞州司馬。……年十有九，鄉貢進士對策上第。廿三，解褐扶溝尉，丁艱去職。……以疾辭劇，出守慈州刺史。居無何，復除和州刺史。以所部縣令犯臟，貶授鄭州別駕。司彼列郡，惠于蒸人。導之以德，齊之以禮。所居而理，所去見思。……在官數年，以疾取急還于東都。長子新安主簿韶，奉迎就養。開元八年八月廿四日，終於新安縣之官舍，春秋六十有九。"[①]《全編》"和州（歷陽郡）"卷據《大唐故右金吾衞胄曹參軍隴西李府君（符彩）墓誌銘并序》之相關記載，推斷李問政任和州刺史約和崔日用任汝州刺史同時，約在開元六七年。但據此誌，李問政在數任中央官職之後，"以疾辭劇，出守慈州刺史。居無何，復除和州刺史"，任和州刺史時又因受下屬官員犯臟牽連，被貶鄭州別駕，後"在官數年，以疾取急還于東都。長子新安主簿韶，奉迎就養"，開元八年八月廿四日卒。據此推之，李問政任和州刺史當在其卒數年之前，當早於開元六七年，應在開元初年。之前曾任慈州刺史，《全編》"慈州（汾州、南汾州、文城郡）"卷亦闕如，當據補。

① 録文見《補遺》千唐，第134—135頁。拓片圖版及録文見《河南叁》一〇二。

李元璥　？至開元十八年（？—730）

《朝議大夫守濟州刺史李府君（元璥）墓誌銘并序》（開元廿九年三月壬辰卒，四月十一日葬）："曾祖仲舉，皇朝晉州別駕。祖行師，皇朝邛州刺史。父玄運，皇朝隨州隨縣令。……制授慈州刺史，至開元十八年三月二日，請致政於君，優詔從其所尚。全真去郡，半禄歸家。……至開元廿七年七月五日，優制拜濟州刺史，依前致仕，享年有永，天禄不窮。……男朝議郎前行延王府録事參軍推。男通直郎前行河南府新安縣尉損。男宣義郎前行涼王府參軍事振。……女十五娘，隴西縣君，壁州刺史范陽盧守直妻。"① 《全編》"濟州（濟陽郡）"卷據《表》（二上·八·二四六二）著録李元璥，推其任濟州刺史職約在武后時。據此誌所載，李元璥開元中授慈州刺史，開元十八年致仕去職。《全編》"慈州（汾州、南汾州、文城郡）"卷闕載，亦可據補。

又，李元璥開元廿七年七月五日，優制拜濟州刺史，但是此時其早已致仕於家，當是榮銜，並未就任，故當於《全編》"濟州（濟陽郡）"卷删去李元璥條。

鄭叔度　貞元中

《唐故朝議郎都督夔州諸軍事守夔州刺史賜緋魚袋滎陽鄭公（叔度）夫人昌黎韓氏合祔墓誌銘并序》（元和五年八月廿日卒，六年正月十四日合葬）："出拜慈州刺史。……下車五年，化洽戎羯。……無何，出拜夔州

---

① 拓片圖版及録文見《河南貳》二七四。又，李元璥妻鄭氏墓誌亦出，拓片圖版及録文見《河南貳》二七三。

刺史。……以元和五年八月廿日寢疾薨于夔州州官舍。”[①]《全編》“慈州（汾州、南汾州、文城郡）”卷闕載鄭叔度，據此誌，鄭叔度曾任慈州刺史五年，時間約在貞元中，後元和初轉任夔州刺史，元和五年卒於任上。

卷八六　河東道　潞州（上黨郡）

姚峸　開元十九年之前

《大唐故太中大夫使持節冀州諸軍事守冀州刺史上柱國姚君（峸）墓誌文并序》（開元十九年十二月十一日卒，廿年二月廿四日葬）：“君諱峸，字峸，有虞之後。永嘉中，南遷吴興，因官徙地，今爲吴興郡人也。曾祖昂，靈府都督。祖義節，秘書丞。父仁囧，太子洗馬。……（姚峸）復陟京兆少尹，出典潞冀二牧。”[②]《全編》“潞州（上黨郡）”卷闕載姚峸，據此誌，姚峸開元十九年卒，終官冀州刺史，其刺潞、冀應在開元中，十九年之前。

卷八七　河東道　澤州（高平郡）

徐太玄　長安二年(702)前

《河洛》一二八《唐故壯武將軍高平徐府君（慈政）墓誌銘并序》（麟德二年十月廿六日卒，長安二年五月七日葬）：“息麟臺少監、澤州刺史太玄。”《全編》“澤州（高平郡）”卷未著録徐太玄，徐慈政卒於

① 石藏山東桓臺拿雲美術博物館，録文見《補遺》九，第388—389頁。

② 録文見《補遺》千唐，第163頁。

麟德二年，葬於長安二年，此誌爲其子澤州刺史徐太玄所撰。

卷八八　河東道　儀州（遼州、箕州、樂平郡）

竇誠盈　天寶中

《邙洛》二〇四《唐故右衛兵曹参軍攝衛尉寺主簿充軍器判官扶風竇府君（展）墓誌》（乾元初卒，大曆十四年二月五日葬）："府君諱展，字伯良，其先扶風人也。……祖諱誠盈，銀青光禄大夫，青、棣、儀三州刺史。"毛陽光先生[①]據《補遺》七所收録文[②]補竇誠盈任棣、義二州刺史。但據《邙洛》所刊拓片圖版，"義"乃"儀"之訛，實竇誠盈刺"儀州"而非"義州"。

楊魏成　武后初

《大唐故正議大夫使持節滁州刺史楊府君（魏成）墓誌銘并序》（開元十三年二月廿日卒，十五年二月廿九日葬）："周廟登臨，誠盈宥器。拜使持節儀州諸軍事、儀州刺史，轉滁州刺史。"[③]《全編》"滁州（永陽郡）"卷據《表》（一下·八·二三八二）所載疑楊魏成刺滁州在武后時。據此誌，武周建立，楊魏成先任儀州刺史，後轉滁州刺史。

---

① 毛陽光《〈唐刺史考全編〉再補訂》，第65頁。

② 録文見《補遺》七，第397頁，又《補遺》八重收，第408—409頁。拓片圖版見《續編》一七八。

③ 録文見《補遺》千唐，第149—150頁。

卷八九　河東道　太原府（并州）上

李慎名　天寶中

《全編》"太原府（并州）上"卷闕載李慎名，據《唐故洪州高安縣令李府君（悉）墓誌銘并序》補。

卷九一　河東道　代州（雁門郡）

楊思齊　武后時

《全編》"瀛州（河間郡）"卷據《表》（一下·八·二三八〇）所載，推測楊思齊任瀛州刺史在肅宗時，據《大唐銀青光禄大夫使持節代州諸軍事代州刺史上柱國恒農郡開國公楊君（思齊）墓誌銘并序》，楊思齊卒於景龍元年，故《全編》推測年代有誤，楊思齊約在武后時任代州刺史。

卷九二　河東道　蔚州（安邊郡、興唐郡）

陳福　高宗時

《河洛》二七四《大唐故大理評事陳府君（居）墓誌銘并序》（天寶四載十一月六日卒，十二月廿二日葬）："祖諱福，使持節蔚州諸軍事蔚州刺史兼大同軍使。"《全編》闕載陳福任蔚州刺史。以時代推之，陳福任蔚州刺史約在高宗時。

卷九五　河東道　石州（昌化郡）

王師忠　貞觀九年至十五年(635—641)

《邙洛》五五《唐故員外散騎常侍石州刺史饒安縣男王使君（師忠）墓誌》（貞觀十五年八月卒，十月廿一日葬）：“貞觀四年，詔以君爲静州諸軍事静州刺史。……九年，詔授石州諸軍事石州刺史。……十五年八月入計，行至潞州，遘疾終於公館，春秋七十有三。”《全編》未著録王師忠任石州刺史。據是誌，王師忠貞觀九年任石州刺史，貞觀十五年八月卒於入計京師途中。

雲遂　開元初

《河洛》二九九《唐故朝議大夫泉州刺史上柱國鄱陽縣開國男雲府君（遂）墓誌銘并序》（開元廿六年正月五日卒，天寶十二載八月四日葬）：“皇考漢州刺史、少府監、右金吾大將軍、隴西公諱昌。……（雲遂）一考除石州刺史，……兩考丁太夫人憂，創臣之容過於初禮。尋除金州刺史，河獸纔渡、江珠欲還，又除辰州都督。……開元中，移睦州别駕。……制除泉州刺史。……未幾，奉賜告之，詔移疾洛師，以開元廿六年正月五日終于東京永豐里私第。”《全編》“泉州（豐州、武榮州、清源郡）”卷僅著録雲遂於開元中任泉州刺史。據此誌，雲遂開元初任石州刺史，開元中任金州刺史、辰州都督。

卷九六　河東道　朔州（馬邑郡）

張玄　高宗時

《河洛》一六五《唐故朝散大夫行洋州長史李府君（正本）墓誌銘并序》（開元二年五月廿三日卒，十一月六日葬）："時有朔州刺史張玄受贓至鉅萬，累按不得情。高宗問法官誰可爲使，刑部郎中狄仁傑薦公。"《全編》"朔州（馬邑郡）"卷闕載張玄，據是誌，高宗朝有朔州刺史張玄，因受贓被按。

卷一〇〇　河北道　相州（鄴郡）

王琇　開元中

《全編》"相州（鄴郡）"卷闕載王琇，據《河洛》二九一《唐故中散大夫慶王府司馬李府君（夷吾）墓誌銘并序》補。

卷一〇一　河北道　衛州（汲郡）

夏侯昇　元和十五年或長慶元年（820或821）

《河洛》三九〇《唐故銀青光禄大夫檢校太子詹事陳州長史兼侍御史食邑三百户譙郡開國男夏侯公（昇）墓誌銘并序》（長慶四年七月二日卒，十一月廿五日葬）："洎相國李公節制魏郡，聞天請公，詔從之。遷澶州長史兼太子詹事。時幽鎮阻兵，衛州當賊之要衝，藉公鎮撫，又以公攝衛州刺史。後從相國入覲。"《全編》"衛州（汲郡）"卷闕載夏侯昇，誌中之相國李公當是元和十五年十月至長慶元年九月任魏博等州節度觀察等使的李愬，[①]可知夏侯昇攝衛州刺史當在元和十五年或長慶元年。

【爾朱杲 長壽三年(694)前(不之任)】

《河洛》一三四《大周故秋官尚書秀容縣開國男爾朱府君（杲）誌石文》（長壽三年正月廿四日卒，長安三年十月三日葬）："（爾朱杲）坐來俊臣事，改授衛州刺史，不之任，致仕于家。"《全編》"衛州（汲郡）"卷闕載爾朱杲，是誌載爾朱杲在武后時貶衛州刺史，當在長壽三年前。

卷一〇二 河北道 貝州（清河郡）

張紹貞 開元廿一年(733)

《河洛》二一八《唐故中散大夫行博州長史上柱國丹陽陶府君（貢）墓誌銘并序》（開元廿一年五月廿七日卒，十月四日葬），是誌署"通議大夫守貝州刺史上柱國張紹貞撰"。《全編》"貝州（清河郡）"卷未著録張紹貞，據此可補。

① 吴廷燮《唐方鎮年表》卷四《魏博》，北京：中華書局，1980年，第608—609頁。

卷一〇五　河北道　趙州（趙郡）

衡守直　？至開元四年（？—716）

《大唐故仙州刺史衡府君（守直）墓誌銘并序》（開元六年八月廿八日卒，九年二月七日合祔）："臨淄衡公諱守直，字守直。……公則隨本［郡］大中正、唐贈青齊淄三州刺史挺之曾孫，唐左監門將軍、嵐朔翼渭四州刺史、長山公長孫之孫，朝議大夫、上柱國、伊州刺史義整之子也。……十八，旋本郡，應賓舉。允矣人望，揚于王庭。曾謂移官，克施從政。調補滄州胡蘇尉。無何，刺史陳敬之薦公英材傑出，對策昇科。……尋拜趙州刺史。往以漢軍北撓，胡騎南驅。……時相國源公，敕河北賑給。美我州化，聞乎帝庭，特拜仙州刺史。夫仙州者，新造之邦也。……以開元六年八月廿八日薨于仙州官舍，享年六十有五。"[①]據此誌，衡守直在開元六年卒官，誌中的相國源公當指開元四年十一月至閏十二月，開元八年三月至十七年兩度出任宰相的源乾曜，以守直卒年推之其時當在開元四年，故衡守直任仙州刺史當在開元四年至六年，其任趙州刺史在開元四年之前。又，任仙州之前曾任趙州刺史，《全編》"趙州（趙郡）"卷亦闕如，可據補。

① 録文見《補遺》千唐，第135—136頁。

卷一〇六　河北道　恒州（常山郡、鎮州）

仇克義　開元初至開元十年（722）

《大唐故銀青光禄大夫恒州刺史上柱國湖城縣開國公仇府君（克義）墓誌銘并序》（開元十年十一月三日卒，十一年四月三日葬）："景雲初，加雲麾將軍。數歲，授滄州刺史，轉左衛將軍。又除恒州刺史，加湖城縣開國公。……朝廷將别加擢用，未拜職，以開元十年十一月三日遇暴疾薨於洛陽縣通遠坊之私第，春秋六十有五。"[①]《全編》"恒州（常山郡、鎮州）"卷據《唐文拾遺》卷四九沙門邈《大唐本願寺三門之碑》相關記載，及《常山貞石志》《金石補正》諸書所考之立碑年代，又結合《元和姓纂四校記》之相關記載，定仇克義任恒州刺史當在開元十三年之後，其後移刺滄州，實誤。據是誌記載其於開元初任滄州刺史，後移刺恒州，開元十年罷任後未及改任而遇暴疾薨於家。亦可修正諸書對《大唐本願寺三門之碑》所立年代之考證，應在開元初期。

褚庭詢　天寶初

《全編》"恒州（常山郡、鎮州）"卷闕載褚庭詢，顧飛據《唐故正議大夫行歷陽郡太守上柱國舒國公褚府君（庭詢）墓誌銘并序》考其在天寶初。

---

① 誌藏山東桓臺拿雲美術博物館，録文見《補遺》九，第354—355頁。

卷一〇七　河北道　冀州（魏州、信都郡）

姚晠　開元十九年(731)之前

《全編》"冀州（魏州、信都郡）"卷闕載姚晠，據《大唐故太中大夫使持節冀州諸軍事守冀州刺史上柱國姚君（晠）墓誌文并序》補。

卷一〇八　河北道　深州（饒陽郡）

蕭齡之　貞觀五年至八年(631—634)

《全編》"深州（饒陽郡）"卷闕載蕭齡之，據《大唐故持節華州諸軍事華州刺史柱國方陽縣開國男蕭使君（齡之）墓誌銘并序》補。

卷一〇九　河北道　滄州（景城郡）

仇克義　開元初

《全編》"滄州（景城郡）"卷闕載，據《大唐故銀青光禄大夫恒州刺史上柱國湖城縣開國公仇府君（克義）墓誌銘并序》補。

張之輔　開元中

《河洛》二一五《唐故太子少詹事張公（之輔）墓誌銘并序》（開元十九年正月廿三日卒，廿一年三月五日葬）："曾祖德言府君，皇唐州刺史、九隴公。……旋屬河朔艱食，薊門備胡，（之輔）拜趙州刺史，……坐貶檀州刺史，公遠而不陋，小而無忽，明厥謹諜，便人利邊。比遷滄州也。"《全編》"趙州（趙郡）"卷據兩《唐書·張仁願傳》之記載著録張之輔在開元初，據此誌，張之輔在趙州刺史任後又遷檀州刺史、滄州刺史，蓋其任滄州刺史約在開元中。

卷一一四　河北道　瀛州（河間郡）

陽璩　約武德中

《全編》"瀛州（河間郡）"卷闕載陽璩，據《大周故銀青光禄大夫尚方監陽君（儉）墓誌之銘并序》補。

劉翁勃　約武后時

《河洛》一九三《大唐故廬州司馬劉公（思貞）墓誌并序》（開元十年八月三日卒，十一月五日葬）："瀛州刺史翁勃之子。"《全編》"瀛州（河間郡）"卷闕載劉翁勃，據此誌之時代推，劉翁勃任瀛州刺史約在武后時。

楊思齊　武后時

《全編》"瀛州（河間郡）"卷據《表》（一下·八·二三八〇）所載，推測楊思齊任瀛州刺史在肅宗時，據《大唐銀青光禄大夫使持節代州諸軍事代州刺史上柱國恒農郡開國公楊君（思齊）墓誌銘并序》，楊思齊卒於景龍元年，故《全編》所推年代有誤，當在武后時。

卷一一六　河北道　幽州（范陽郡）

李祐　貞觀二年至十年(628—636)

誌文詳見《大唐國公禮葬故祐墓誌銘》，《全編》“幽州（范陽郡）”卷闕載李祐，據此誌，李祐任幽州刺史在進封燕王、拜同州刺史後不久，約在貞觀二年。貞觀十年改封齊王後，轉授齊州都督、青齊等五州諸軍事、齊州刺史，但“前後所授，竟不之藩”，僅是“虛銜遥領”而已。

卷一一八　河北道　檀州（密雲郡）

張之輔　約開元中

《全編》“檀州（密雲郡）”卷闕載張之輔，據《唐故太子少詹事張公（之輔）墓誌銘并序》補。

卷一二三　淮南道　揚州（兖州、邗州、廣陵郡）

崔鄲　大中元年至四年(847—850)

《唐故淮南節度副大使知節度事管内營田觀察處置等使金紫光禄大夫檢校司空兼揚州大都督府長史御史大夫上柱國清河郡開國公食邑二千户贈司徒崔公（鄲）墓誌銘并序》（大中四年七月廿一日卒，十一月十六日葬）：“唐昭獻皇帝得賢相，清河公諱鄲，字晉封。平大政三載，罷相印後七年，當大中皇帝臨天下，改元之始，作鎮淮海，四年七月廿一日，薨於治所。”[①]《全編》“揚州（兖州、邗州、廣陵郡）”卷據《新唐書》本傳及《東觀奏記》等相關記載，繫崔鄲任淮南節度使在大中元年至三年。據此誌，崔鄲大中元年出鎮淮海，四年七月廿一日卒於淮南節度使任上，知其節度淮南當在大中元年至四年，《全編》誤。

卷一二四　淮南道　楚州（淮陰郡）

裴虬　大曆七年(772)

《唐故朝散大夫諫議大夫賜紫金魚袋裴公（虬）墓誌銘并叙》（貞元二年十月十八日卒，三年七月廿一日葬）：“公諱虬，字深源，御史中丞府君之次子。天寶末，以門蔭補太廟齋郎。署温州永嘉縣主簿。自永嘉九遷至道州刺史。大曆中，因朝京師，代宗延問理道，留居郡邸。以散秩奉朝請參謀議者。六年，……由是擢授諫議大夫。……居一年，出爲楚州刺史。旋移温州。”[②]《全編》僅“道州（營州、南營州、江華郡）”卷著録裴虬於大曆四年至五年刺道，並未著録其任楚州刺史與温州刺史。據此誌，裴虬大曆六年擢授爲諫議大夫，僅一年便出爲楚州刺史，旋轉温州。可推知裴虬任楚州刺史的時間約在大曆七年，不久轉爲温州刺史。

---

① 何漢儒《唐崔鄲誌探微》,《書法叢刊》2009 年第 1 期，第 38—43 頁。又，毛陽光《唐崔鄲墓誌考釋》,《四川文物》2011 年第 4 期，第 68—74 頁。

② 録文見《補遺》千唐，第 268—269 頁，拓片圖版及録文見《河南叁》二二〇。

李德脩　大和六年(832)

《河洛》四一四《唐故楚州營田巡官將仕郎徐州彭城縣主簿范陽盧府君（處約）墓誌銘并序》(大和八年正月二日卒，九年四月十日葬)："烈考士瑛，少以明經擢第。……貞元中，藩方交辟爲從事，歷留守浙江西道二府，後爲奉先令、岳州牧，……元和六年，隨岳州之官，未幾，岳州歿於位。……（大和）六年，李德脩刺楚州，以營田巡官召，遂如楚，德脩卒，節度使多公之才，留纘其務數月，人咸賴之，七年罷職。"《全編》"楚州（淮陰郡)"卷著録李德脩任楚州刺史在大和五年，此誌載李德脩任楚州刺史在大和六年，同年卒官。

卷一二五　淮南道　滁州（永陽郡)

蘇繫　元和八年(813)

《河洛三七三·庾氏（仲畬）亡妻隴西李夫人墓誌銘并序》(元和八年六月廿八日卒，十二月五日葬）署"老舅滁州刺史武功蘇繫銘"。《全編》"滁州（永陽郡)"卷據岑仲勉所考推測蘇繫長慶中在任，據此誌，蘇繫元和八年已在滁州刺史任上。

夏侯孜　會昌中

《河洛四三五·唐故尚書庫部郎中贈工部尚書譙郡夏侯府君夫人趙郡太夫人李氏歸祔誌》(大中七年七月廿日卒，十月十六日葬)："會昌中，(夏侯孜）刺滁州，太夫人進趙郡大君。任婺州刺史，進趙郡太夫人。"

《全編》“滁州（永陽郡）”卷闕載夏侯孜，據此誌，夏侯孜會昌中刺滁州。

又，《全編》“婺州（東陽郡）”卷據兩《唐書》本傳，定夏侯孜任婺州刺史約在大中初，此誌明言夏侯孜任婺州刺史在滁州刺史之後，當亦在會昌中。

卷一二六　淮南道　和州（歷陽郡）

李問政　開元初

《全編》“和州（歷陽郡）”卷據《大唐故右金吾衙冑曹參軍隴西李府君（符彩）墓誌銘并序》推測李問政約開元六、七年任和州刺史。《大唐正議大夫行鄭州別駕李公（問政）墓誌銘并序》記其任和州刺史在開元初。

褚庭詢　天寶七載（748）

《全編》“和州（歷陽郡）”卷闕載褚庭詢，據《唐故正議大夫行歷陽郡太守上柱國舒國公褚府君（庭詢）墓誌銘并序》相關記載，褚庭詢在魯郡太守任上，因笞斃人命，爲法司所推，而貶歷陽郡太守，天寶七載卒於官。

卷一二八　淮南道　舒州（同安郡、盛唐郡）

【韓復　大中五年（851）前（不之任）】

《唐故通議大夫守太子左庶子上柱國韓府君（復）墓誌銘并序》

(大中五年六月十八日卒)："除舒州刺史，中謝時言畢，拜不就列，改授左庶子。"[①]《全編》"舒州（同安郡、盛唐郡）"卷闕載韓復，據是誌，韓復大中五年之前除舒州刺史，但並未之任，旋改授左庶子。

卷一三一　淮南道　蘄州（蘄春郡）

祖孝基　約高宗時

《河洛》二〇二《大唐故朝請郎行許州長社縣丞祖君（好謙）墓誌銘并序》(開元十五年七月十三卒，十月十七日葬)："祖孝基，皇給事中、太子家令、雍州別駕、司農卿、蘄州刺史、容城男。"《全編》"蘄州（蘄春郡)"卷闕載祖孝基，據此誌所載之世系推，其任蘄州刺史約在高宗時。

吴嘉賓　開元中、廿五年前

《唐故梓州刺史渤海吴公（嘉賓）墓誌銘并序》(開元廿五年正月廿五日卒，廿六年五月十七日葬)："公諱嘉賓，渤海人也。……開元中，屬皇上急於字人，拜公爲忠州牧。以清白著，除蘄邛梓三州刺史。……春秋六十有八，以開元廿五年太歲丁丑正月朔廿五日終梓州之公館。"[②]《全編》"蘄州（蘄春郡)"卷不載吴嘉賓，據此誌，吴嘉賓開元中仕忠州刺史，後任蘄州、邛州、梓州三州刺史，開元廿五年卒於梓州刺史任上。

---

① 趙力光《新出柳公權撰〈韓復墓誌〉考釋》,《文物》2009年第11期,第91—96頁。

② 録文見《補遺》千唐,第175—176頁。

卷一三三　淮南道　申州（義陽郡）

殷仲容　載初元年至長壽三年（690—694）

《大周故通議大夫行麟臺丞上柱國建安縣開國子殷府君（仲容）墓誌銘并序》（長安三年四月廿九日卒，七月十七日合祔）："載初元年，惟良所屬，從太中大夫使持節檢校申州刺史，如意元年，即正授申州刺史，長壽三年，濫冶長之非，左降施州司馬。"[①]《全編》據《舊唐書·殷嶠傳》著録其在武后時任申州刺史，具體年代不詳，據此誌，其任申州刺史在載初元年至長壽三年。

盧槩　乾符六年（879）

《河洛四六九·唐故申州刺史盧府君（槩）墓誌銘》（乾符六年六月廿四日卒，八月十五日葬）："府君諱槩字子隱，以乾符六年六月廿四日捐殁申州所任。……鄭公多其所爲，擢授申州刺史。……府君至任未及兩月而安緝僅就，兇孽日遠，疲羸即安，不啚大運遽鍾，感疾長逝。"《全編》未著録盧槩任申州刺史，據此誌，盧槩乾符六年任申州刺史，數月之後卒於任。

卷一三五　淮南道　安州（安陸郡）

李恪　貞觀十年至廿三年（636—649）

《全編》據《通鑑》及兩《唐書》本傳等之記載著録李恪任安州刺

① 陝西省考古研究所《唐殷仲容夫婦墓發掘簡報》，《考古與文物》2007 年第 5 期，第 18—30 頁。

史在貞觀十一年至永徽四年間。但《大唐故恪墓誌銘并序》云："改封吴王，徙授潭州都督，不行。轉授都督安、隋、温、沔、復五州諸軍事，安州刺史。十一年，又與諸王同，詔代襲安州刺史。"可知李恪始任安州刺史在貞觀十年。

韓復　開成中

《唐故通議大夫守太子左庶子上柱國韓府君（復）墓誌銘并序》（大中五年六月十八日卒）："遷大理正，素熟刑法，議讞必中。拜安州刺史，繼前政之善而革其弊，添減停值，皆愜人意。……歷國子司業、□府少卿、大理少卿、洋州刺史。辭郡經歲未得官。舅左散騎常侍公權見宰座云：韓復中外同詞云：人説韓復醉歸則信，云犯十錢贓則不信，諸座異而美之。"[①]《全編》"安州（安陸郡）"卷闕載韓復，此誌云韓復罷洋州刺史之後，"經歲未得官"，其時任左散騎常侍的堂舅柳公權，爲之言於宰座而得拜舒州刺史，但"拜不就列"。又據《舊唐書·柳公權傳》："武宗即位，罷内職，授右散騎常侍。……累遷金紫光禄大夫，……復爲左常侍、國子祭酒。"[②]據此推算，公權拜左散騎常侍不早於會昌中，故韓復之拜洋州刺史亦當在會昌、大中年間，《全編》"洋州（洋川郡）"卷據《表》（三上·九·二八六七）繫於大中、咸通間，不確，其拜安州刺史約在開成中。

---

① 趙力光《新出柳公權撰〈韓復墓誌〉考釋》，第91—96頁。

②《舊唐書》卷一六五《柳公權傳》，第4311頁。

卷一三六　淮南道　沔州（漢陽郡）

何撫　長慶二年至三年（822—823）

《河洛》三八八《唐故沔州刺史廬江何公（撫）墓誌銘并序》（長慶三年十二月十日卒，四年二月四日葬）："兵部尚書、相國鄭公之留鎮東都也，復以本官充留守推官。未幾，拜監察御史，廿九月，轉殿中；十八月，出爲沔州刺史，在任歲餘，以憂去職。"《全編》"沔州（漢陽郡）"卷闕載何撫，誌中所載相國鄭公當是元和十三年出任東都留守的鄭絪，可知何撫在元和十三年曾任東都留守推官，不久拜監察御史，二十九個月之後約在元和十五年轉任殿中侍御史，在任十八個月後，約於長慶二年出爲沔州刺史，在任歲余，長慶三年後去職。

卷一三七　江南東道　潤州（丹陽郡）

徐嶠　開元廿九年（741）

《河洛》二四五《唐故趙郡君太原王氏（琳）墓誌銘并序》（開元廿九年七月廿八日卒，十一月二日葬）署"夫潤州刺史江南東道採訪處置兼福建等州經略使慈源縣開國公徐嶠撰"。《全編》"潤州（丹陽郡）"卷以徐嶠約在開元末，具體年代不詳，據此誌徐嶠之署銜可知開元廿九年尚在任。

卷一三八　江南東道　常州（晉陵郡）

褚秀　開元十八年(730)

《河洛》二一〇《唐故嶲州都督李府君（釋子）之墓誌銘并序》(開元九年三月廿九日卒，十八年十二月廿九日葬)，是誌署：中散大夫守常州刺史褚秀撰。《全編》“常州（晉陵郡）”卷著録褚琇在開元中，當即此誌撰者褚秀。據此誌撰者之署銜，可知褚秀開元十八年在任常州刺史。

卷一四一　江南東道　杭州（餘杭郡）

姜絪　永徽四年至六年(653—655)

《邙洛》五九《大唐故持節杭州諸軍事杭州刺史姜府君（絪）墓銘并序》(永徽六年十一月一日卒，顯慶元年十一月十二日葬)：“君諱絪字紀，隴西天水人也。……（貞觀）十九年督征遼運漕以强舉飛名，尋拜文州刺史。……（永徽）四年，授中大夫，仍守舊職。俄以吴越之地，徵側梴災，氣瀰既平，鎮撫是要，特加正四品守杭州刺史。……永徽六年十一月一日，寢疾卒於州部，春秋五十有六。”《全編》闕載姜絪拜文、杭二州刺史。毛陽光先生據金夫《唐姜綱墓誌考釋》補，但一仍其誤，讀“絪”作“綱”[①]。今據《邙洛》圖版當以“絪”字爲確，故永徽四年至六年任杭州刺史者爲姜絪。

---

① 毛陽光《〈唐刺史考全編〉再補訂》，第53—65頁。

卷一四三　江南東道　明州（餘姚郡）

裴定　大和八年至開成二年(834—837)

《唐故銀青光禄大夫明州刺史河東裴公（定）墓誌銘并序》（開成丁巳歲建未月中旬之一日卒，十一月葬）："開成丁巳歲建未月中旬之一日，故餘姚郡太守河東裴公寢疾薨謝于州城官舍，享年六十二。……尋除刺開州，郡事大理。……大和八年，使持節于明州。"[①]《全編》"明州（餘姚郡）"卷闕載裴定，據是誌，裴定大和八年至開成二年任明州刺史，之前曾任開州刺史，時間約在大和中。

卷一四五　江南東道　婺州（東陽郡）

夏侯孜　會昌中

《全編》"婺州（東陽郡）"卷闕載夏侯孜，據《河洛》四三五《唐故尚書庫部郎中贈工部尚書譙郡夏侯府君夫人趙郡太夫人李氏歸祔誌》補。

卷一五〇　江南東道　温州（東嘉州、永嘉郡）

裴虬　大曆七年(772)

《全編》"温州（東嘉州、永嘉郡）"卷闕載裴虬，據《唐故朝散大夫諫議大夫賜紫金魚袋裴公（虬）墓誌銘并叙》補。

---

① 録文見《補遺》八，第158—159頁，拓片圖版及録文見《續編》二二九。

卷一五三　江南東道　泉州（豐州、武榮州、清源郡）

韋執中　元和七年至十年？(812—815？)

《邙洛》二三五《唐故朝議郎泉州諸軍事守泉州刺史韋執中故第三女（三娘）靈誌文》(元和七年十月廿九日卒，元和十一年二月廿四日葬)："昨元和七年七月九日，因隨從叔父赴任泉州，……昨自遭叔父凶禍，叔母、兄弟等扶護歸于東都，叔母憐念悲於旅魂，遂令遷舉三娘靈櫬以還鄉國，爲其未有所歸，今則以元和十一年二月廿四日安厝於河南府洛陽縣平陰鄉王才村北邙原，附于大塋。"《全編》"泉州（豐州、武榮州、清源郡）"卷僅著録韋執中在元和中，具體年代不詳。據此誌，其女韋三娘元和七年卒于韋執中赴任泉州刺史途中，可知其刺泉州殆始於元和七年，約元和十年卒於任。

卷一五八　江南西道　江州（潯陽郡）

鄭舫　大和五年？至八年(831？—834)

《河洛》四一五《唐故尚書倉部郎中滎陽鄭府君（舫）墓誌銘并序》（大和八年八月廿四日卒，九年四月廿二日葬)："求典郡以自效，除權知江州刺史。……尋以倉部郎中徵赴闕，至池州感疾，大和八年八月廿四日，終于旅館。"《全編》"江州（潯陽郡)"卷著録大和五年有鄭某，又同卷據《千唐誌·唐守河南府陽翟縣尉崔君（行規）故夫人滎陽鄭氏墓誌銘并序》推測鄭舫於大中初任江州刺史，據此誌，鄭舫任江州刺史在大和中，八年遷任倉部郎中，卒於赴闕途中。以時間推之，蓋《全編》所著録大和五年任江州刺史之鄭某即鄭舫。

卷一五九　江南西道　饒州（鄱陽郡）

來景暉　約中宗、睿宗時

《全編》“饒州（鄱陽郡）”卷闕載來景暉，據《河洛》一七四《大唐故銀青光禄大夫饒州刺史來府君（景暉）墓誌銘并序》補。

卷一六四　江南西道　鄂州（江夏郡）

盧正道　開元十三年或十二年（724或725）

《大唐故中大夫使持節鄂州諸軍事鄂州刺史上柱國范陽盧府君（正道）墓誌銘并序》（開元十四年十月廿六日卒，廿一年二月十六日遷葬）：“既而春秋高，以班例拜鄂州諸軍事。入朝會計，表請罷職。優詔蒙許，逾歲而終。時年八十。”[①]《全編》“鄂州（江夏郡）”卷據諸家舊録《盧正道神道碑》，繫其刺鄂在開元十四年。據此誌，盧正道開元十四年卒，其時已經罷鄂州刺史職逾歲，故其拜鄂州刺史當在之前，《全編》不確。

① 録文見《補遺》八，第26—27頁。拓片圖版及録文見《續編》一一五。

卷一六五　江南西道　岳州（巴州、巴陵郡）

盧士瑛　元和六年(811)

《全編》“岳州（巴州、巴陵郡）”卷著録盧士瑛在元和中，不詳何年。據《河洛》四一四《唐故楚州營田巡官將仕郎徐州彭城縣主簿范陽盧府君（處約）墓誌銘并序》，盧士瑛元和六年任岳州刺史，當年卒於任上。

卷一六六　江南西道　潭州（長沙郡）

李恪　貞觀十年(636)

《全編》“潭州（長沙郡）”卷據《通鑑》著録李恪貞觀十年任潭州都督，但《大唐故恪墓誌銘并序》云：“改封吴王，徙授潭州都督，不行。”可知李恪貞觀十年之授潭州都督僅爲虚銜遥領，並未之任。

卷一六七　江南西道　衡州（衡陽郡）

張況　開元十八年至二十年(730—732)

《全編》“衡州（衡陽郡）”卷據《會稽掇英總集·唐太守題名》“張況，開元二十年自衡州刺史授”，定其刺衡州在開元二十年，今據《大唐故太中大夫使持節同州諸軍事同州刺史上柱國張府君（況）墓誌銘并序》，張況因故貶授衡州刺史，在任兩年，其刺衡州當在開元十八年至二十年。

卷一七〇　江南西道　道州（營州、南營州、江華郡）

李恬　約大曆中

《全編》“道州（營州、南營州、江華郡）”卷闕載李恬，據《唐故中大夫澤州刺史贈光禄卿工部尚書太子少傅李府君（鷁）墓誌銘并序》補。

卷一七二　江南西道　邵州（南梁州、邵陽郡）

蕭齡之　武德四年至九年（621—626）

《全編》“邵州（南梁州、邵陽郡）”卷闕載蕭齡之，據《大唐故持節華州諸軍事華州刺史柱國方陽縣開國男蕭使君（齡之）墓誌銘并序》補，唐初武德四年平蕭銑置南梁州，直至貞觀十年方改南梁州爲邵州，故是誌稱之邵州刺史，當是撰誌時追叙前事，而用今名，實刺南梁州。

楊忠梗　天寶二年（743）

《河洛》二六一《唐故太中大夫邵陽郡太守楊府君（忠梗）墓誌銘并序》（天寶二年十二月十五日卒，三載二月十日葬）：“零陵薦居，邵陽不就，位纔復於太守，階不逾於太中，謝病而歸，殆非壽寵，享年惟永，曾是善終。春秋七十有七，卒於河南淳化里之旅次，不躋大位命矣夫。時天寶二年建丑旬有五日庚辰也。”《全編》“邵州（南梁州、邵陽郡）”卷闕載楊忠梗，據此誌，楊忠梗於天寶二年授邵陽太守，未及上任便以病退，不久卒。

卷一七三　江南西道　朗州（武陵郡）

李鶠　至德中

《全編》“朗州（武陵郡）”卷闕載李鶠，據《唐故中大夫澤州刺史贈光禄卿工部尚書太子少傅李府君（鶠）墓誌銘并序》補。

卷一七四　江南西道　澧州（澧陽郡）

齊瓊　天授元年至長壽年？(690—？)

《大唐故太中大夫益州大都督府長史贈禮部尚書高陽公齊府君（瓊）碑銘并序》：“時内史宗秦客，不謹邦禁，擿居遐荒。恩旨責其周旋，貶澧州刺史。”[①]宗秦客於天授元年十月甲子“檢校内史宗秦客坐贓貶遵化尉”[②]。受此事之牽連，同月辛未“内史邢文偉坐附會宗秦客貶珍州刺史”[③]。據《齊瓊碑》之記載，除邢文偉外，齊瓊同樣坐與宗秦客交遊，由正三品的國子祭酒兼京城留守貶爲正四品下的下州澧州刺史，時間也當在天授元年十月或之後不久。又《齊瓊碑》中稱齊瓊繼夫人博陵郡君崔氏“長壽年終於澧州廨宇”，可知長壽年間齊瓊仍在任澧州刺史任上。

---

① 西安市文物保護考古所《西安市東郊棗園蘇村出土唐代齊瓊墓前碑石》,《文物》2009 年第 8 期,第 83—86、96 頁。

② [北宋]司馬光編著,[元]胡三省音注《資治通鑑》卷二〇四則天后天授元年,北京:中華書局,1956 年,第 6468 頁。

③《資治通鑑》卷二〇四則天后天授元年,第 6469 頁。

袁復 天寶中

《河洛》三二二《唐故瀛州長史袁府君（倕）墓誌銘并序》（大曆八年四月廿七日卒，九年五月四日葬）："父復，皇澧陽郡太守。"又，《河洛三七四·唐故將仕郎試太常寺奉禮郎袁府君（公和）墓誌銘并序》（元和八年十二月廿日卒，九年正月十三日葬）："祖復，皇澧陽郡太守。"《全編》"澧州（澧陽郡）"卷闕載袁復，此二誌均稱袁復任澧陽郡太守，時間當在天寶中。

卷一七五 黔中道 黔州（黔中郡）

蕭齡之 貞觀中？至十八年（？—644）

《全編》"黔州（黔中郡）"卷闕載蕭齡之，據《大唐故持節華州諸軍事華州刺史柱國方陽縣開國男蕭使君（齡之）墓誌銘并序》補。

卷一七八 黔中道 辰州（盧溪郡）

雲遂 開元中

《全編》"辰州（盧溪郡）"卷闕載雲遂，據《唐故朝議大夫泉州刺史上柱國鄱陽縣開國男雲府君（遂）墓誌銘并序》補。

卷一七九　黔中道　錦州（盧陽郡）

皇甫恂　開元十三年(725)

《全編》"錦州（盧陽郡）"卷著録皇甫恂開元十三年在任，但又云："按《通鑑》記此事在開元八年十月，未知孰是。姑從《舊傳》。"今據《唐故殿中少監錦州刺史皇甫公（恂）墓誌銘并序》可知皇甫恂開元十三年出爲錦州刺史，同年卒於任上，可證《通鑑》所記不確。

卷一八四　黔中道　珍州（夜郎郡）

李孝禕　天寶六載(747)

《邙洛》一七六《大唐故夜郎太守李府君（孝禕）墓誌銘并序》（天寶六載十二月三日卒，八載五月七日葬）："秩滿，遷濟王府典軍，便除夜郎郡太守。……以天寶六載十二月三日卒於公館，春秋六十有三。"《全編》"珍州（夜郎郡）"卷闕載李孝禕，據此誌，李孝禕天寶六載卒於夜郎太守任上。

卷一九二　山南東道　隋州（漢東郡）

李權　大曆十年(775)

《河洛》三二八《大唐故盧府君（楫）夫人瑯琊王氏墓誌銘并序》（大曆六年正月廿二日卒，十年十月十八日葬）："四女適隨州刺史李權。"《全編》"隋州（漢東郡）"卷闕載李權，據此誌，李權大曆十年在隋州刺史任上。

卷一九三　山南東道　郢州（富水郡）

李鶻　肅宗初

《全編》“郢州（富水郡）”卷闕載李鶻，據《唐故中大夫澤州刺史贈光禄卿工部尚書太子少傅李府君（鶻）墓誌銘并序》補。

李迴　約大曆中

《全編》“郢州（富水郡）”卷闕載李迴，據《唐故中大夫澤州刺史贈光禄卿工部尚書太子少傅李府君（鶻）墓誌銘并序》補。

卷一九四　山南東道　復州（竟陵郡）

盧照己　神龍初

《全編》“復州（竟陵郡）”卷闕載盧照己，據《唐故銀青光禄大夫金州刺史上柱國盧府君（照己）墓誌銘并序》補。

卷一九七　山南東道　房州（房陵郡）

姚元慶　天授元年（690）

《大周故朝散大夫守文昌臺司門郎中檢校房州刺史姚府君（元慶）墓誌銘并序》（天授元年十月六日卒，二年一月十日葬）：“俄而大周革命，萬國惟新。……制授朝散大夫、守司門郎中、檢校房州刺史。……

以天授元年十月六日暴薨于履順私第，春秋六十有五。”[①]《全編》“房州（房陵郡）”卷闕載姚元慶，天授元年九月，武周革命，改元天授，據此誌所載，武周革命後，姚元慶得授房州刺史，同年十月卒於任上，其任房州刺史在天授元年九月至十月。

盧照己　開元初

《全編》“房州（房陵郡）”卷闕載盧照己，據《唐故銀青光禄大夫金州刺史上柱國盧府君（照己）墓誌銘并序》補。

卷一九八　山南東道　峽州（夷陵郡）

姚懿　顯慶中？至龍朔二年(？—662)

《大唐故幽州都督姚府君（懿）墓誌銘并序》（龍朔三年十二月一日卒，景龍二年九月十七日葬）：“拜使持節硤州諸軍事、硤州刺史。……尋加銀青光禄大夫。……龍朔二年，邛僰酋渠，亂離邊服。……拜嶲州都督。……以龍朔三年十二月一日薨于館舍。”[②]《全編》“峽州（夷陵郡）”卷據《全唐文》卷三二八胡皓《嶲州都督贈幽州都督吏部尚書謚文獻姚府君（懿）碑銘并序》之記載，定其在顯慶中，據是誌，姚懿於龍朔二年轉任嶲州都督，故其任峽州刺史當在顯慶中至龍朔二年。

① 誌石藏山西芮城縣博物館，録文見《補遺》七，第318—320頁，拓片圖版見王甲興、王凱歌、王爾遷《唐代〈姚元慶墓誌銘〉價值及書法作者探討》，《中國書法》2010年第3期，第116—123頁。

② 録文見《補遺》千唐，第104—105頁。

來恒　高宗時

《全編》"峽州（夷陵郡）"卷闕載來恒，據《河洛》一七四《大唐故銀青光禄大夫饒州刺史來府君（景暉）墓誌銘并序》補。

卷一九九　山南東道　歸州（巴東郡）

李鷁　至德中

《全編》"歸州（巴東郡）"卷闕載李鷁，據《唐故中大夫澤州刺史贈光禄卿工部尚書太子少傅李府君（鷁）墓誌銘并序》補。

卷二〇〇　山南東道　夔州（信州、雲安郡）

鄭叔度　元和五年(810)前

《全編》"夔州（信州、雲安郡）"卷闕載鄭叔度，據《唐故朝議郎都督夔州諸軍事守夔州刺史賜緋魚袋滎陽鄭公（叔度）夫人昌黎韓氏合祔墓誌銘并序》補。

卷二〇二　山南東道　忠州（臨州、南賓郡）

來恒　高宗時

《全編》"忠州（臨州、南賓郡）"卷闕載來恒，據《河洛》一七四《大唐故銀青光禄大夫饒州刺史來府君（景暉）墓誌銘并序》補。

吴嘉賓　開元廿五年前

《全編》“忠州（臨州、南賓郡）”卷闕載吴嘉賓，據《唐故梓州刺史渤海吴公（嘉賓）墓誌銘并序》補。

卷二〇三　山南東道　金州（安康郡、漢陰郡）

盧照己　開元初？至七年（713？—719）

《全編》“金州（安康郡、漢陰郡）”卷闕載盧照己，據《唐故銀青光禄大夫金州刺史上柱國盧府君（照己）墓誌銘并序》補。

雲遂　開元中

《全編》“金州（安康郡、漢陽郡）”卷闕載雲遂，據《唐故朝議大夫泉州刺史上柱國鄱陽縣開國男雲府君（遂）墓誌銘并序》補。

卷二〇五　山南西道　梁州（褒州、漢中郡、興元府）

李元昌　貞觀八年至十七年（634—643）

《全編》“梁州（褒州、漢中郡、興元府）”卷著録李元昌，貞觀十年至十六年任梁州刺史，據《唐故元昌墓誌銘》元昌實際貞觀八年至十七年在任。

卷二〇六　山南西道　鳳州（河池郡）

楊思訥　顯慶五年（660）

《大唐故鳳州刺史楊府君（思訥）墓誌銘并序》（龍朔元年六月五日卒，三年十月葬）："君諱思訥，字慎言，弘農華陰人也。……（顯慶）五年，授鳳州刺史。"① 《全編》"鳳州（河池郡）"卷據《表》（一下·八·二三五〇）著録楊思訥約貞觀中在任，據是誌，思訥顯慶五年始授鳳州刺史，龍朔元年卒，當正之。

卷二〇九　山南西道　洋州（洋川郡）

韓復　會昌中至大中初

《全編》"洋州（洋川郡）"卷據《表》（三上·九·二八六七）推測韓復可能大中、咸通間任洋州刺史，據《唐故通議大夫守太子左庶子上柱國韓府君（復）墓誌銘并序》所載，韓復任洋州刺史在會昌中至大中初。

卷二一一　山南西道　開州（盛山郡）

裴定　約大和中

《全編》："開州（盛山郡）"卷闕載裴定，據《唐故銀青光禄大夫明州刺史河東裴公（定）墓誌銘并序》補。

---

① 録文見《補遺》七，第 268 頁。

卷二一二　山南西道　壁州（始寧郡）

盧守直　開元廿九年(741)

《全編》“壁州（始寧郡）”卷闕載盧守直，據《朝議大夫守濟州刺史李府君（元璥）墓誌銘并序》所載：“女十五娘，隴西縣君，壁州刺史范陽盧守直妻。”可知李元璥之女婿盧守直，開元二十九年在壁州刺史任上，可補。

李鶬　至德中

《全編》“壁州（始寧郡）”卷闕載李鶬，據《唐故中大夫澤州刺史贈光禄卿工部尚書太子少傅李府君（鶬）墓誌銘并序》補。

卷二一三　山南西道　集州（符陽郡）

蕭鉉　武德、貞觀中

《河洛》一四四《大唐洛州合宫縣丞魏承休故妻蕭氏（貝娘）墓誌銘》（景龍二年三月十五日卒，廿七日葬）：“曾祖鉉，唐集州刺史。”《全編》“集州（符陽郡）”卷據《表》（一下·八·二二八一）著録蕭鉉約高宗時任集州刺史。蕭鉉爲隋内史令蕭琮之子，據此誌，蕭貝娘景龍二年卒，時年三十三歲。又，《隋書·蕭琮傳》載其子蕭鉉隋末已任襄城通守，故以此推知蕭鉉任集州刺史當在武德、貞觀中，不會遲至高宗時。

韋孝謇　貞觀元年至三年(627—629)

《大唐故集州刺史韋公（孝謇）墓誌銘》（貞觀三年閏十二月五日卒，四年十一月廿四日葬）："貞觀元年，加中散大夫、持節集州諸軍事、集州刺史。……貞觀三年歲次己丑閏十二月丁酉朔五日辛丑，薨於晉州。"[①]《全編》"集州（符陽郡）"卷據《姓纂》卷二、《表》（四上·八·三〇五二）推測其任集州刺史在武德、貞觀間。據是誌，韋孝謇貞觀元年任集州刺史，貞觀三年卒。又，《全編》誤以孝謇爲北齊豫州刺史韋子粲之孫，實爲子粲之子。

卷二一四　山南西道　巴州（清化郡）

李鷁　至德中

《全編》"巴州（清化郡）"卷闕載李鷁，據《唐故中大夫澤州刺史贈光禄卿工部尚書太子少傅李府君（鷁）墓誌銘并序》補。

卷二一六　山南西道　閬州（隆州、閬中郡）

楊仲嗣　天寶五載(746)前

《全編》"閬州（隆州、閬中郡）"卷闕載楊仲嗣，據《故銀青光禄大夫前汝南郡太守楊公（仲嗣）墓誌銘并序》補。

---

① 拓片見李合群、陳文斐《河南開封縣出土唐代集州刺史韋孝謇墓誌及墓券》，《書法叢刊》2009年第3期，第42—49頁；研究考證參鄭炳林、吴炯炯《韋孝謇墓誌考補》，郝春文主編《2011敦煌學國際聯絡委員會通訊》，上海：上海古籍出版社，2011年，第125—135頁。

韓述　元和七年前(812前)

《唐故通議大夫守太子左庶子上柱國韓府君（復）墓誌銘并序》(大中五年六月十八日卒)："父述，皇閬州刺史，贈太子少保。……後居少保喪於親仁里。……既免喪，逾歲進士及第。"[①]《全編》"朗州(武陵郡)"卷據《姓纂》之記載，著録韓述爲朗州刺史。又於"閬州"卷據《表》(三上·九·二八六七）所載著録韓述任刺史約在元和中。是誌僅載韓述任閬州刺史，《姓纂》"朗"顯係"閬"之誤，《全編》"朗州（武陵郡)"卷當删去"韓述"條。又，《登科記考》卷一八載韓復登科事跡，以韓復卒於大中五年享年六十九歲推算，韓復當在元和十年登第，時年三十六歲，因其"既免（父）喪，逾歲進士及第"可知韓述卒年約在元和七年，其任閬州刺史在此前。

卷二二〇　山南西道　渝州（南平郡)

蕭齡之　貞觀八年至？(634—？)

《全編》"渝州（南平郡)"卷闕載蕭齡之，據《大唐故持節華州諸軍事華州刺史柱國方陽縣開國男蕭使君（齡之）墓誌銘并序》補。

卷二二一　山南西道　涪州（涪陵郡)

柳寶積　顯慶中？至龍朔元年(？—661)

《大唐故使持節潁涪二州刺史上柱國柳府君（積）墓誌銘并序》:

① 趙力光《新出柳公權撰〈韓復墓誌〉考釋》,第91—96頁。

“永徽年中授柱國，除懷州長史，遷潁州刺史。顯慶年中加上柱國，拜涪州刺史。龍朔元年六月廿五日，遘疾薨於位，春秋七十有六。”[①]《全編》“涪州（涪陵郡）”卷闕載柳寶積，據是誌，顯慶中柳寶積自潁州刺史轉爲涪州刺史，至龍朔元年卒於任上。

卷二二二　劍南道　益州（蜀郡、成都府）

李恪　貞觀二年至五年(628—631)

誌文見《大唐故恪墓誌銘并序》，《全編》“益州（蜀郡、成都府）”卷著録李恪貞觀二年任益州刺史，據鄭炳林先生對《大唐故恪墓誌銘并序》的考證，李恪任益州刺史在貞觀二年至五年。

卷二二九　劍南道　梓州（梓潼郡）

吴嘉賓　開元廿五年(737)

《全編》“梓州（梓潼郡）”卷闕載吴嘉賓，據《唐故梓州刺史渤海吴公（嘉賓）墓誌銘并序》補。

卷二三一　劍南道　普州（安岳郡）

韋甫　貞元八年至十八年(792—802)

《唐故朝議郎使持節普州諸軍事普州刺史賞紫金魚袋京兆韋府君

---

① 録文參樊波、李舉綱《新出唐墓誌所見西域史事二題》,《西域研究》2009 年第 4 期,第 43—47 頁。

(甫) 墓誌銘并序》(貞元十八年八月十九日卒，十二月十九日葬)："至(貞元)八年，重奏權知普州事，仍賜緋魚袋，本官如故。至十二年即真。……以貞元十八年八月十九日癸卯薨於郡之官舍，時年八十一。"[①]《全編》"普州(安岳郡)"卷闕載韋甫，今據此誌，韋甫於貞元八年權知州事，十二年真除普州刺史，至十八年卒於任上。

卷二三四　劍南道　榮州(和義郡)

皇甫恂　開元四年(716)

《全編》"榮州(和義郡)"卷闕載皇甫恂，據《唐故殿中監錦州刺史皇甫公(恂)墓誌銘并序》補。

卷二三五　劍南道　簡州(陽安郡)

沈嶷　神功二年(698)

《河洛》一七九《大唐故簡州刺史贈常州刺史沈府君(嶷)墓誌銘并序》(神功二年六月八日卒，開元六年十一月十二日葬)："(沈嶷)年廿有六，敕授左千牛備身，……制授和州刺史，尋轉簡州刺史，……以神功二年六月八日薨於簡州之官第。"《全編》"簡州(陽安郡)"卷闕載沈嶷，毛陽光先生據此誌補，但誤讀"嶷"爲"疑"。[②]《全編》"和州(歷陽郡)"卷及《姓纂》均作"嶷"，不誤。

---

① 拓片圖版及録文參見張蘊《西安南郊畢原出土的韋氏墓誌考(二)：閬公房成員》，《考古與文物》2005 年第 3 期，第 84—90 頁，録文見《補遺》九，第 383 頁。

② 毛陽光《〈唐刺史考全編〉新補訂》，第 31—40 頁。

卷二三七　劍南道　邛州（臨邛郡）

趙德明　總章中至咸亨四年(？—673)

《全編》“邛州（臨邛郡）”卷闕載趙德明，據《大唐故邛州刺史趙府君（德明）墓誌銘并序》補。

吴嘉賓　開元中、廿五年前

《全編》“邛州（臨邛郡）”卷闕載吴嘉賓，據《唐故梓州刺史渤海吴公（嘉賓）墓誌銘并序》補。

卷二三八　劍南道　雅州（廬山郡）

皇甫恂　開元四年(716)

《全編》“雅州（廬山郡）”卷闕載皇甫恂，據《唐故殿中監錦州刺史皇甫公（恂）墓誌銘并序》補。

劉煟　大和四年？(830？)

《河洛》四〇〇《季舅唐故雅州刺史劉府君（煟）墓誌銘并序》（大和四年四月五日卒，閏十二月廿七日葬）：“寶曆元年，除黎州刺史。……序轉雅州刺史。……旋嬰痼恙，移療成都，方搏扶摇已迫濛□，以大和四年四月五日歸全於成都縣私第。”《全編》“雅州（廬山郡）”卷著録劉煟刺雅州在大和七年，據此誌，劉煟寶曆元年任黎州刺史，大和四年卒於雅州刺史任上。

卷二三九　劍南道　黎州（洪源郡）

劉熠　寶曆元年(825)

《全編》"黎州（洪源郡）"卷闕載劉熠，據《河洛》四〇〇《季舅唐故雅州刺史劉府君（熠）墓誌銘并序》補。

卷二四六　劍南道　巂州（越巂郡）

姚懿　龍朔二年至三年(662—663)

《全編》"巂州（越巂郡）"卷據《全唐文》卷三二八胡皓《巂州都督贈幽州都督吏部尚書謚文獻姚府君（懿）碑銘并序》之記載，於龍朔元年至二年著録姚懿，但據是誌，姚懿於龍朔二年任巂州都督，三年卒於官。

李釋子　景雲中至先天初

《全編》"巂州（越巂郡）"卷據《唐故左領軍衛執戟李公（偘偘）墓誌銘并序》推測李釋子約景龍中任巂州都督，據《唐故巂州都督李府君（釋子）之墓誌銘并序》所載，其任職巂州約在景雲中至先天初。

卷二四八　劍南道　文州（陰平郡）

姜絪　貞觀十九年(645)

《全編》"文州（陰平郡）"卷闕載姜絪，據《邙洛》五九《大唐故持節杭州諸軍事杭州刺史姜府君（絪）墓銘并序》補。

卷二五三　劍南道　静州（南和州、静川郡）

王師忠　貞觀四年至九年（630—635）

《全編》“静州（南和州、静川郡）”卷闕載王師忠，據《邙洛》五五《唐故員外散騎常侍石州刺史饒安縣男王使君（師忠）墓誌》補。

卷二五七　嶺南道　廣州（南海郡）

衞恪　武德初至武德五年（618？—622）

《邙洛》五二《唐故蘄州治中上大將軍衞君（恪）墓誌銘》（貞觀六年八月三日卒，八年十月廿一日合葬）：“大唐啓運，主上時居秦邸，奉竿廟庭，爰總六軍，問罪冬夏，若率廣□之衆，奉謁軍門，時蒙教旨，特授廣州刺史、安邑公。君以嬰染沉戾，床枕歷年，武德五年，始堪朝謁，敕授介州别駕。”《全編》“廣州（南海郡）”卷未著録衞恪，據此誌，衞恪在武德初年任廣州刺史，五年轉任介州别駕。

蕭齡之　貞觀十八年至永徽元年（644—650）

《全編》“廣州（南海郡）”卷據《元龜》卷六八九等之記載，繫蕭齡於貞觀十八年，今據《大唐故持節華州諸軍事華州刺史柱國方陽縣開國男蕭使君（齡之）墓誌銘并序》可知其任至永徽元年。

卷二五八　嶺南道　韶州（番州、東衡州、始興郡）

裴札　興元元年(784)或之前

《唐故朝議大夫金部郎中韶州刺史裴府君（札）誌銘并序》（興元元年五月八日卒，貞元九年十月三日葬）："曾祖義弘，梓州玄武縣丞，贈中書舍人。祖惓，給事中、杭州刺史，贈司空。父遵業，鄭州司士參軍，贈絳州司馬。……公諱札，河東聞喜人也。……又加朝議大夫，檢校金部郎中，兼韶州刺史。……韶州遘疾，棄官就醫。粵以興元元年五月八日薨于洪州之私第，享年五十有七。"[①]《全編》"韶州（番州、東衡州、始興郡）"卷闕載裴札，據此誌，裴札任韶州刺史，後因病去職，興元元年五月八日卒，其任韶州刺史在興元元年或之前。

卷二六〇　嶺南道　潮州（潮陽郡）

李少贊　開成元年(836)

《唐故潮州刺史上柱國李府君（少贊）夫人會稽縣君康夫人合祔墓誌銘并序》（開成元年七月廿四日卒，三年五月廿八日合葬）："薦歸朝庭，恩拜潮州刺史。……以開成元年七月廿四日終於潮州之官舍，享年七十五。"[②]《全編》"潮州（潮陽郡）"卷闕載李少贊，據此誌，李少贊於開成元年卒於潮州刺史任上。

---

① 録文見《補遺》千唐，第279—280頁。拓片圖版及録文見《河南叁》二三一。

② 録文見《補遺》九，第402—403頁。

卷二六二　嶺南道　賀州（臨賀郡）

李郃　開成五年至會昌二年（840—842）

《唐故賀州刺史李府君（郃）墓誌銘并序》（會昌二年十二月十五日卒，三年八月廿八日葬）："會昌三年正月廿七日，賀州告刺史亡。府君大和九年由監察御史貶端州員外司户。開成三年十二月，天子以投荒冤歿者動念，詔量移朗州司馬。四年，嶺南節度盧公鈞奏爲經略副使，報可。五年十一月，除賀州刺史。……生二男子，一女子。男曰小經，曰龍郎。女曰泰來子。府君，皇御史中丞，贈兵部侍郎懷讓之曾孫，皇户部侍郎、同州刺史、山南西道採訪使，贈户部尚書揖之孫，皇饒州樂平縣尉巖之子。會昌二年十二月十五日，歿於賀州刺史宅，年卌五。……君姓李氏，名郃，字子玄。弟鄠泣血爲銘以誌云。"[①]《全編》"賀州（臨賀郡）"卷據《輿地碑記目》卷三《賀州碑記》所收《幽山丹翽記》注及《廣西通志》等，著録李郃大和四五年任賀州刺史，據是誌，李郃開成五年刺賀州，會昌二年十二月卒於官，當據以正之。

卷二七五　嶺南道　桂州（始安郡、建陵郡）

蕭執珪　長安三年（703）後

《有唐故中大夫使持節桂州諸軍事桂州都督上柱國蘭陵蕭公（執

① 録文見《補遺》八，第165—166頁。拓片圖版見《偃師杏園唐墓》三四，第334頁。

珪）墓誌銘并序》（開元十二年二月十八日卒，十四年二月廿三日葬）："曾祖曰康，周平東將軍。祖曰嶷，隨資州刺史。父曰敬同，皇東宫千牛。公諱執珪，字含璞。……始與高偘出塞垣，特授越州浦陽府右果毅。又與薛思行討林胡，恩拜游擊將軍、左玉鈐衛翊府郎將，借紫金魚袋。復與李楷固渡遼，特授寧遠將軍、右監門衛中郎將。又墨絰副薛季飛往婁煩，以他事降授代州五臺府折衝，再降廣州綏南府折衝。尋副裴懷古桂林伐叛，授朝請大夫、安南副都護。除中散大夫、桂州都督。副成王千里，充五府討擊使。坐累降授容州長史，稍判貴府都督。旋除虔州刺史、永州刺史。入朝，屬講武，攝四軍大將。除右驍衛中郎將，持節姚嶲道招慰討擊蠻夷大使，領綿、益等十二州兵馬，與御史李知古前後行。又以坐累，降豐州長史。轉嵐州刺史、岢嵐軍使。復以假事免削，輸效於東軍。"① 《全編》"嵐州（樓煩郡）"卷據《册府元龜》及《全唐文》等之記載，著録蕭執珪開元八年被貶嵐州刺史，據此誌，蕭執珪曾作爲裴懷古的副手前往桂林伐叛，而後任桂州都督，《全編》"桂州（始安郡、建陵郡）"卷據《通鑑》等記載，著録裴懷古任桂州都督在長安三年，可知蕭執珪任桂州都督當在長安三年之後。

卷二八八　嶺南道　柳州（昆州、南昆州、龍城郡）

李璞　大中九年（855）

《河洛》四三九《唐故柳州刺史趙郡李府君（璞）墓誌銘并序》（大中九年六月廿六日卒，十年十二月十五日葬）："滿歲，遷龍城守。……

① 録文見《補遺》千唐，第141—143頁。

以大中九年六月廿五日達于所理，至止之日厥疾弥篤，翌日薨于郡齋。”《全編》“柳州（昆州、南昆州、龍城郡）”卷未著録李璞，據此誌，李璞大中九年授柳州刺史，到官之次日即卒。

附編　京畿道　五　西韓州

李元昌　貞觀五年（631）

《全編》“附編·西韓州”卷闕載李元昌，據《唐故元昌墓誌銘》補。

附編　都畿道　三〇　仙州

衡守直　開元四年至六年（716—718）

《全編》“附編·仙州”卷闕載衡守直，據《大唐故仙州刺史衡府君（守直）墓誌銘并序》補。

附編　山南東道　七八　淅州

蕭齡之　武德九年至貞觀元年（626—627）

《全編》“附編·淅州”卷闕載蕭齡之，據《大唐故持節華州諸軍事華州刺史柱國方陽縣開國男蕭使君（齡之）墓誌銘并序》補。

附編　京畿道　鴻州

天授二年置鴻州，凡領渭南、慶山、高陵、櫟陽、鴻門五縣。大足元年，廢鴻州入雍州。[①]

陽儉　則天時

《大周故銀青光禄大夫尚方監陽君（儉）墓誌之銘并序》（久視元年八月十三日卒，十月十七日葬）："君諱儉，字守節，本北平無終人，近貫洛州永昌縣惟新鄉苑洛之里也。……曾祖冲之，齊司徒中郎、北平武邑郡守。祖璩，唐瀛州刺史、散騎侍郎、上柱國、魚陽縣公。父惠，唐懷汴二州長史、慶州刺史、柱國、龍川郡開國公。……文明元年，有敕授金部郎中。……尋授使持節鴻州諸軍事、鴻州刺史。……俄遷荆州大都督府長史。……粤以久視元年八月十三日薨於擇善里之私第。"[②]《全編》未收録"鴻州"卷，據《舊唐書·地理志一》所載，鴻州僅存在於天授二年至大足元年。據此誌，陽儉久視元年卒，卒時六十八歲，而文明元年任金部郎中。故其任鴻州刺史當在武后久視元年以前。

又，其祖陽璩，曾任唐瀛州刺史，時代約在唐初武德中。其父陽惠，曾任慶州刺史，約在貞觀中。

---

① 《舊唐書》卷三八《地理志一》，第 1396 頁。

② 録文見《補遺》千唐，第 84—85 頁。

附編　河南道　鼎州

武德元年，改爲虢州，改鳳林爲鼎州。貞觀八年，廢鼎州，移虢州於今治，屬河南道。

韋孝謇　武德元年(618)

《大唐故集州刺史韋公（孝謇）墓誌銘》云："又改郡爲州，即授鼎州刺史。"《元和郡縣圖志》《舊唐書·地理志》等均載鼎州僅存在於武德元年至貞觀八年，[①]《全編》"附編·河南道"卷並未收録此鼎州，僅在"附編·京畿道"卷下列有同名之鼎州，乃天授二年，以雍州之雲陽、涇陽、禮泉、三原四縣所置，大足元年州廢，縣仍歸雍州，而此鼎州屬河南道，非同一地也，今據是誌，武德元年鼎州始設，韋孝謇即任鼎州刺史，不久即離任，可補《全編》之闕。

---

①［唐］李吉甫撰，賀次君點校《元和郡縣圖志》卷六《河南道二》："義寧元年改爲鳳林郡。其年，於盧氏縣置虢郡，武德元年改爲虢州。其年，改鳳林郡爲鼎州，因鼎湖以爲名。貞觀八年廢，遂移虢州於今理所。"北京：中華書局，1983年，第162頁。又《舊唐書》卷三八《地理志一》亦云："武德元年，改爲虢州，改鳳林爲鼎州。貞觀八年，廢鼎州，移虢州於今治，屬河南道。"第1429頁。

下編 新刊唐代碑誌專題研究二題

一、《大唐故集州刺史韋公（孝謇）墓誌銘》考補

新見《大唐故集州刺史韋公（孝謇）墓誌銘》（以下簡稱《韋誌》），李合群、陳文斐二先生《河南開封縣出土唐代集州刺史韋孝謇墓誌及墓券》（以下簡稱李陳）一文首次刊布。①據李陳介紹，墓誌2006年發現於河南開封，蓋佚，青石材質，高66、寬69、厚19釐米，誌文楷書，共28行，滿行28字，有界格。李陳首刊《韋誌》爲研究隋末唐初歷史提供了新材料，筆者拜讀之後，受益匪淺。然用隨文所附之拓片圖版校讀，發現李陳録文存在多處文字衍奪、句讀舛誤，致使誌文多處文句不通，文意不解。此外，李陳對《韋誌》的考證上僅對內容作簡單之梳理、介紹，且多有可商榷之處，故考補如下。

（一）墓誌文字考補

謹按《韋誌》之原格式，以行爲單位，補正文字衍奪、句讀舛誤如下：

① 李合群、陳文斐《河南開封縣出土唐代集州刺史韋孝謇墓誌及墓券》，《書法叢刊》2009年第3期，第42—49頁。

（1）據拓片圖版，“大唐故集州刺史韋公墓誌銘”爲誌文之題，按照墓誌行款，誌題應單獨成段，正文换行另起，不可與正文相連。（第1行）

（2）李陳録文“□月會踵是稱”，據拓片圖版，“月”前一字乃“日”“踵”當作“躔”。按，“躔”通“纏”，指日月星辰在黄道上的運行。《方言》第十二：“纏，逡，循也。纏歷，行也。纏猶踐也。日運爲纏，月運爲逡。運猶行也。”[①]《廣韻·仙韻》：“纏，日月行也。《説文》曰踐也。”[②]《漢書·律曆志》：“日月初（纏）〔纏〕，星之紀也。”[③]日月會躔，意爲日月交輝。（第2行，第14、17字）

（3）李陳録文“□位之次王侯封建□”，據拓片圖版，“位”前一字殘泐，據上下文意度之當作“豕”“位”當作“韋”。按，“豕韋”，韋氏遠祖元哲在夏少康時的封國，《新唐書·宰相世系表四上》（以下簡稱《新表》）云：“韋氏出自風姓。顓頊孫大彭爲夏諸侯，少康之世，封其别孫元哲於豕韋，其地滑州韋城是也。”[④]天寶二年（743）二月廿日《大唐故安化郡馬嶺□□韋公墓》云：“自豕韋命族，鐘鼎承家。”[⑤]“封建”後一字僅存上半部，下部殘泐，據文意當是“爰”，作“爰自”。（第2行，第21、28字）

（4）李陳録文“自□韋之邦或養性以登仙”，據拓片圖版，“韋”前一字乃“豨”。按，“豨韋”，傳説中三皇以前遠古帝王號。《集韻·紙韻》：

① 周祖謨校箋《方言校箋（附索引）》，北京：中華書局，1993年，第72頁。

② 周祖謨著《廣韻校本》，北京：中華書局，1988年，第140頁。

③［漢］班固撰，［唐］顔師古注《漢書》卷二一上《律曆志上》，顔師古注曰：“纏，踐也，音直連反。”北京：中華書局，1965年，第965—966頁。

④［北宋］歐陽修、宋祁《新唐書》卷七四上《宰相世系表四上》，北京：中華書局，1975年，第3045頁。

⑤ 周紹良主編《唐代墓誌彙編》天寶〇二三，上海：上海古籍出版社，1992年，第1546頁。

"狶，狶韋氏，古帝王號。"[①]又，《莊子·外物》："且以狶韋氏之流觀今之世，夫孰能不波！"成玄英疏曰："狶韋，三皇已前帝號也。"[②]（第3行，第2字）

（5）第2行"日"字至第3行"邦"字，李陳録文讀作"□月會躔是稱。□位之次王侯封建□，自□韋之邦或養性以登仙"，不解其意，對照拓片圖版，糾正部分錯誤釋讀，當作："日月會躔，是稱豖韋之次；王侯封建，爰自狶韋之邦。"爲典型的四六駢文句式，追叙了韋氏遠祖的光輝事跡。

（6）李陳録文"或居彭啓霸"，據拓片圖版，"彭"後還有一"而"字，李陳漏録，應作"或居彭而啓霸"。按，《元和姓纂》卷二云："顓頊氏之後。大彭爲夏諸侯，彭子受封豖韋，周赧王滅之，以國爲氏，因家彭城。"[③]追述韋氏一族得姓之緣起。（第3行，第15字）

（7）李陳録文"家承禮儀之鄉"，據拓片圖版，"儀"當作"義"。按，"禮義"，禮法道義之謂也。（第4行，第10字）

（8）李陳録文"無待揚榷"，據拓片圖版，"榷"當作"搉"。按，"揚搉"亦作"揚榷"，意爲約略，舉其大概。《廣雅·釋訓》："揚搉……都凡也。"[④]《廣韻·覺韻》："搉，揚搉，大舉。"[⑤]《莊子·徐無鬼》："頡滑有實，古今不代，而不可以虧，則可不謂有大揚搉乎！"郭象注曰：

---

① [北宋]丁度等編《宋刻集韻》，北京：中華書局，2005年，第89頁。

② [清]郭慶藩撰，王孝魚點校《莊子集釋》，北京：中華書局，2012年，第931頁。

③ [唐]林寶撰，岑仲勉校記，郁賢皓、陶敏整理，孫望審訂《元和姓纂（附四校記）》，北京：中華書局，1994年，第126頁。又《新唐書》卷七四上《宰相世系表四上》記載略同，云："豖韋、大彭迭爲商伯，周赧王時，始失國，徙居彭城，以國爲氏。"第3045頁。

④ [清]王念孫撰《廣雅疏證》卷六上《釋訓》，南京：江蘇古籍出版社，2000年，第197頁。

⑤ 周祖謨著《廣韻校本》，第466頁。

“推而揚之，有大限也。”陸德明《釋文》曰：“許慎云：揚推，粗略法度。王云：推略而揚顯之。”[①]（第5行，第6字）

（9）李陳録文“匪躬固節不充。詘於寶貴”，據拓片圖版，“寶”當作“富”，據文意應在“固節”後用逗號斷開，作“匪躬固節，不充詘於富貴”。按，“充詘”，歡喜失節之貌，“不充詘於富貴”意爲雖然富貴但不歡喜失節。《禮記·儒行》：“儒有不隕獲於貧賤，不充詘於富貴。”[②]（第5行，第25字）

（10）李陳録文“才□生知”，據拓片圖版，“才”後一字乃“亞”。按，“才亞生知”，爲隋唐墓誌中常見的諛美之詞，即盛讚誌主的才學、道德等僅次於那些生而知之者。如龍朔二年（662）四月二日《大唐故朝散大夫趙府君（順）墓誌銘》有“道亞生知，學標儒範”[③]一句，用法與此相似。（第6行，第15字）

（11）李陳録文“七尸八命”，據拓片圖版，“七”後一字似作“釐”。按，“釐”通“理”，《廣韻·之韻》：“釐，理也。”[④]有治理之意，“七釐”與“八命”互爲對文，意思相似。《周禮·春官·大宗伯》有“八命作牧”的説法，鄭玄注曰：“謂侯伯有功德者，加命得專征伐於諸侯。”[⑤]後世泛指朝廷重臣，聯繫誌文，此處“自西徂東，七釐八命”，意爲韋孝謇父在東魏、西魏均擔任過要職。（第6行，第25字）

（12）李陳録文“行先潔珪璋，履懷貞粹，窮通開塞。蓋潔如也”，

---

① ［清］郭慶藩撰，王孝魚點校《莊子集釋》，第866、868頁。

② ［清］阮元校刻《十三經注疏·禮記正義》，北京：中華書局，1980年，第1671頁。

③ 周紹良、趙超主編《唐代墓誌彙編續集》龍朔〇一五，上海：上海古籍出版社，2001年，第128頁。

④ 周祖謨《廣韻校本》，第63頁。

⑤ ［清］阮元校刻《十三經注疏·周禮注疏》，第761頁。

據拓片圖版，“先”字衍録、“潔”字殘泐，不易辨識，據文意及字形輪廓推斷，當作“澹”[①]，“塞”後句號當改作逗號，此句應作“行潔珪璋，履懷貞粹，窮通開塞，蓋澹如也”。按，“澹如”，恬淡貌，意爲恬淡寡欲。《晉書·王導傳》：“及劉隗用事，導漸見疏遠，任真推分，澹如也。”[②]又，《南史·到溉傳》：“溉少有美名，遂不爲僕射，人爲之恨，溉澹如也。”[③]此處指其父無論顯達或困頓，都能泰然處之。（第7行，第26字）

（13）李陳録文“心將道合隨。開皇十九年，俯就洪州總管府記室人”，據拓片圖版，“隨”字當斷入下一句，作隋朝講。按，“隨”“隋”作隋朝國號用字時，在墓誌中時有混用；[④]“人”字衍録。按，隋代總管府僚佐無“記室人”一職，有“記室”，掌表、啓、書、疏等文書工作。此句當作“心將道合。隨開皇十九年，俯就洪州總管府記室”。（第8行，第12、27字）

（14）李陳録文“有隨之季犬羊飆起”，據文意當在“季”後斷開，作“有隨之季，犬羊飆起”，意爲隋末大亂，群雄並起。（第10行）

（15）李陳録文“公率歷義勇，終免艱危。既而首領獲令言，歸有道”，據拓片圖版，“歷”當作“厲”，爲操練、整飭之意。“率厲義勇”，指率領、訓練忠義勇敢之士。按，《墨子·襍守篇第七十一》：“選厲鋭卒，慎無使顧。”[⑤]《北齊書·莫多婁貸文傳》：“周文帝軍出函谷，景與高昂議

① 此處録文承北京大學歷史學系羅新教授教示，謹致謝忱！

② [唐]房玄齡等《晉書》卷六五《王導傳》，北京：中華書局，1974年，第1749頁。

③ [唐]李延壽《南史》卷二五《到溉傳》，北京：中華書局，1975年，第679頁。

④ 有關隋國號用字的問題，請參見葉煒《隋國號小考》，北京大學歷史學系編《北大史學》第十一輯，北京：北京大學出版社，2005年，第210—218頁。

⑤ 吴毓江撰，孫啓治點校《墨子校注》，北京：中華書局，2006年，第952頁。

整旅厲卒，以待其至。”①“令”當作“全”，據文意應在此字處斷開，作“公率厲義勇，終免艱危。既而首領獲全，言歸有道”。（第11行，第4、16字）

（16）李陳録文“乃遷鳳林太守”，據拓片圖版，“乃”當作“仍”，“仍遷鳳林太守”，意指雖行政區劃變動，孝謇依然任該郡太守。（第12行，第7字）

（17）李陳録文“山通二陵之險地。邇三川之俗”，此句點讀有誤，據文意，當在“險”後用逗號斷開，作“山通二陵之險，地邇三川之俗”。按，此句爲典型對偶句，山對地，通對邇，邇爲近之意，描寫當時鼎州地理環境。（第13行）

（18）李陳録文“大唐武德初”，據拓片圖版，“武德”後漏録“之”字，當補入，作“大唐武德之初”。（第14行，第18字）

（19）李陳録文“七年授晉州都督府長吏”，據拓片圖版，“吏”當作“史”。按，“長史”，隋唐都督府上佐之一，爲都督府高級僚佐；“七年”後應用逗號斷開。（第15行，第18字）

（20）李陳録文“東撫汾、晉，南臨漢、沔，跨千裏而勝聲頒六條”，據拓片圖版，“臨”當作“鄰”，毗鄰之意；“裏”當作“里”，此處用作表示距離的長度單位量詞，不能逕轉爲繁體“裏”；“勝”當作“騰”。按，“騰聲”，意爲傳揚名聲，《宋書·謝靈運傳》史臣曰：“爰逮宋氏，顔、謝騰聲。”②又，《海峰文集》卷三《金復堂先生八十壽

---

① [唐]李百藥《北齊書》卷一九《莫多婁貸文傳》，北京：中華書局，1972年，第253頁。

② [南朝梁]沈約《宋書》卷六七《謝靈運傳》，北京：中華書局，1974年，第1778頁。

序》："季子與諸孫曾，皆騰聲庠序之中。"[①]此句應作"東撫汾、晉，南鄰漢、沔，跨千里而騰聲"，"頒六條"三字當斷入下句。（第16行，第16、21、23字）

(21) 李陳録文"而布政民夷慶。賴朝野稱嗟"。按，此句如此點讀文意不通，上接第16行最後9字，當作"跨千里而騰聲，頒六條而布政。民夷慶賴，朝野稱嗟"，指韋孝謇任集州刺史時，爲政清明，受到百姓愛戴，朝野贊賞，爲唐代墓誌中典型的諛美之辭。（第16—17行）

(22) 李陳録文"□榆遽晚"，據拓片圖版，"榆"前一字上半部殘泐，僅能辨識下半部之"木"，據上下文意及字形判斷應是"桑"字。按，"桑榆"，意爲日落時分光照桑榆樹端，因以指日暮，比喻晚年，垂老之年。曹植《贈白馬王彪》："年在桑榆間，影響不能追。"李善注曰："日在桑榆，以喻人之將老。"[②]《隋書·王韶傳》："加以今年六十有六，桑榆雲晚，比於疇昔，昏忘又多。"[③]在唐代墓誌中以桑榆指代老年的例子很多，如聖曆元年（698）臘月十日《大周洛州登封縣故上護軍孫君墓誌銘》有"松柏方茂，桑榆遽侵"之句[④]。（第17行，第6字）

(23) 李陳録文"方佚鵾□奄淪霄漢"，據拓片圖版，"鵾"後一字爲"鵬"之碑别字，且應從此處斷開，作"方佚鵾鵬，奄淪霄漢"。（第18行，第3字）

(24) 李陳録文"貞觀三年歲次已丑寅十一月丁酉□王日辛丑薨於晉州"，此句卒不可讀，對照拓片圖版"已"當作"己"，唐代墓誌中

---

① ［清］劉大櫆著《海峰文集》,《續修四庫全書》第1427册，上海：上海古籍出版社，1995年，第361頁。

② ［梁］蕭統編，［唐］李善注《文選》，上海：上海古籍出版社，1986年，第1124頁。

③ ［唐］魏徵、令狐德棻《隋書》卷六二《王韶傳》，北京：中華書局，1973年，第1474頁。

④ 周紹良、趙超主編《唐代墓誌彙編續集》聖曆〇〇二，第361頁。

“巳”“已”“己”時常不分，需據上下文意仔細辨識、推敲。此處爲古代常用干支紀年法，天干中有“己”無“巳”，作“己丑”講。查《二十史朔閏表》[①]可知貞觀三年確爲己丑年；“寅”當作“閏”，據《新唐書·太宗紀》[②]及《二十史朔閏表》貞觀三年（629）閏十二月；故“一”當作“二”；“丁酉”後一字當是“朔”，爲習見之碑别字，每月初一爲朔日，據干支推斷，初一日爲丁酉，初五日即辛丑，故可推斷第23字爲“五”，録文誤作“王”。此句爲韋孝謇卒年卒月卒日之干支紀年表示，當作“貞觀三年歲次己丑閏十二月丁酉朔五日辛丑薨於晉州”。（第18行，第14、16、18、22、23字）

（25）李陳録文“粤以四年歲次庚寅十一月壬戌□廿四日乙酉葬於汴州開封縣之西原”，據拓片圖版，“壬戌”後一字是“朔”，依上條之解釋推算，干支相合無誤。（第19行，第22字）

（26）李陳録文“嗟呼！年代往來，倏忽今古，河移海落，谷徙陵丘”，據拓片圖版，“呼”當作“乎”；“丘”當作“虚”。（第20行，第11、27字）

（27）李陳録文“攀幾□而假息”，據拓片圖版，“幾”當作“几”，爲几案之意，如逕轉爲繁體字“幾”意思全變；“而”前一字是“筵”。按，“几筵”亦作“几梃”，猶“几席”。《周禮·春官》云：“司几筵掌五几五席之名物，辨其用，與其位。”[③]几筵、几席爲祭祀的席位，後亦

---

① 陳垣《二十史朔閏表》，北京：中華書局，1962年，第84頁。

②《新唐書》卷二《太宗紀》云：“（貞觀三年）十二月癸未，杜如晦罷。閏月癸丑，爲死兵者立浮屠祠。”第31頁。

③［清］阮元校刻《十三經注疏·周禮注疏》，第774頁。

因以稱靈座。《墨子·節葬下第二十五》："存乎諸侯死者，……又必多爲屋幕、鼎鼓、几梴、壺濫、戈劍、羽旄、齒革，寢而埋之。"①《五總志》："唐孟詵《家祭儀》，士人家四仲祭，當用平面氈條屏風而已。其用桌椅，即是几筵，乃凶祭也。"②唐代墓誌中也常有與本誌相似的用法，開元十二年（724）十月廿三日《唐故朝議大夫守武州別駕上柱國李公墓誌》："若將遊而更旋，攀几筵而永遠。"③（第21行，第22、23字）

（28）李陳録文僅至第23行第1字，據拓片圖版，其下尚有五行，兹録文、斷句如下：（平原超忽，泉路窈）冥。敬鐫勒於玄壤，終永播於高名，銘曰：水德攸歸，神仙洞微，上應列次，下建邦畿；英賢磊硌，蘭菊芳菲；一經傳相，雙珠挺輝。其一。興平謌謌，操履貞固；豫州亹亹，恢弘雅度；篤生令德，清風遐布；放曠衿神，優遊墳素。其二。頻流□□，屢贊千城；利策風靡，褰帷俗清；光周物議，譽滿簪纓；方窮袞服，遽落人英。其三。玄甲啓路，青鳥戒日；寒野蒼茫，悲風蕭瑟；攸攸世代，窈窈泉室；萬古千年，終焉永異。其四。

(二)墓誌内容補考

李陳對《韋誌》内容的研究，主要集中於考證韋孝謇在隋末唐初的行年任官、家族世系中父、祖姓名等，但僅限於簡單排比、羅列相關基本史料。因墓誌歷經千載，斷裂殘泐，文字俗别交雜，李陳在誌

① 吴毓江撰，孫啓治點校《墨子校注》，第258—259頁。

②［南宋］吴坰《五總志》，影印《文淵閣四庫全書》第863册，上海：上海古籍出版社，1987年，第812頁。

③ 周紹良、趙超主編《唐代墓誌彙編續集》開元〇六七，第500頁。

文的釋讀、斷句等方面存在多處訛誤，致使難以對墓誌内容進行整體、正確的把握，對墓誌銘中透露出來的一些重要信息也未能深入考察。下面將從三個方面對《韋誌》内容重新進行考釋。

1. 韋孝謇歷官考證

韋孝謇，兩《唐書》無傳，僅《新表》《元和姓纂》載其任集州刺史。[①]《韋誌》載其歷仕隋唐，卒於貞觀三年，享年76歲，可推知其生於北齊天保五年（554）。

對於韋孝謇的仕履，墓誌的記載是從隋開皇十九年（599）"俯就洪州總管府記室"開始的，其年已經46歲，之前的仕宦没有提及，詳情也就不得而知了。據《隋書·地理志下》所載："豫章郡平陳，置洪州總管府。大業初府廢。"[②]可知開皇九年平陳後始置洪州總管府，大約在大業三年（607）"罷州置郡"[③]時改洪州爲豫章郡，廢總管府之號，故洪州總管府僅存於開皇九年至大業三年。

大業三年起，因洪州總管府廢，韋孝謇"頻宰義清、長河二縣"，轉任縣令。大業九年（613），韋孝謇"遷弘農郡丞"，由縣令升任郡丞。隋煬帝於大業三年改州置郡之後，"罷（郡）長史、司馬，置贊

①《新唐書》卷七四上《宰相世系表四上》，第3052頁；《元和姓纂（附四校記）》卷二："（韋）穆五代孫闞（閬），後魏殿中尚書，生範。範生法儁、顥、祖歡。法儁生子粲、榮亮、道諧。子粲生孝謇，集州刺史。"第153頁。

②《隋書》卷三一《地理志下》，第880頁。

③《隋書》卷二八《百官志下》，第802頁。

務[1]一人以貳之。……又改郡贊務爲丞，位在通守下”[2]。可知，隋末郡丞，相當於隋初之州長史、司馬，爲州郡上佐。《隋書·百官志》未明言隋末設郡丞的具體年代，今《韋誌》載韋孝謇大業“九年，遷弘農郡丞”，據此可推知，郡丞之設當不遲於大業九年，其職位當設置於隋煬帝大業三年至九年。

在隋末的動亂中，韋孝謇“率厲義勇，終免艱危。既而首領獲全，言歸有道”，在李淵秉政之後，於義寧元年（617）由弘農郡丞進位“授金紫光禄、弘農郡通守”。金紫光禄，即金紫光禄大夫之簡稱。通守，隋末特有之地方官。大業三年改州爲郡之後“諸郡各加置通守一人，位次太守”[3]，知其位在郡丞之上。史籍就隋代設置通守的具體年代並無明確記載，僅言大業三年之後，然據《隋書·百官志下》所載隋末地方官制改革中的先後順序，先有通守之置，之後纔是改郡贊務爲郡丞。[4]既然《韋誌》明載大業九年韋孝謇已經任弘農郡丞，可知，郡

---

① [唐]李林甫等撰，陳仲夫點校《唐六典》卷三〇《三府督護州縣官吏》作“贊治”，記載略同：“煬帝三年，罷州置郡，置太守，罷長史、司馬，置贊治以貳之。後又置通守，改贊治爲丞。”北京：中華書局，1992年，第745頁；[唐]杜佑撰，王文錦等點校《通典》卷三三《職官十五·州郡下》亦作“贊治”，云：“至煬帝又罷長史、司馬，置贊治一人，後又改郡贊治爲丞，位在通守下。”北京：中華書局，1988年，第911頁。又，《隋書》中贊治、贊務間有出現。

②《隋書》卷二八《百官志下》，第802頁。

③《隋書》卷二八《百官志下》，第802頁。除此之外，有關通守設置的情況《通典》亦載：“通守：隋煬帝置，每郡各一人，位次太守，而京兆、河南謂之内史。大唐無。”第915頁。有關隋代通守的研究主要有：[日]谷川道雄《隋代の通守について(關於隋代的通守)》，載《周一良先生八十生日紀念論文集》，北京：中國社會科學出版社，1993年，第459—471頁；[日]内田昌功《隋煬帝期の地方行政改革と通守制度》，[日]《北大史學》第三十六號，1996年，第23—49頁；王蘭平、馮培紅《隋代通守考論》，《蘭州大學學報(社會科學版)》2002年第5期，第43—48頁。

④ 關於通守和郡丞設置年代的先後《隋書》卷二八《百官志下》有較爲明確的記載：“罷州置郡，郡置太守。……罷長史、司馬，置贊務一人以貳之。……其後諸郡各加置通守一人，位次太守，……又改郡贊務爲丞，位在通守下……”第802頁。《唐六典》《通典》等記載大致相同，均言先設通守，再設郡丞。

丞之設在大業九年之前，那麼通守一職更當早於此，應在隋煬帝大業三年至九年，遲至義寧元年仍置不廢。同年，改弘農郡爲鳳林郡，韋孝謇即任鳳林郡太守。

李唐代隋之後，“改郡爲州，太守並稱刺史”“武德元年（618），改爲虢州，改鳳林爲鼎州”[①]。韋孝謇又任鼎州刺史，即《韋誌》所云：“又改郡爲州，即授鼎州刺史。”《元和郡縣圖志》《舊唐書·地理志》[②]等均載鼎州僅存在於武德元年至貞觀八年，《唐刺史考全編》“附編·河南道”[③]並未收録此鼎州，今據是誌，武德元年鼎州始設，韋孝謇即任鼎州刺史，不久即離任，可補《全編》之闕。

武德初年，韋孝謇“頻歷蒲、絳、晉三州總管府司馬”。隋前期實行總管府制度，大業三年煬帝改州爲郡後廢除[④]。唐武德元年復郡爲州，仍行總管府制度，直至武德四年起又改總管府爲都督府。《元和郡縣圖志·河東道一》：河中府“武德元年罷郡，置蒲州。……二年，置蒲州總管。……九年，廢總管置都督府，復爲州”。絳州“武德元年罷郡，置絳州總管，三年復爲絳州”。晉州“武德元年罷郡，置晉州，三年爲總管府，四年爲都督府，貞觀六年廢府，復爲晉州”[⑤]。可知唐

① [後晉]劉昫等《舊唐書》卷三八《地理志一》，北京：中華書局，1975年，第1384、1429頁。

② [唐]李吉甫撰，賀次君點校《元和郡縣圖志》卷六《河南道二》：“義寧元年改爲鳳林郡。其年，於盧氏縣置虢郡，武德元年改爲虢州。其年，改鳳林郡爲鼎州，因鼎湖以爲名。貞觀八年廢，遂移虢州於今理所。”北京：中華書局，1983年，第162頁。又《舊唐書》卷三八《地理志一》亦云：“武德元年，改爲虢州，改鳳林爲鼎州。貞觀八年，廢鼎州，移虢州於今治，屬河南道。”第1429頁。

③ 郁賢皓《唐刺史考全編》僅在《附編·京畿道》下列有同名之鼎州，乃天授二年，以雍州之雲陽、涇陽、禮泉、三原四縣所置，大足元年州廢，縣仍歸雍州，而此鼎州屬河南道，非同一地也，合肥：安徽大學出版社，2000年，第3387、3418—3430頁。

④《唐六典》卷三〇《三府督護州縣官吏》：“至隋，改（大都督府）爲總管府。”第742頁。有關隋代總管府的研究，參艾冲《隋代總管府制的發展與廢止》，《唐都學刊》1998年第4期，第1—3頁。

⑤《元和郡縣圖志》卷一二《河東道一》，第323—324、329、337頁。

初，韋孝謇一直在河東晉、絳一帶做官，據《韋誌》所載歷官順序，至武德四年晉州總管府廢，纔改授大將軍。

武德七年（624），韋孝謇又回到原來任職的晉州，“授晉州都督府長史”，品階有所上升，如前文所説唐武德四年晉州總管府改爲都督府。正因爲韋孝謇曾兩度在晉州爲官，而且擔任的是晉州總管府（都督府）中僅次於都督的司馬、長史一類上佐，所以他可能已經定居於此，最後亦死於晉州私第。

貞觀元年（627），韋孝謇“加中散大夫，持節集州諸軍事、集州刺史”。《新表》《元和姓纂》等均記載韋孝謇爲集州刺史，但無具體繫年。《唐刺史考全編》推測其任集州刺史約在武德、貞觀間[①]。今《韋誌》明載其貞觀元年出任集州刺史，可補《全編》繫年之闕，但未記載其何時離任，僅知其卒於貞觀三年（629），未知是否卒於任上。又，《全編》誤以韋孝謇爲北齊豫州刺史韋子粲之孫，實乃子粲之子。

2. 韋孝謇任官地考辯

《韋誌》載韋孝謇開皇十九年“俯就洪州總管府記室”，洪州，即今江西南昌。之後轉任襄陽郡義清、平原郡長河二縣令，即今湖北南漳、山東德州。[②]以上三地李陳二先生所考不差，但論及“（大業）九年遷弘農郡丞”時，云：“大業九年遷爲弘農郡（今河南靈寶）郡丞。……後又遷鳳林（今甘肅臨夏縣）太守，鼎州（今湖南常德）刺史。”不妥。《元和郡縣圖志·隴右道上·河州·鳳林縣》記載西魏大統十二年

① 郁賢皓《唐刺史考全編》卷二一三《集州（符陽郡）》，第2862頁。

②《隋書》卷三一《地理志下》記載襄陽郡義清縣：“（南朝）梁置，曰穰縣。西魏改爲義清，屬歸義郡。後周廢郡及左安、開南、歸仁三縣入焉。”（第891頁）平原郡長河縣：“舊曰廣川。後齊省，開皇六年復置，仁壽初改名焉。”（第845頁）

(546) 於白石縣鳳林川置鳳林縣。[①]王仲犖先生考證至北周時鳳林縣尚存不廢，爲河州枹罕郡下轄四縣之一，[②]但據《隋書·地理志上》所載，隋代枹罕郡所統四縣中已無鳳林縣，[③]蓋至隋其縣已廢，是知隋末在今甘肅臨夏地區並無鳳林縣或鳳林郡之設。[④]

《隋書·地理志中》所載弘農郡在今河南靈寶市，但對隋末弘農郡的沿革没有過多記載，我們無從瞭解其在隋末更多的沿革狀況，僅云：

> 弘農郡大業三年置。……弘農舊置西恒農郡，後周廢。大業初置弘農郡。又有石城郡、玉城縣，西魏並廢。有石隄山。盧氏後魏置漢安郡，西魏置義川郡。開皇初郡廢，州改爲虢州。大業初州廢。有關官。有石扇山。長泉後魏曰南陜，西魏改焉。有松楊山、檀山。朱陽舊置朱陽郡，後周郡廢。有邑陽縣，開皇末改爲邑川，大業初併入。有胏山，有湖水。[⑤]

而在《元和郡縣圖志·河内道二·虢州》卻追記有隋末唐初弘農郡建置變遷情況：

---

① 《元和郡縣圖志》卷三九《隴右道上·河州》："鳳林縣，中下。東南至州八十里。本漢白石縣地，後魏大統十二年，刺史楊寬於河南鳳林川置鳳林縣，因以爲名。"第990頁。

② 王仲犖《北周地理志》考得河州枹罕郡下轄四縣爲枹罕、大夏、鳳林、龍支，北京：中華書局，1980年，第196—198頁。

③ 《隋書》卷二九《地理志上》："枹罕郡舊置河州。統縣四……枹罕舊置枹罕郡，開皇初郡廢。大業初置郡。有關官。有鳳林山。龍支……大夏……水池。"第814頁。

④ 李陳將誌文之鳳林郡考證爲兩《唐書·地理志》所載之河州鳳林縣，顯誤。有關唐鳳林縣、關、渡等相關考證，可參見劉滿《西北黄河古渡考(二)》，《敦煌學輯刊》2005年第4期，第102—146頁，後收入氏著《河隴歷史地理研究》，蘭州：甘肅文化出版社，2009年，第58—75頁。

⑤ 《隋書》卷三〇《地理志中》，第840—841頁。

（大業）三年，又於弘農縣置弘農郡，義寧元年改爲鳳林郡。其年，於盧氏縣置虢郡，武德元年改爲虢州。其年，改鳳林郡爲鼎州，因鼎湖以爲名。①

《舊唐書·地理志一》對隋唐之際河内弘農地區的行政建置有所記載：

虢州望　漢弘農郡。隋廢郡爲弘農縣，屬陝州。隋末復置郡。義寧元年，改爲鳳林郡，仍於盧氏置虢郡。武德元年，改爲虢州，改鳳林爲鼎州。貞觀八年，廢鼎州，移虢州於今治，屬河南道。②

可見，自大業三年以弘農縣置弘農郡後，在隋末唐初，弘農地區的行政建置發生過多次變遷：義寧元年，弘農郡改爲鳳林郡，又於原弘農郡屬盧氏縣新置虢郡。至武德元年，改郡爲州時，即改虢郡爲虢州、鳳林郡爲鼎州。通過《韋誌》之記載更可佐證《元和郡縣圖志》所載弘農郡在隋末唐初的沿革變化，可補《隋書·地理志中》弘農郡記載之闕。故可知自隋末大業九年起，韋孝謇一直在河内弘農一帶爲官。僅是因爲地方區劃、行政建置變化，相應的地名、官名也有所改變而已，其實地點大致相當，均在今河南靈寶一帶。誠非李陳所考在今甘肅臨夏和湖南常德爲官。

3. 韋孝謇家世考證

韋孝謇出身於關中高門京兆韋氏，屬東眷韋氏閬公房，史載："東眷

①《元和郡縣圖志》卷六《河内道二》，第162頁。

②《舊唐書》卷三八《地理志一》，第1429頁。

韋氏：穆曾孫楷，晉長樂、清河二郡守。生逵，慕容垂大長秋卿。生閬，字友觀，避地薊城，後魏太武召爲咸陽太守。時關中大亂，所部獨安。明元帝嘗曰：'我欲有臣皆如閬。'當時以爲美談。子孫因自別爲閬公房。二子：範、道珍。"[①]《韋誌》並未叙及韋孝謇父祖名諱，僅云"祖洛州興平男""父豫州使君"，《新表》則詳列韋孝謇以上之世系[②]：

範，後魏高平男。
法儁，都水使者、高平貞男。
子粲字暉茂，北齊豫州刺史、西奭忠男。
孝謇，集州刺史。

韋孝謇曾祖韋範，姓名事跡諸史略同，唯所受之爵位，互有歧異。《魏書·韋範傳》有"高宗時，賜爵興平男"的記載，但《新表》卻稱韋範、韋儁父子爵位均爲高平男，不知孰是？《魏書·韋儁傳》載韋範之子韋儁"少孤，事祖母以孝聞。性温和廉讓，爲州里所稱。太和中，襲爵"，後官至都水使者，因與左僕射郭祚爲姻家，爲領軍于忠所惡，與郭祚、尚書裴植同時遇害，至"熙平元年，追贈中壘將軍、洛州刺史，謚曰貞"。韋儁"長子榮緒，字子光，頗涉文史。襲爵，除

① 《新唐書》卷七四上《宰相世系表四上》第3051—3052頁。

② 《新唐書》卷七四上《宰相世系表四上》，第3052頁；《元和姓纂（附四校記）》所記韋孝謇一支世系略同："穆五代孫闕（閬），後魏殿中尚書，生範。範生法儁、顥、祖歡。法儁生子粲、榮亮、道諧。子粲生孝謇，集州刺史。"第153頁。另可參趙超編著《新唐書宰相世系表集校》，北京：中華書局，1998年，第604—605頁。

員外散騎侍郎”①。因爲在韋儁、韋榮緒傳中均没有重新受爵的記載，如《魏書》所載不差，韋儁、韋榮緒都承襲了韋範“興平男”的爵位，與《韋誌》所載“祖洛州興平男”相符，可證《新表》所記有誤，“高平”當作“興平”，而“貞”則是韋儁死後的謚號。《新表》記其爲都水使者，乃就其生前任官而言，而《韋誌》稱其爲洛州興平男則以其身後贈爵爲指。

諸史所載韋孝寬祖父之名多有歧異：《魏書》稱韋範“子儁，字穎超，早有學識”②；《北史》載“範子儁，字穎超，早有學”③；《北齊書》載韋子粲“父雋，都水使者”④；《元和姓纂》則稱“範生法儁、顥、祖歡”⑤；《新表》元和七年前之世系本自《姓纂》，亦稱“法儁，都水使者、高平貞男”。故清人沈炳震在《唐書宰相世系表訂譌》中考訂：“法儁都水使者、高平貞男，《魏書·韋閬傳》單名儁。”⑥

韋孝寬之父韋子粲，韋儁第三子，據《北齊書》《北史》⑦本傳記載，起先一直在北魏、西魏做官，官至西魏南汾州刺史。“(北齊）神武

① [北齊]魏收《魏書》卷四五《韋閬傳附韋範韋儁傳》，北京：中華書局，1974年，第1009—1010頁；[唐]李延壽《北史》卷二六《韋閬傳附韋儁傳》所載略同，北京：中華書局，1974年，第955—956頁。

②《魏書》卷四五《韋閬傳附韋儁傳》，第1009頁。

③《北史》卷二六《韋閬傳附韋儁傳》，第956頁。

④《北齊書》卷二七《韋子粲傳》，第379頁。

⑤《元和姓纂(附四校記)》卷二，第153頁。

⑥ 詳見[清]沈炳震《唐書宰相世系表訂譌》，收入《二十五史補編》第六册，北京：中華書局，1955年，第7587頁。

⑦《北齊書》卷二七《韋子粲傳》，第379—380頁；《北史》卷二六《韋子粲傳》，第956頁。兩史本傳所載大致相同，又《魏書》卷四五《韋閬傳》所附韋子粲傳過於簡略，並未叙及其没入東魏一事，第1010頁。又，《北齊書》記載其父爲韋雋，誤，李陳引用《北史·韋子粲傳》，但在注出的版本卻是《北齊書》，誤。

命將出討，城陷，子弟俱破獲，送晉陽，蒙放免。”[①]《通鑑》繫此事於東魏元象元年（538），[②]此後，東眷韋氏閬公房韋子粲一支便由西而東，歷仕東魏、北齊而居高位，韋子粲“天保初，封西夔縣男。後卒於豫州刺史，謚曰忠”[③]。

《新表》《姓纂》等均不載韋孝謇以下世系，《韋誌》亦僅有“嗣子等踐霜露以增哀，攀几筵而假息”之記載，未詳其後嗣情況。但據新出《唐故天女寺尼韋氏（愛道）墓誌銘并序》：“曾祖子粲，右衛大將軍。祖孝謇，鳳林郡守。父處乂，并州祁縣令。”[④]可知韋孝謇有子處乂，官并州祁縣令。可補《新表》《姓纂》之闕。

雖然韋孝謇自稱京兆山北人，卻葬於汴州開封縣，可能因爲韋子粲一支没入東魏之後，便落籍開封，韋子粲死後葬於汴州開封，其子韋孝謇雖然死於晉州，但還是歸葬開封祖塋。故《韋誌》中所謂的京兆山北已經不是其真正的家鄉，僅是其遥遠的郡望而已。

（三）墓誌録文

1. 韋孝謇墓誌

大唐故集州刺史韋公墓誌銘|

公諱孝謇，字天際，京兆山北人也。日月會躔，是稱豕韋之

① 《北齊書》卷二七《韋子粲傳》，第379—380頁。

② ［北宋］司馬光編著，［元］胡三省音注《資治通鑑》卷一五八梁武帝大同四年：“東魏大都督善無賀拔仁攻魏南汾州，刺史韋子粲降之，丞相泰滅子粲之族。”北京：中華書局，1956年，第4891頁。

③ 《北史》卷二六《韋子粲傳》，第956頁。

④ 録文見吴鋼主編《全唐文補遺》第八輯，西安：三秦出版社，2005年，第13頁。拓片圖版見趙君平、趙文成編《河洛墓刻拾零》一五三，北京：北京圖書館出版社，2007年，第196—197頁。拓片圖版及録文見洛陽市第二文物工作隊、喬棟、李獻奇、史家珍編著《洛陽新獲墓誌續編》八八，北京：科學出版社，2008年，第88、376—377頁。

次；王侯封建，爰」自狶韋之邦。或養性以登仙，或居彭而啓霸，胤緒蟬聯，其來自遠。至如」世篤鄒魯之訓，家承禮義之鄉。既二相傳經，且雙珠交映，代有」人焉，無待揚推。祖洛州興平男，體德居貞，匪躬固節。不充詘於富貴，故道」長而運短。父豫州使君，孝惟神感，才亞生知。自西徂東，七釐八命。公」繼祖考之鴻烈，承積善之慶餘。行潔珪璋，履懷貞粹，窮通開塞，蓋澹如」也。故得名與實俱，心將道合。隨開皇十九年，俯就洪州總管府記室。人惟」學府，職乃文房。喜怒無違，獻替攸在。大業之始，頻宰義清、長河二縣。九年,」遷弘農郡丞。屢静三欺，頻流五美。刑清務簡，化洽民邑。有隨之季，犬羊飆」起。公率厲義勇，終免艱危。既而首領獲全，言歸有道。義寧元年，授金紫光」禄、弘農郡通守。仍遷鳳林太守，又改郡爲州，即授鼎州刺史。山通二陵之」險，地邇三川之俗，五方輻湊之塗，二南分化之所。公正身率下，不令而行。」小大各盡其歡，賓旅不勝其慶。大唐武德之初，頻歷蒲、絳、晉三州總管」府司馬，改授大將軍。七年，授晉州都督府長史。貞觀元年，加中散大夫、持」節集州諸軍事、集州刺史。東撫汾、晉，南鄰漢、沔，跨千里而騰聲，頒六條而」布政，民夷慶賴，朝野稱嗟。而東注潺湲，西光晻曖，桑榆遽晚，申酉生悲，方」佚鵾鵬，奄淪霄漢。貞觀三年歲次己丑閏十二月丁酉朔五日辛丑，薨於」晉州，春秋七十有六。粤以四年歲次庚寅十一月壬戌朔廿四日乙酉，葬」於汴州開封縣之西原。嗟乎！年代往來，倏忽今古，河移海落，谷徙陵虚。有」懷朝市之遷，誰辨功名之地。嗣子等踐霜露以增哀，攀几筵而假息。緬惟」平昔，畢世長號。既反也，其若疑亦，終憂而永慕。嗚呼哀哉！平原超忽，泉路」窈冥。敬鐫勒於玄壤，終永播於高名，銘曰：

水德攸歸，神仙洞微。上應列」次，下建邦畿。英賢磊硌，蘭菊芳菲。一經傳相，雙珠挺輝。其一。興平諤諤，操履」貞固。豫州亹亹，恢弘雅度。篤生令德，清風遐布。放曠衿神，優遊墳素。其二。」頻流□□，屢贊千城。利策風靡，褰帷俗清。光周物議，譽滿簪纓。方窮衮」服，遽落人英。其三。玄甲啓路，青烏戒日。寒野蒼茫，悲風蕭瑟。攸攸世代，窈窈」泉室。萬古千年，終焉永畢。其四。」

2. 韋愛道墓誌

唐故天女寺尼韋氏（愛道）墓誌銘并序」

比丘尼法諱愛道，字法多，俗姓韋氏，京兆」杜陵人也。昔丞相開基，弈葉傳其令範；雲」臺肇構，鴻札標其妙工。曾祖子粲，右衛大」將軍。祖孝謇，鳳林郡守。父處乂，并州祁縣」令。比丘生於貴族，出自名家。姿範端妍，才」章敏茂。年甫卅，歸于弘農楊氏。夫其雅操」脩謹，夙著廉能。既而雄劍先沉，金夫中夭。」情崩杞婦，誓列恭姜。遂乃精習四禪，專求」二諦，爰兹落髮，即定身心。方期住世，何圖」厭俗。以景龍三年十月廿八日終于洛州」永昌縣毓德坊里第。春秋六十有九。以其」年十一月八日權厝於合宮縣北邙原，禮」也。乃爲銘曰：

遊神淨土，變迹仙宮。百身安贖，萬化歸空。」車淩苦霧，唄引悲風。庶旌沉石，播美無窮。」

河西蘭紹詞」

二、唐中宗朝宰相于惟謙家族世系輯考

于惟謙，初唐時人，中宗朝官至宰相，兩《唐書》無傳，僅兩《唐書·中宗紀》有其入相、罷相的記載：神龍二年（706）正月戊戌，"中書侍郎于惟謙同中書門下平章事"，神龍三年①（707）九月丁酉，"中書侍郎、東海郡公于惟謙國子祭酒，罷知政事"②。儘管《新唐書·宰相表》"神龍二年""景龍元年"欄中亦有同樣的記載③，但不知何故，《新唐書·宰相世系表》"于氏"④表中卻漏載于惟謙之世系⑤。所幸在詳載中唐以前

① 是年九月庚子，赦天下，始改元景龍，故[北宋]歐陽修、宋祁《新唐書》卷四《中宗紀》繫此條於景龍元年（北京：中華書局，1975年，第110頁），用改元後年號，而[後晉]劉昫等《舊唐書》卷七《中宗紀》則繫於神龍三年（北京：中華書局，1975年，第145頁），用改元前年號，實際于惟謙罷知政事在改元之前，雖二者均指707年，《舊唐書》更確。

②《舊唐書》卷七《中宗紀》，第141、145頁。《新唐書》卷四《中宗紀》所載略同："（神龍）二年正月戊戌，吏部尚書李嶠同中書門下三品，中書侍郎于惟謙同中書門下平章事……（景龍元年）九月丁酉……于惟謙罷。"第108—110頁。又，[宋]王溥《唐會要》卷一《帝號上》載唐中宗朝宰相三十八人，其中便有于惟謙之名，名列李嶠之後，蘇瓌之前。（北京：中華書局，1955年，第5頁）又，[北宋]王欽若等編《册府元龜》卷七二《帝王部·命相第二》亦有于惟謙拜相之記載："（神龍）二年正月，吏部尚書李嶠同中書門下三品，中書侍郎于惟謙同中書門下平章事。"北京：中華書局，1960年，第825頁。[北宋]司馬光編著，[元]胡三省音注《資治通鑑》卷二〇八中宗神龍二年正月條："春，正月，戊戌，以吏部尚書李嶠同中書門下三品，中書侍郎于惟謙同平章事。"中宗景龍元年九月條："九月，丁卯……中書侍郎、同中書門下三品于惟謙罷爲國子祭酒。"北京：中華書局，1956年，第6597、6615頁。唯《通鑑》所記于惟謙罷相日期與兩《唐書》有異，作"丁卯"，不知何據。

③《新唐書》卷六一《宰相表上》所記與兩《唐書·中宗紀》所載略同："（神龍二年）正月戊戌，守吏部尚書李嶠同中書門下三品，中書侍郎于惟謙同中書門下平章事……（景龍元年）九月丁酉，惟謙罷爲國子祭酒。"第1672、1674頁。

④ 據筆者管見，學界有關中古于氏家族的專題研究不多，近年來余静《北朝隋唐時期河南于氏家族研究》一文，用功甚勤，但該文考證不密，論及于惟謙家族時，認爲亦屬漢化之胡族河南于氏，有待商榷，見《周秦漢唐文化研究》第七輯，西安：三秦出版社，2009年，第141—169頁。

⑤《新唐書》卷七二下《宰相世系表二下》，第2818—2833頁。

姓氏族望的《元和姓纂》中保存有于惟謙家族的簡單世系：

> 【江陵】狀稱定國之後，自東海徙焉。唐延州刺史子俊；生惟謙，兵部侍郎、平章事，生光宰、光弼、光嗣。光宰，都官郎中。姪光偉、光業、光進。[①]

雖然于惟謙位極人臣，官至同中書門下平章事，但史家給予他的筆墨實在是少得可憐。居相位一年零九個月的他，全部的人生難道只有這兩行拜相、罷相的簡短叙述文字？除了《姓纂》中簡略的家世外，在浩瀚的唐史史料中居然難覓其活動的身影，他猶如謎一般的出現在初唐的政治舞臺上，轉瞬又閃入歷史的長河中，讓我們無處找尋。近來，于惟謙家族成員墓誌的出土，爲我們提供了考察于惟謙及其家族世系的新綫索，本節擬用新獲墓誌文獻，結合舊有史料，探究于惟謙家族不載的史實，重構其失落的譜系。

(一)問題的提出與研究史的回顧

其實早在北宋，即《新唐書》成書不久，吴縝已經在《新唐書糾謬》中指出“于惟謙相中宗而于氏表不載”[②]，但吴氏並未做出任何考證。

隨着新材料逐步被發現，學者們對該問題的關注與探討不斷深入。清人王昶在《金石萃編》中首先揭出《大唐朝議大夫行聞喜縣令上柱國臨淄縣開國男于君請移置唐興寺碑并序》，碑文載：“時縣令朝議大夫

① [唐]林寶撰，岑仲勉校記，郁賢皓、陶敏整理，孫望審訂《元和姓纂(附四校記)》卷二，北京：中華書局，1994年，第244—245頁。

② [北宋]吴縝《新唐書糾謬》卷一一《載述脱誤》“《宰相世系表》脱漏不載者”，《四部叢刊三編》本，上海：商務印書館，1935年。

東海于公，名光庭，即銀青光禄大夫、瀛（瀛）州刺史、東海郡公士俊之孫；金紫光禄大夫、中書侍郎、同中書門下三品、東海憲公之第五子也。”

王氏考證云：

> 縣令于光庭，爲東海郡公士俊之孫，東海憲公第五子。兩《唐書》俱無傳，以《唐書宰相世系表》攷之，俱不載其名，大抵與于志寧等不同系也。然《世系表》中如知微、克勤卻封東海郡公，殆是爵偶同耳。《山西通志·名宦卷》光庭亦無傳。①

因碑中未明言于惟謙即于光庭之父，王氏亦只從兩《唐書》傳記、《新表》入手考察，未能發現兩人的這種關係，僅認爲該支于氏與“河南于氏”中于志寧等不同系而已。

後洪頤煊在《平津讀碑記》中亦對該碑所載世系進行考證：

> 右《移置唐興寺碑》，在聞喜縣。碑稱：“時縣令朝議大夫東海于公，名光庭，即銀青光禄大夫、瀛州刺史、東海郡公士俊之孫；金紫光禄大夫、中書侍郎、同中書門下三品、東海憲公之第五子。”《新唐書·宰相世系表》不載東海憲公支系，惟《宰相表》：神龍二年正月戊戌以中書侍郎于惟謙同中書門下三品。《元和姓纂》：

①［清］王昶《金石萃編》卷七一《移置唐興寺碑》，上海：上海古籍出版社，2020年，第1198—1200頁。又，［清］董誥等編《全唐文》卷二六八許景先《唐朝議大夫行聞喜縣令上柱國臨淄縣開國男于君請移置唐興寺碑》，北京：中華書局，1983年，第2726—2727頁。

"唐延州刺史子俊；生惟謙，兵部侍郎、平章事；生光宰、光弼、光嗣。"子俊即士俊之譌，東海憲公即惟謙矣。惟謙五子，《姓纂》止載其三，故無光庭名。①

洪氏揭出了于光庭與于惟謙的關係，並引《姓纂》的記載考證碑文中之東海憲公即于惟謙，並藉此碑糾正《姓纂》所載其父"于子俊"是"于士俊"之訛。

岑仲勉先生在《元和姓纂四校記》中綜合前人研究，勾稽相關文獻資料，對《姓纂》該條詳加考訂、多有補證：

A〔岑校〕唐延州刺史子俊　《移置唐興寺碑》稱瀛州刺史東海郡公士俊。(《萃編》七一)《平津記》五云："'子俊'即'士俊'之訛。"《千唐·于偃誌》："曾祖士俊，銀青光禄大夫、瀛州刺史。"

B〔又〕生惟謙兵部侍郎平章事　惟謙，《舊、新書》均無傳，《新世系表》亦缺。據《唐興寺碑》，則金紫光禄大夫、中書侍郎、同中書門下三品、東海憲公也。《舊唐書》七，惟謙以神龍二年正月相，三年九月罷。《千唐》李素規撰《武寧令于季文誌》："高祖惟謙，皇朝金紫光禄大夫、行中書侍郎、同中書門下三品，封東海郡開□□□。曾祖光嗣，皇太中大夫、泗州刺史。祖菜，皇朝散郎、□州司倉參軍。考偁，皇□州録事參軍。"季文卒元和八年，年五十七，有子縱、約。又《千唐·涼王府功曹于偃誌》(《誌》末倒刻之標題無"王"字，是也)云："祖惟謙，金紫光禄大夫、中書侍

① [清]洪頤煊《平津讀碑記》卷五"移置唐興寺碑"條，《石刻史料新編》第二十六册，第19404頁。

郎、同中書門下三品。父光寓，銀青光禄大夫、陳王傅。公即光寓之嫡子也。”偃卒天寶九載，年卅（?）一。《全唐文》二四二李嶠行制，文昌右司郎中于惟謙可朝請大夫守給事中。《全文拾遺》一六《大崇福觀記》，聖曆二年作，稱司賓卿于惟謙。

C〔又〕生光宰光弼光嗣　據上碑誌，惟謙尚有子光庭，開元六年任聞喜縣令（亦見《全唐文》二五三蘇頲制）。又有光寓。①

岑氏從浩瀚的傳世文獻與新出石刻文獻中檢出多種與于惟謙相關的材料，爲解決此問題提供了豐富的素材，後來學者受益匪淺。

趙超先生在《新唐書宰相世系表集校》一書中，結合《姓纂》之記載，在“于氏”表中補宰相于惟謙一支世系，並全文引録岑氏《四校記》之考證，但未見另有發明。②

		子俊。
		惟謙。
光嗣。	光弼。	光宰。

毛漢光先生在《唐代墓誌銘彙編附考》中收録《大唐故游騎將軍守永嘉府右果毅都尉上柱國于府君（賁）墓誌銘并序》，揭出于賁與于惟謙的兄弟關係，同樣依據《姓纂》及岑氏《四校記》之考證，列出誌主世系，雖較《集校》詳細，可惜漏于士俊一代，又因不明于賁、于惟謙兄弟之雁序，列于賁於前爲兄。③

①《元和姓纂(附四校記)》,第244—245頁。

② 趙超編著《新唐書宰相世系表集校》,北京:中華書局,1998年,第425—426頁。

③ 毛漢光《唐代墓誌銘彙編附考》第十五册,臺北:“中央研究院”歷史語言研究所,1993年,第247—252頁。

經過前賢今人的不斷努力，學界圍繞這個北宋時代已經被人提出的問題，不斷揭示新材料，補充舊世系，對唐中宗朝宰相于惟謙之家世進行了初步的整理，但是受資料匱乏所限，該支世系中尚有諸多未明之處，頗有可延伸的研究空間。

（二）兩種墓誌資料

中國舊有“據史傳以考遺刻，復以遺刻還正史傳”的“金石”證史傳統。清季以來，作爲中古史研究新材料的隋唐碑誌大量出土，作於當時，未經史官裁剪的中古碑誌之文往往備載墓主家世，其中雖有遠攀望族以自高的情況，但於近世家族支派、婚媾戚屬等，則大抵可信，可資作爲重新建構中古家族世系的原始資料。

《姓纂》所載于惟謙之家族世系起於乃父，迄於其子侄，殊爲簡略。加之傳世典籍中關於于惟謙及其家世的記載亦屬吉光片羽，難以憑此詳考其家世，重構其譜系。所幸近代以來，地不愛寶，數方于惟謙家族成員墓誌的出土，爲我們進一步認識于惟謙及其家族世系提供了重要的素材，下文所録兩方墓誌之誌主爲于惟謙直系親屬，史料價值重大。

1. 于賁墓誌

大唐故游騎將軍守永嘉府右果毅都尉上柱國于府君墓誌銘并序」

左御史臺殿中侍御史張嘉之撰」

於戲，祚必復始，慶延于後；陰德有徵，高門自廣；世濟其美，可略而詳。公諱賁，字履謙，」東海郯人也，漢丞相于公之後。九代祖禁，魏將軍、益壽亭侯。曾祖晟，周壯武將軍、南」城郡公，宏材命代，英略冠時。祖詮，隨長沙郡守、襄城郡公，循良其道，神明其德。父士」俊，皇朝使持節延州諸軍事、延州刺史、上柱國、東海郡公，贈瀛州刺史。鎮高方嶽，」聲振外臺，故得禮被哀榮，位隆褒贈。公芳庭玉樹，合浦珠胎。早挺端嶷，夙鄰殆庶。言」擇詩書，業傳弓冶。文場迴望，焕組繢以相輝；武庫榮觀，見矛戟之森列。而承陰若木，」漸潤長河。起家以門緒，授左衛勳衛，及筮將登仕，學而從政，利用作賦於王庭，」動静必光乎吾道。軼鵬路而輕羽，風摶六月；奔驥途而騁力，日馳千里。解褐調擬徐」州司户參軍事，簡賢選能，進善黜惡。弘農坐嘯，推幹器於邦君；越嶺長謡，幾勞人於」州職。屬頑兇僭逆，江淮震盪，有敕委州將擇清强官統兵討之。公以材應選，」道不墜地，誅乃順天，雷震電擊，戰勝功取。恩敕賞口加階放選，旋丁母憂告」罷，泣繼以血，起扶以杖，三年之喪，再朞而已。值國家受終革命，觀風省俗，輶」軒長驅，絲綸遠降。公光輝以牧，令望自高，被劍南道存撫使奏充判官，爲時」須也。及還，以舊功累叙，恩制加五品，授游擊將軍，行左武威衛左司階。策名」清時，列侍丹陛，忘懈倦於興寐，竭公忠以巡警。俄丁父憂，苫塊自持，哀毁逾」禮，廬于墳側，杖而後起。服終，蒙授游騎將軍、守永嘉府右果毅都尉。公博覽史籍，特」曉軍謀，士卒仰其威惠，兵甲賴其訓率。方謂雄圖自遠，當萬里之通侯；豈期禀命不」融，將百年而異代。以聖曆元年四月遘疾，其月廿七日，奄終官舍，春秋五十有三。即」以其年五月權殯於府之廨田，悲夫！九原可作，千齡共盡。龜謀啓兆，考卜宅以終安」；馬鬣因封，見佳城之遽闢。粤以景龍二年十一月廿七日遷厝于洛陽北邙舊塋，禮」也。夫人河東柳氏。長子行蒲州猗氏縣丞光業，次子天宫寺僧住禪，第三子吏部常」選光祐，第四子右千牛光彥等，並慎終追遠，天號地躃，惻霜露於行踐，悲歲月之遄」易。綺羅薰歇兮池臺謝，松柏蕭森兮烟霧積，期不朽於窮泉，庶無刊於貞石。銘曰：」

于公高門，貽慶後昆。陽報不已，陰德猶存。梓材竹箭，桂馥蘭芬。生我哲士，猗歟道尊。」其一。可久可大，克岐克嶷。吴鐔洞彩，隨珠爛色。東海振鱗，南溟奮翼。寔惟國榦，徒」勞州職。其二。豺狼搆患，淮海驚濤。爰整師旅，見挹吾曹。其道不墜，其功自高。委身雄列，」韞德龍韜。其三。煞敵爲果，智果爲毅。勇冠遠圖，才宏壯氣。方將萬里，坐通榮貴。誰期九」原，行當悽欷。其四。卜宅厝之，嘉命在兹。青松霧苦，白楊風颸。丘隴殘兮長閟，池館平兮」永思。終昊天之罔極，見白日之何期。其五。」[①]

2. 胡貞範墓誌

大唐中大夫守延州刺史上柱國東海郡開國公故夫人胡氏墓誌銘并序」

夫人諱貞範，安定人。本虞舜之苗裔，陳胡公之後也。原夫受禪握褒，結靈根於貿夏；因官命族，發」遥萼於大姬。巨派括於蓬瀛，本枝參於日月。太尉胡廣，襲上衮以馳聲；監軍胡烈，握中權而禦侮。」焕乎簡牘，可略言焉。曾祖國珍，後魏司徒公。纂靈鳳穴，凝間氣以挺生；疏構龍門，藴公才以傑出。」氣高百辟，聲震九圍。撤雲霧於域中，則業隆三傑；轉鈞衡於海内，則聲重二南。

① 誌石舊藏河南開封圖書館，拓片圖版見北京圖書館金石組編《北京圖書館藏中國歷代石刻拓本匯編》第二十册，鄭州：中州古籍出版社，1989年，第74頁，録文參見周紹良主編《唐代墓誌彙編》景龍〇一四，上海：上海古籍出版社，1992年，第1087—1088頁，拓片圖版及録文見毛漢光《唐代墓誌銘彙編附考》第十五册，第247—252頁，以下簡稱《貴誌》。

故能道映丹青，寄」□舟楫。祖偘，隨上儀同、武賁中郎將、丹陽郡守。黼黻含輝，珪璋吐秀。入司五校，名節振於關河；出」□百城，謳謡發於淮海。父倪，隨正議大夫、儀同三司、右鷹揚郎將，襲爵安定公。立議左曹，昇台右」□。雄情杖節，高軌軼於龍驤；浩氣衝襟，英聲震於馬服。故能戎昭克舉，武節是宣，德美搢紳，聲騰」廊廟。夫人發源帝緒，誕慶公門，□氣晨虹，連光夕月。潔白之行，追梁氏而委餘；貞介之心，躡恭姜」以高步。赤烏三女，寔媿婉娩之容；黃□二姬，莫繼幽閑之德。往屬漢東道缺，河朔塵飛，劉項隔於」崤函，豺狼結於趙魏。夫人此際，年十有三。遂有黃州賊帥周法明爲一郡摠管，率師奥壤，握節盛」藩。以夫人世擅膏腴，家傳鍾鼎，爲男欲求高援，强委禽焉。尊君正屬沸騰，莫由選擇，雖非我族類，」而迫彼權豪，曲納媒人之言，欲敦伉合之義。太夫人遲疑不決，私察本情，答云：脅物以威，服人以」勢，誓有必死，義不結縭。周氏懷慚，遂無以奪。雖趙脩之以碧塗面，劉嫗之援刀截耳，介焉如石，無」以過焉！□□□君風□□逸，器宇□邃。鸞飛鴻漸，纂盛業於東周；衮服繡裳，闢高門於西漢。騰聲日」下，卓爾不羣，□□□甘，確□難□。夫人金宗發色，玉葉開榮，蕙性内凝，瑶姿外朗。以膠投漆，雅志」不擇於梁鴻；□□□□，□情必歸於鮑永。年十有九，迺適于門。於是耻麗服於袿徽，徘徊而觀羽」狄；鄙鷖鑣於□飾，詑俯而陟文□。躬集醴酏，親營纂組。捧兹巾櫛，在朝夕而已勤；潔彼棗脩，歷蒸」嘗而勿怠。道光中饋，不代己而虔恭；學冠含章，復割情而敬愛。兼以掩抑三郭，優遊四禪，尋絶境」於毗邪，謁太師於摩竭。故能内佐君子，穆若金蘭；外撫族人，温如珪璧。至顯慶五年七月廿日，使」

君加朝命，封江陵縣君。又垂拱二年二月廿一日，改封安定郡君。使君剖析六條，隱括千里，飛蝗」避境，凱澤隨車。德政發聞，皆夫人之助也。于時禮徹澗濱，譽流江汜。飄颻節下，蘊青澤之珠輝；徙」倚棠傖，包紫山之玉潔。齊侯止戈於莒國，寔屬衞姬；許允拖紱於晉朝，尅由阮氏。内政之美，復出」於兹。但以始遘彌旬，終悲徹幕，隙駒難駐，舟壑易遷。烏呼！遠矚漢皋，玉珮與尺波長往；近觀洛浦，」神珠與寸晷無留。垂拱三年八月十四日，薨於神都崇業坊之私第，春秋八十有一。粤以垂拱四」年十二月一日葬於河南縣之北邙山，禮也。長子觀，鸞臺符璽郎。次子震，同州孝德府右果毅都」尉，夭逝。第三子賁，徐州司户參軍事。並桂枝蘭葉，瓊實玉英，纂閥閲於昌時，嗣箕裘於絶業。聆」寒泉而永慕，慟矣崩心；誦陟屺而長號，悽然泣血。甘公擇日，元緒告禎。歌吹慘於舒泉，淪芳澗水之」側；風霜結於梓樹，歸骨邙山之下。將恐紵漆難久，松門易摧，珠簾地發，銅馬山開。雖滅彩於朝鏡，」庶留芳於夜臺。乃爲銘曰：」

環海帝源，誓河公族。陰靈發禮，遂誕才淑。桃彩照鄰，珠光韞櫝。柳雪含影，椒花吐馥。其一。傑矣良人，」七車已駕。瑋哉悊婦，百兩來迓。執燭長宵，紉徽廣夏。箱有簡牘，衣無蘭麝。其二。捧冠伊恪，採藻□勤。」事隨月故，物逐時新。不御鉛澤，唯條組紃。掌珠濟濟，庭玉詵詵。其三。尊朝命室，積行累功。恒□炯誡，」屢竭深衷。拾遺補闕，矯俗移風。厥名已貴，在禮斯崇。其四。滌濯玄津，鶣翔鷲嶺。想徹無外，□窮有頂。」五濁已銷，六塵斯静。不隨風籥，遂孤鸞影。其五。鮑妻刻骨，孟母擇鄰。寂寞霜夜，淒清露晨。□□密戚，」展禮嘉姻。周流目鑒，密勿躬親。

其六。寒暑推移，日月迴薄。四照花隱，三珠葉落。未遇雲裝，已隨舟壑。」魂入東岱，形留北洛。其七。鄷鍾已徹，楚挽將昇。幽谷從惠，佳城附滕。悠悠泉户，黯黯窮燈。道彌日月，」事永丘陵。其八。

司禮博士攝秋官員外郎孫尚客製」[①]

(三)于惟謙家族世系輯考

正當我們歎息《姓纂》所載于惟謙家族之譜系過簡，信息訛誤不全時，久埋地下，作於當時，未經史官裁剪的墓誌文獻開始發揮其證史、補史的功用，與傳世文獻相比，墓誌成文時距誌主生活時代相去未遠，所載世系可信程度較高。《賁誌》爲改葬墓誌銘，誌主于賁，聖曆元年（698）卒，享年五十三歲，可推知生當貞觀二十年（646）。死後暫厝任所，至景龍二年才歸葬洛陽北邙，該誌作於此時。

《胡誌》誌主胡貞範，垂拱三年（687）卒，享年八十一歲，可推知生當隋大業三年（607）。“年十有九，迺適于門”表明其夫家姓于，按照唐誌的書寫習慣，首題“大唐中大夫守延州刺史[②]上柱國東海郡開國公故夫人胡氏墓誌銘并序”，其中並無“故”“前”等字，此時于公尚存

① 蓋題“大唐故」夫人胡」氏墓誌」”，拓片圖版見趙君平、趙文成編《河洛墓刻拾零》一〇六，北京：北京圖書館出版社，2007年，第129頁。又，拓片圖版及録文亦見洛陽市第二文物工作隊、喬棟、李獻奇、史家珍編著《洛陽新獲墓誌續編》，稱該誌：“洛陽市孟津縣權嶺村出土，一九九七年徵集，洛陽市第二文物工作隊藏石。”北京：科學出版社，2008年，第56、345—347頁，以下簡稱《胡誌》。

② 郁賢皓《唐刺史考全編》“瀛州（河間郡）”卷據《移置唐興寺碑》《于偃墓誌》等記載著録于士俊約高宗時刺瀛（合肥：安徽大學出版社，2000年，第1578頁）。《姓纂》僅稱“唐延州刺史子（士）俊”，今《賁誌》已明言：“父士俊，皇朝使持節延州諸軍事、延州刺史、上柱國、東海郡公，贈瀛州刺史。”根據《胡誌》《賁誌》，于士俊晚卒胡氏不久，延州刺史當是其終任，瀛州刺史僅是死後贈官而已，《全編》所考不確。

未歿，所列官職當是現職，惜名字闕載。

我們發現，兩方墓誌中都出現了于賁這個人物，兩者到底是不是同一個人，抑或是同名同姓？[①]《賁誌》載"父士俊，皇朝使持節延州諸軍事、延州刺史、上柱國、東海郡公，贈瀛州刺史"，而《胡誌》首題其夫"大唐中大夫守延州刺史上柱國東海郡開國（于）公"，這位于公當然就是胡氏"第三子賁"之父，兩者姓氏、官爵一致。《胡誌》云胡氏卒時"第三子賁，徐州司户參軍事"，而《賁誌》亦稱誌主于賁"解褐調擬徐州司户參軍事，……恩敕賞口加階放選，旋丁母憂告罷，泣繼以血，起扶以杖，三年之喪，再朞而已"，兩位于賁内艱時均任徐州司户參軍事。如此可證胡貞範"第三子賁"即《賁誌》之誌主。

如此，我們可知《胡誌》中名字不詳的胡氏之夫便是于士俊。據《賁誌》所載于賁行年，可知于士俊卒於胡貞範之後，垂拱四年時任延州刺史。洪氏已經據《移置唐興寺碑》考出《姓纂》中之于子俊當是于士俊之訛，又據"唐延州刺史子（士）俊；生惟謙，兵部侍郎、平章事"的記載，可知于惟謙、于賁應是兩兄弟，但排行不詳。

《賁誌》備載誌主家世，對比《姓纂》，我們可將所載該支譜系上溯兩代："曾祖晟，周壯武將軍、南城郡公，宏材命代，英略冠時。祖詮，隨長沙郡守、襄城郡公，循良其道，神明其德。父士俊，皇朝使持節延州諸軍事、延州刺史、上柱國、東海郡公，贈瀛州刺史。"于賁祖晟，北周壯武將軍、南城郡公；祖詮，隋長沙郡守，襄城郡公，正史闕載。同時也補充了于士俊另一子于賁及其子嗣："長子行蒲州猗氏

---

①《洛陽新獲墓誌續編》（第345—347頁）在考證《胡誌》時，已揭出胡貞範、于賁、于惟謙之間的關係，筆者不敢私掠其美，明示於此。但是《續編》考證頗爲疏略，且多有訛誤，故不揣冒昧，擬在其考證的基礎上，重新梳理史料，開展相關考訂。

縣丞光業，次子天宫寺僧住禪，第三子吏部常選光祐，第四子右千牛光彦。”光業《姓纂》亦著録。

通過《賁誌》，雖然我們補充了部分《姓纂》闕載的于惟謙家族世系，但是仍存在不少問題：于惟謙、于賁兩兄弟的排行；《姓纂》所載于惟謙三侄的所屬等。隨着對胡貞範墓誌的解讀，我們逐步解决了這些問題，並對其家世譜系與家族人物關係有了更進一步的認識。

已證于士俊與胡貞範即于惟謙、于賁之父母。《胡誌》載胡貞範夫婦共育有三子：“長子觀，鸞臺符璽郎。次子震，同州孝德府右果毅都尉，夭逝。第三子賁，徐州司户參軍事。”垂拱四年胡氏葬時，除次子于震已經夭逝外，長子觀、三子賁在世，故于惟謙即于士俊與胡氏之長子于觀無疑，“惟謙”當是其字，且三子于賁“諱賁，字履謙”，字中同樣有“謙”字排行。中古時期，名、字混用、共用，以字行世的情況是十分常見的，于惟謙當屬此種情況，後來蓋以字行世，故史籍中徑稱其爲于惟謙，其名于觀已經消失於歷史長河中，不復爲人所記憶了。另，觀、賁、震、艮等均爲《周易》六十四卦卦名，按照卦名爲子孫輩取名命字，在中古社會也是常見的現象。

《姓纂》没有于惟謙兩位弟弟的記載，僅載其有“姪光偉、光業、光進”等三人，弄清楚了于惟謙兄弟三人的情況，藉此似乎可以推斷出三位侄兒各自所屬。已經知道光業是于惟謙三弟于賁的長子。而二弟于震雖然在垂拱四年前已卒，按照于賁的年紀[①]及于震生前已經官至同州孝德府右果毅都尉推算，卒時肯定已經成年，應該有子嗣，以古人别長幼、重排行，一般以同一祖父的堂兄弟一起計算排行的習俗推

① 胡氏葬在垂拱四年，于賁時年四十三歲。

斷，光偉極可能是于震之子，而光進可能是于賁次子天宫寺僧住禪的俗名。

除從上述兩種墓誌中整理所得于惟謙家族世系外，我們將《移置唐興寺碑》及岑氏所揭出的兩種于惟謙後人墓誌中所見世系略考如下：

《移置唐興寺碑》："時縣令朝議大夫東海于公名光庭，即銀青光禄大夫、瀛（瀛）州刺史、東海郡公士俊之孫，金紫光禄大夫、中書侍郎、同中書門下三品東海憲公之第五子也。"據洪頤煊所考，"金紫光禄大夫、中書侍郎、同中書門下三品東海憲公"即于惟謙，可知于惟謙至少有子五人，于光庭爲第五子，曾任聞喜縣令，[①]《姓纂》闕載。

《大唐故涼州府功曹參軍于公（偃）墓誌銘》："公諱偃字攸宜。曾祖士俊，銀青光禄大夫、瀛州刺史。祖惟謙，金紫光禄大夫、中書侍郎、同中書門下三品。父光寓，銀青光禄大夫、陳王傅。公即光禄之嫡子也。弘文館明經及第。調補慶王府典籤，□授涼王府功曹參軍。娶滎陽鄭氏，生三子五女。長子瓘奴，嫡子薛九，次子同□。"[②]光寓不見於《姓纂》，亦不詳其排行，可補入。假設《姓纂》所載三子是以長幼爲序，光庭是第五子，光寓可能就是第四子，但還需要新出土石刻文獻來印證。

---

① 《全唐文》卷二五三蘇頲《授于光庭聞喜縣令制》："黄門。朝議大夫、前行鄧州長史、上柱國、臨淄縣開國男于光庭。早聞詩禮，兼著詞學；歷職有聲，在公無撓。宛潭菊水，未旌理劇之能；漢邑桐鄉，式佇宣風之最。可行絳州聞喜縣令，散官勳封如故。"第2555頁。

② 墓誌拓片圖版見北京圖書館金石組編《北京圖書館藏中國歷代石刻拓本匯編》第二六册，第31頁；又，陳長安主編《隋唐五代墓誌匯編·洛陽卷》第十一册，天津：天津古籍出版社，1991年，第137頁。録文參見周紹良主編《唐代墓誌彙編》天寶一六五，第1646—1647頁；又，周紹良總主編《全唐文新編》，長春：吉林文史出版社，2000年，第15242頁；又，吴鋼主編《全唐文補遺》第七輯，西安：三秦出版社，2000年，第385頁。

《唐故洪州都督府武寧縣令于府君（季文）墓誌銘并序》："府君諱季文，其先東海于公之裔也。高祖惟謙，皇朝金紫光禄大夫、行中書侍郎、同中書門下三品，封東海郡開國□（公）；曾祖光嗣，皇太中大夫、泗州刺史；祖棻，皇朝散郎、蒲州司倉參軍；考偁，皇□州録事參軍。……嗣子縱，年未弱冠；次子約，齒初勝服。"[①]光嗣見於《姓纂》，可補入光嗣以下世系。

《大唐前左領軍衞兵曹參軍鄭慎言故妻于夫人墓誌銘并序》："夫人東海于氏，開元廿八年夏四月廿日，享年卅五，終於河南行脩里第，記孝也。夫人唐中書侍郎、同中書門下三品平章事、文獻[②]公之孫，今恒王府長史、東海公之第三女。德配賢夫，躬勤内則。崇儉約厥，靡麗采真。觀空休復其道。初，夫人丁母憂，哀號無時，勺飲不入，未卒哭而生疾焉。至性率由，積毁而滅。嗚呼！即以亡之月廿九日，權厝於河南縣龍門鄉之原，禮也。夫人男女七人，童齔執喪，戚容稱服。鄭君思伉儷之重，載托斯文，銘曰：以孝揚親，以道脩身。永錫爾類，于嗟後人。"[③]鄭慎言妻于氏即于惟謙之孫女也。

① 《北京圖書館藏中國歷代石刻拓本匯編》第二九册，第93頁；《隋唐五代墓誌匯編·洛陽卷》第十三册，第18頁。録文參考周紹良主編《唐代墓誌彙編》元和〇七八，第2002—2003頁。

② 在《移置唐興寺碑》中題于惟謙謚曰"憲"，而此誌則作"文獻公"，"憲""獻"不知何從？又北京大學葉煒老師亦曾提示，是否可從于惟謙之謚號出發，借以考察官方對其人之評價。

③ 趙君平、趙文成編《秦晉豫新出墓誌蒐佚》四八二，北京：國家圖書館出版社，2012年，第616頁。

綜上所考，我們輯列于惟謙家族世系表如下（官職略去）：①

												晟。
												詮。
												士俊。
			賁(履謙)。	震。								觀(惟謙)。
光彦。	光祐。	住禪(光進)。	光業。	光偉。	光庭。			光寓。		光嗣。	光弼。	光宰。
								偃。		菜。		
						同□。	薛九。	瓘奴。		偁。		
										季文。		
									約。	縱。		

(四)于惟謙歷官及行年

我們沿着文獻的脚印，隨着墓誌的脈絡，盡力去釐清于惟謙的家世譜系。作爲一個成功入相的士人，我們更想揭開他神秘的面紗，瞭解他仕宦的生涯，因此我們用典籍、碑誌中隻鱗片爪的記載，就其歷官行年做一番考察。

① 除上述文獻外，另有《唐故□□□□州長史河南于府君墓誌銘并序》："君諱景莊，字□禎，河南人也。因封命氏，前誌詳焉。……祖士俊，延洺二州刺史。……父玄基，孝廉□□，授蔡州司户。"如誌中之士俊即惟謙之父，那麼除與胡氏所育三子外，于士俊尚有子蔡州司户于玄基，玄基生□州長史于景莊。但上文所引墓誌中皆稱"東海于氏"，獨此誌自稱"河南于氏"，殊爲奇怪，且誌石殘泐過甚，姑且存疑於此，暫不列入下表。又，郁賢皓《唐刺史考全編》比定此誌之于士俊即于惟謙之父，並於"洺州（廣平郡）"卷收録（第1454頁）。墓誌拓片圖版見《隋唐五代墓誌匯編·洛陽卷》第九册，第175頁，但是該書編者誤讀爲"王□莊墓誌"，録文參見周紹良、趙超主編《唐代墓誌彙編續集》開元〇八二，上海：上海古籍出版社，2001年，第509頁。

1. 考功員外郎

唐尚書省郎官石柱上有于惟謙曾任尚書省考功員外郎題名，[①]位列第三行劉奇之後、[②]李秦授之前。作爲吏部尚書下屬的考功員外郎，置一人，從六品上，掌天下貢舉之職。據岑仲勉考訂，劉奇任考外的時間在垂拱初，于惟謙任在其後，可知約在685年後不久。

2. 鸞臺符璽郎

據《胡誌》所載，胡貞範垂拱三年卒時，于惟謙任鸞臺符璽郎。鸞臺即門下省，符璽郎，又稱符寶郎，“從六品上，……掌天子八寶及國之符節，辨其所用，有事則請於內，既事則奉而藏之”[③]。據確切之紀年，垂拱四年在任。

3. 文昌右司郎中

據李嶠《授于惟謙給事中制》：“鸞臺。文昌右司郎中于惟謙，局量宏深，理識精遠，幹能兼備，詞學並優。會府提綱，雖佇才用，鎖闥待問，更資弘益。宜登待從之職，以光清切之署。可朝請大夫，守給事中。”[④]于惟謙曾任文昌右司郎中，文昌即尚書，《唐六典》載，尚書

① [清]勞格、趙鉞著，徐敏霞、王桂珍點校《唐尚書省郎官石柱題名考》卷一〇《考功員外郎》：“于惟謙[惟謙]，二本缺。《元和姓纂·十虞》：唐延州刺史子俊生惟謙，兵部侍郎、平章事，江陵人。《舊·中宗紀》：神龍二年春正月戊戌，中書侍郎于惟謙同中書門下平章事。三年九月丁酉，中書侍郎東海郡公于惟謙國子祭酒，罷知政事。”北京：中華書局，1992年，第486—487頁。

② 岑仲勉《郎官石柱題名新考訂》：“此劉某在第三行，三本均缺，其前之三人爲劉思立、賈大隱及邢文偉，思立除考外在調露二年（六八〇）四月，永淳二年（六八三）七月大隱方官考外。如是，可推定文偉之授考外，非高宗末（六八三）即武后初（六八四—五），勞氏《補遺》有劉奇，其任考外時正當垂拱初（六八五），余以爲此劉某即劉奇，年代恰合，勞之補遺，可併入此處。”北京：中華書局，2004年，第70頁。

③ [唐]李林甫等撰，陳仲夫點校《唐六典》卷八《門下省》，北京：中華書局，1992年，第250—251頁。

④ [北宋]李昉等編《文苑英華》卷三八一《中書制誥二·給事中》，北京：中華書局，1966年，第1942頁。又，《全唐文》卷二四二李嶠《授于惟謙給事中制》，第2445頁。

省曾於“光宅元年（684）改爲文昌臺，長安三年（703）又爲中臺”，因此，此處稱于惟謙爲文昌右司郎中，當在此期間内。又據《舊唐書·李嶠傳》武后時李嶠“轉鳳閣（中書）舍人。則天深加接待，朝廷每有大手筆，皆特令嶠爲之”[①]，該文當是李嶠任鳳閣舍人時的手筆，又據傅璇琮、陳尚君先生對李嶠生平的考證，[②]李嶠在長壽三年（694）後即爲鳳閣舍人，至萬歲通天二年（697）尚在任，于惟謙由文昌右司郎中轉爲給事中大約就在此期間，具體時間不詳。

4. 給事中

據上引李嶠《授于惟謙給事中制》，于惟謙從尚書省右司郎中晉升門下省給事中。給事中，正五品上，“掌侍奉左右，分判省事”[③]，爲門下省骨幹，掌管門下省之印。孫國棟先生研究指出，在初、中、晚三階段中給事中均以郎中遷入爲主途，郎中從五品上，升給事中正五品上，是按序晉升。[④]對比發現，于惟謙此次的遷升是符合唐初官員升遷規律的。

5. 司賓卿[⑤]

陳子昂《荆州大崇福觀記》：“維大周揖讓受唐，有天下十載。……

① 《舊唐書》卷九四《李嶠傳》，第2992—2993頁。《新唐書》卷一二三《李嶠傳》略同：“久乃召爲鳳閣舍人，文册大號令，多主爲之。”第4367頁。

② 傅璇琮校箋《唐才子傳》“李嶠”條，傅璇琮主編《唐才子傳校箋》第一册，北京：中華書局，1987年，第121頁。陳尚君補正“李嶠”條曰：“原箋謂嶠長壽三年（六九四）後即爲鳳閣舍人。《隋唐五代墓誌匯編·陝西卷》有《大周故納言博昌縣開國男韋府君夫人琅耶郡太君王氏墓誌銘》，萬歲通天二年（六九七）一月葬，署‘鳳閣舍人趙郡李嶠製銘’。知嶠至是年仍任鳳閣舍人。”傅璇琮主編《唐才子傳校箋》第五册，北京：中華書局，1995年，第18頁。

③ 《唐六典》卷八《門下省》，第244頁。

④ 孫國棟《唐代中央重要文官遷轉途徑研究》，香港：龍門書店，1978年，第26—29頁。

⑤ 郁賢皓、胡可先《唐九卿考》著録于惟謙聖曆二年任鴻臚寺卿，北京：中國社會科學出版社，2003年，第429頁。

司賓卿于惟謙、地官主事魯玄傑，咸經沐浴邦憲，昇官周京，亦恢廓徽猷，任佐誠請。……時龍集己亥聖曆之二年（699）也。”[①]司賓卿，即鴻臚寺卿，爲中央鴻臚寺長官，爲從三品清望官，“掌賓客及凶儀之事，領典客、司儀二署，以率其官屬，而供其職務”[②]。可見于惟謙在武周時已經躋身重要高級文官行列。

6. 兵部侍郎

據《姓纂》所載，于惟謙曾任尚書兵部侍郎。兵部侍郎，正四品下，據孫國棟先生研究，初唐後期，吏、兵侍郎掌文武官員的銓選，地位重要，由吏、兵兩侍郎及門下侍郎遷入中書侍郎的情況爲多。雖然僅《姓纂》載于惟謙曾任兵部侍郎，但是從他以後遷任中書侍郎，加“同中書門下平章事”任宰相的仕途軌迹來看，是符合唐代初期中央重要文官的遷轉規律的。稍早或同期，張光輔、李昭德、姚崇均有由兵部（夏官）侍郎遷爲中書（鳳閣）侍郎的仕途經歷。[③]可見《姓纂》所記當有所據。

7. 中書侍郎，同中書門下平章事

兩《唐書·中宗紀》《通鑑》及多種墓誌都有記載。中書侍郎，正四品上，“掌貳令之職，凡邦國之庶務，朝廷之大政，皆參議焉”[④]。自

---

①《文苑英華》卷八二二，第4338頁；又，《唐文拾遺》卷一六略同，見《全唐文》，第十一册，第10540—10541頁。

②《唐六典》卷一八《鴻臚寺》，第504—505頁。

③《舊唐書》卷六《則天皇后紀》：“（垂拱三年）夏四月，夏官侍郎張光輔爲鳳閣侍郎、同鳳閣鸞臺平章事。”（第118頁）；載初三年（長壽元年）“八月，夏官侍郎李昭德爲鳳閣侍郎。……並同鳳閣鸞臺平章事。”（第122頁）；《舊唐書》卷九七《姚崇傳》：“超遷夏官侍郎，又尋同鳳閣鸞臺平章事。……俄遷鳳閣侍郎，依舊知政事。”（第3021—3022頁）詳考見嚴耕望《唐僕尚丞郎表》，但是可能本着孤證不立的精神，嚴氏雖然關注到《姓纂》于惟謙任兵部侍郎的記載，但是未收入書中，上海：上海古籍出版社，2007年，第934—936頁。

④《唐六典》卷九《中書省》，第275頁。

從唐初中書省的出令權逐步建立，中書令成爲真宰相，中書侍郎的地位也隨之增高，故高宗以後，至代宗大曆二年（767）中書侍郎升爲正三品前，中書侍郎常常加“同中書門下平章事”任宰相。于惟謙從神龍二年正月拜相至景龍元年九月罷相，居相位二十一個月。[①]

8. 國子祭酒

由中書侍郎、同中書門下平章事，罷爲國子祭酒。這是關於于惟謙仕履的最後記載。

如果按照賴瑞和先生對唐代士人的任官經歷基、中、高層的劃分，[②]由於記載的缺失，我們已經無從考證于惟謙初入仕途後的基層官歷。我們現在考察的也僅是其中的中層和高層的部分官歷，稍稍讓人覺得有點遺憾。所以對比“起家太子校書，迄於左丞相，官政四十有一，而人臣之位極矣”的唐代官場“模範生”張説[③]，按照唐代成功士人的爲官標準和任官模式，我們已經無法復原于惟謙這位中宗朝宰相的全部官歷，也許他也是從“入仕四十載，歷官二十五”[④]的標準中走來的，而且從我們對他那些官歷的分析可以看出，于惟謙的仕途是很符合初唐中央文官的遷轉規律的。另外，于氏還有一段短短的一年九個月的拜相經歷，大概也是每一位汲汲入仕的唐代士人的夢想。我們有理由相信，于惟謙是初唐政壇上的一位成功人士。

---

① 孫國棟《唐代中央重要文官遷轉途徑研究》，第38—39頁。

② 賴瑞和《唐代中層文官》導言，臺北：聯經出版事業股份有限公司，2008年，第1—56頁。

③《全唐文》卷二九二張九齡《故開府儀同三司行尚書左丞相燕國公贈太師張公墓誌銘并序》，第2965頁。

④《全唐文》卷六七九白居易《唐故銀青光禄大夫秘書監曲江縣開國伯贈禮部尚書范陽張公墓誌銘并序》，第6944頁。

年代	官職	出處
垂拱初（685後）	考功員外郎（從六品上）	《唐尚書省郎官石柱題名考》
垂拱四年（688）	鸞臺符璽郎（從六品上）	《胡誌》
	文昌右司郎中（從五品上）	《文苑英華》
	給事中（正五品上）	《文苑英華》
聖曆二年（699）	司賓卿（從三品）	《荆州大崇福觀記》
武周時期	兵部侍郎（正四品下）	《元和姓纂》
神龍二年（706）	中書侍郎（正四品上）、同中書門下平章事	《舊唐書·中宗紀》《新唐書·中宗紀》《新唐書·宰相表上》
景龍元年（707）	國子祭酒（從三品）	《舊唐書·中宗紀》《新唐書·中宗紀》《新唐書·宰相表上》

（五）河南、東海抑或江陵

于氏在《姓纂》中列有“東海”“河南”“江陵”“齊郡歷城”“長安”等望，既有胡族漢化，又有漢魏舊門，那麽于惟謙這支于氏到底屬於哪一望呢？學界説法不一，余静將其歸入“河南于氏”①。河南于氏本爲鮮卑萬紐于氏，爲北魏“勳臣八姓”之一。太和十八年（494）改爲于姓，並定郡望河南，經歷北朝時期的發展，至隋唐時期已經是高門大姓了，有唐一代曾出過三位宰相②。據《胡誌》《賁誌》等之記載，于惟謙家族在洛陽崇業坊有私第，而舊塋就在洛陽北邙，就連客死任上的于賁也在十年後“遷厝於洛陽北邙舊塋”，所以很容易讓人將其與隋

① 余静《北朝隋唐時期河南于氏家族研究》，第149—161頁。

②《新唐書》卷七二下《宰相世系表二下》，第2833頁。

唐高門“河南于氏”聯繫起來，因此就不難理解王昶在《金石萃編》中的考證和余静的論述。

我們從石刻文獻的角度考察，發現該家族成員一直是以“東海于氏”自稱，如《賁誌》稱自己是“東海郯人也，漢丞相于公之後”，《于季文墓誌》云：“府君諱季文，其先東海于公之裔也。”《移置唐興寺碑》亦稱：“時縣令朝議大夫東海于公，名光庭。”[①]加上于士俊、于惟謙均有東海郡公的爵位，似乎衆口一詞，該支于氏就是“東海于氏”。“東海”，《姓纂》中將其列爲于氏首望，云：“漢有于公，生丞相西平公定國；生永，御史大夫。魏有將軍于禁。唐中書舍人于季子，今居齊郡歷城，姪儒卿。”[②]“東海于氏”作爲漢魏高門，地位崇高，以至於就有了在出土墓誌中凡稱于姓必言“東海”的景象，就連北朝隋唐新貴“河南于氏”都甘心攀附。[③]但是到隋唐時期，號稱于氏首望的“東海”其實已經成爲人們理想中于氏遥遠的高望了，《姓纂》也只記載了于季子、儒卿兩叔侄，而且已經遷居齊郡歷城了。因爲中古碑誌之文，叙及籍貫里第時往往會遠攀望族來抬高自身的門第，所以雖然該支于氏人物的墓誌中都自稱是“東海”，我們認爲這只是他們抬高自己門第的一種表現，可能真是在久遠的時代從東海遷來，或者其實和東海没有任何關係，所以《姓纂》在叙述時也采用了“狀云”這種模糊的説法。

---

① 但是，尚未肯定是該家族成員的《于景莊墓誌》自稱“河南”，又《于偃墓誌》没有關於籍貫的記載。

②《元和姓纂(附四校記)》卷二，第229—230頁。

③ 按照《新唐書》卷七二下《宰相世系表二下》(第2818頁)的説法，河南于氏“自東海郯縣隨拓拔鄰徙代，改爲萬紐于氏”，其實這僅是河南于氏自己假托漢族高門的説辭，並不確切。

但《姓纂》逕稱該支于氏爲“江陵”，又是否可信呢，依據在哪裏呢？我們從《胡誌》中記載胡貞範“顯慶五年七月廿日，使君加朝命，封江陵縣君”的字樣，推測“江陵縣君”的封號就是因其夫于士俊的籍貫而來。另外爲什麼于惟謙會在《荆州大崇福觀記》一文中出現？此時位居三品的高官于惟謙應當是作爲荆州名人的姿態出現，唐代荆州與江陵是同一地方，這也證明了于惟謙這支于氏當是出自江陵無疑了。但是在隋唐甚至更早的北周時期，隨着子孫仕宦的脚步，離開了當年南方的舊地，遷居洛陽，逐步完成了“士族中央化”，就有了“神都崇業坊之私第”，也有了“洛陽北邙舊塋”。看來《姓纂》的“江陵”，是就其舊籍而言，而墓誌稱自己是“東海”只是于氏心中遥遠的郡望，抑或抬升自己的一種説辭而已。

主要參考文獻

一、古籍、著作

1.［清］沈炳震《唐書宰相世系表訂譌》，收入《二十五史補編》第六册，北京：中華書局，1955年。

2.［後晉］劉昫等《舊唐書》，北京：中華書局，1975年。

3.［北宋］歐陽修、宋祁《新唐書》，北京：中華書局，1975年。

4. 羅振玉《唐書宰相世系表補正》，收入上虞羅氏石印本《七經堪叢刊》，見《羅雪堂先生全集》第五編，臺北：大通書局，1976年。

5. 毛漢光《中國中古社會史論》，臺北：聯經出版事業公司，1988年。

6. 北京圖書館金石組編《北京圖書館藏中國歷代石刻拓本匯編》，鄭州：中州古籍出版社，1989—1991年。

7. 同書總編輯委員會編《隋唐五代墓誌匯編》，天津：天津古籍出版社，1991—1992年。

8. 周紹良主編《唐代墓誌彙編》，上海：上海古籍出版社，1992年。

9.［唐］林寶撰，岑仲勉校記，郁賢皓、陶敏整理，孫望審訂《元和姓纂（附四校記）》，北京：中華書局，1994年。

10. 吴鋼主編《全唐文補遺》第五輯（1998年）、第六輯（1999

年)、第七輯（2000年)、第八輯（2005年)、千唐誌齋新藏專輯（2006年)、第九輯（2007年)，西安：三秦出版社。

11. 洛陽市第二文物工作隊、李獻奇、郭引强編著《洛陽新獲墓誌》，北京：文物出版社，1996年。

12. 1996年以後出版的《新中國出土墓誌》(文物出版社）計有陝西壹［中國文物研究所、陝西省古籍整理辦公室編《新中國出土墓誌·陝西〔壹〕》(上、下册)，2000年]、河南貳［中國文物研究所、河南文物考古研究所編《新中國出土墓誌·河南〔貳〕》(上、下册)，2002年]、重慶［中國文物研究所、重慶市博物館編《新中國出土墓誌·重慶》(全一册)，2002年]、陝西貳［中國文物研究所、陝西省古籍整理辦公室編《新中國出土墓誌·陝西〔貳〕》(上、下册)，2003年]、北京壹［中國文物研究所、北京石刻藝術館編《新中國出土墓誌·北京〔壹〕》(上、下册)，2003年]、河北壹［中國文物研究所、河北省文物研究所編《新中國出土墓誌·河北〔壹〕》(上、下册)，2004年]、江蘇壹［中國文物研究所、常熟博物館編《新中國出土墓誌·江蘇〔壹〕·常熟》(上、下册)，2006年]、河南叁［中國文物研究所、千唐誌齋博物館編《新中國出土墓誌·河南〔叁〕·千唐誌齋〔壹〕》(上、下册)，2008年]。

13. 趙超編著《新唐書宰相世系表集校》，北京：中華書局，1998年。

14. 郭鋒《唐代士族個案研究——以吴郡、清河、范陽、敦煌張氏爲中心》，厦門：厦門大學出版社，1999年。

15. 郁賢皓《唐刺史考全編》，合肥：安徽大學出版社，2000年。

16. 榮新江《中古中國與外來文明》，北京：生活·讀書·新知三聯書店，2001年。

17. 周紹良、趙超主編《唐代墓誌彙編續集》，上海：上海古籍出版社，2001年。

18. 李浩《唐代關中士族與文學（增訂本)》，北京：中國社會科學出版社，2003年。

19. 趙超《古代墓誌通論》，北京：紫禁城出版社，2003年。

20. 趙君平編《邙洛碑誌三百種》，北京：中華書局，2004年。

21. 陳尚君輯校《全唐文補編》，北京：中華書局，2005年。

22. 周紹良《〈新唐書·宰相世系表〉校異》，收入氏著《紹良文集》中册，北京：北京古籍出版社，2005年，第890—1120頁。

23. 胡俊《〈新唐書·宰相世系表〉校補》，西南大學碩士學位論文，2007年。

24. 趙君平、趙文成編《河洛墓刻拾零》，北京：北京圖書館出版社，2007年。

25. 洛陽市第二文物工作隊、喬棟、李獻奇、史家珍編著《洛陽新獲墓誌續編》，北京：科學出版社，2008年。

26. 毛遠明《碑刻文獻學通論》，北京：中華書局，2009年。

27. ［日］氣賀澤保規編《新版 唐代墓誌所在総合目録（增訂版)》，東京：汲古書院，2009年。

28. ［日］高橋繼男編《中國石刻關係圖書目錄（1949—2007)》，東京：汲古書院，2009年。

29. 陳尚君編《唐五代文作者索引》，北京：中華書局，2010年。

30. 榮新江主編《唐研究》第十七卷，北京：北京大學出版社，2011年。

31. 榮新江《學術訓練與學術規範——中國古代史研究入門》，北京：北京大學出版社，2011年。

32. 趙君平、趙文成編《秦晉豫新出墓誌蒐佚》，北京：國家圖書館出版社，2012年。

二、論文

1. David Johnson, "The Last Years of a Great Clan: The Li Family of Chao chün in Late T' ang and Early Sung", *Harvard Journal of Asiatic Studies*, Vol. 37-1, 1977.

2. 馬興榮《〈新唐書·宰相世系表〉校議》,《徐州師範學院學報（哲學社會科學版)》1994年第1期，第87—91、86頁。

3. 榮新江書評《中國文物研究所等編〈新中國出土墓誌·河南〉壹》，榮新江主編《唐研究》第一卷，北京：北京大學出版社，1995年，第557—560頁。

4. 趙吕甫《〈新唐書·宰相世系表〉訂補》,《四川師範學院學報（哲學社會科學版)》1995年第1期，第21—27頁。

5.［日］内田昌功《隋煬帝期の地方行政改革と通守制度》,［日］《北大史學》第三十六號，1996年，第20—47頁。

6. 卞岐書評《〈元和姓纂（附四校記)〉（郁賢皓、陶敏整理)》，傅璇琮、郁賢皓主編《唐代文學研究年鑒（1995、1996合輯)》，桂林：廣西師範大學出版社，1997年，第313—317頁。

7. 張書城《〈新唐書〉隴西李氏敦煌房辨疑》,《敦煌研究》1997年第1期，第113—119頁。

8. 葛承雍、李穎科《西安新發現唐裴伷先墓誌考述》，榮新江主編《唐研究》第五卷，北京：北京大學出版社，1999年，第453—462頁。

9. 劉健明書評《氣賀澤保規編〈唐代墓誌所在總合目録〉》，榮新江主編《唐研究》第五卷，北京：北京大學出版社，1999年，第551—557頁。

10. 傅璇琮《〈唐刺史考全編〉序一》，郁賢皓《唐刺史考全編》，合肥：安徽大學出版社，2000年，第1—7頁。

11. 魯才全《〈新唐書·宰相世系表〉苗氏訂補——上黨苗氏家族墓

誌研究》，武漢大學中國三至九世紀研究所編《魏晉南北朝隋唐史資料》第十七輯，武漢：武漢大學出版社，2000年，第144—153頁。

12. 蒙曼書評《〈全唐文補遺〉第三至六輯》，榮新江主編《唐研究》第六卷，北京：北京大學出版社，2000年，第431—435頁。

13. 陳尚君書評《唐林寶〈元和姓纂（附四校記）〉、趙超〈新唐書宰相世系表集校〉》，榮新江主編《唐研究》第七卷，北京：北京大學出版社，2001年，第457—466頁。

14. 榮新江《一個入仕唐朝的波斯景教家族》，葉奕良編《伊朗學在中國論文集》第二集，北京：北京大學出版社，1998年，收入氏著《中古中國與外來文明》，北京：生活·讀書·新知三聯書店，2001年，第238—257頁。

15. 郁賢皓《〈唐刺史考全編〉訂補》，《南京師大學報（社會科學版）》2001年第3期，第147—155頁。

16. 王蘭平、馮培紅《隋代通守考論》，《蘭州大學學報（社會科學版）》2002年第5期，第42—48頁。

17. 王素《近年以來魏晉至隋唐墓誌資料的整理與研究——兼談中國文物研究所的墓誌整理工作》，［日］唐代史研究會編《唐代史研究》第5號，2002年，第87—105頁。

18. 劉璞、寧欣《鄭氏墓誌釋讀——〈新唐書·宰相世系表〉校補四則》，《中國歷史文物》2003年第3期，第63—67頁。

19. 郭茂育《唐崔尚墓誌略考》，楊作龍、趙水森等編著《洛陽新出土墓誌釋録》，北京：北京圖書館出版社，2004年，第107—115頁。

20. 王其禕、王京陽《〈唐崔思忠墓誌〉考釋》，周天游主編《陝西歷史博物館館刊》第十一輯，西安：三秦出版社，2004年，第196—203頁。

21. 潘明福《〈唐刺史考全編〉補遺》，《文獻》2005年第2期，第149—156頁。

22. 韋娜、趙振華《賀知章撰許臨墓誌跋》,《河南科技大學學報(社會科學版)》2005年第1期,第23—25頁。

23. 葉煒《隋國號小考》,北京大學歷史學系編《北大史學》(十一),北京:北京大學出版社,2005年,第210—218頁。

24. 張蘊《西安南郊畢原出土的韋氏墓誌考(二):閬公房成員》,《考古與文物》2005年第3期,第84—90頁。

25. 張乃翥《裴懷古、李釋子、和守陽墓誌所見盛唐邊政之經略》,《西域研究》2005年第2期,第25—33頁。

26. 樊波、舉綱《新見唐〈李元昌墓誌〉考略》,《考古與文物》2006年第1期,第95—96頁。

27. 劉建、任秀珍《唐魏舟濟律師墓誌考釋》,《書法叢刊》2006年第2期,第39—55頁。

28. 毛陽光《〈唐刺史考全編〉新補訂》,《文獻》2006年第1期,第31—40頁。

29. 穆渭生、耿晨《〈唐皇甫恂墓誌〉考述》,成建正主編《陝西歷史博物館館刊》(十三),西安:三秦出版社,2006年,第176—184頁。

30. 王素《近年來中國出土文獻整理研究概況》,[日]唐代史研究會編《唐代史研究》第9號,2006年,第106—113頁。

31. 陳尚君《唐代石刻文獻的重要收穫——評〈全唐文補遺·千唐誌齋新藏專輯〉》,趙力光主編《碑林集刊》(十二),西安:陝西人民美術出版社,2007年,第328—335頁。

32. 胡俊《唐代李氏墓誌考補〈新唐書·宰相世系表〉一則》,《中國歷史文物》2007年第2期,第41—45頁。

33. 李軍《晚唐政府對河西東部地區的經營》,《歷史研究》2007年第4期,第27—41頁。

34. 洛陽市第二文物工作隊《洛陽唐盧照已墓發掘簡報》,《文物》

2007年第6期，第4—8頁。

35. 毛陽光《〈唐刺史考全編〉再補訂》，《文獻》2007年第2期，第53—65頁。

36. 陝西省考古研究所《唐殷仲容夫婦墓發掘簡報》，《考古與文物》2007年第5期，第18—30頁。

37. 鄭炳林、張全民《〈大唐國公禮葬故祐墓誌銘〉考釋和太宗令諸王之藩問題研究》，《敦煌學輯刊》2007年第2期，第1—12頁。

38. 鄭炳林、張全民、穆小軍《唐李恪墓誌銘考釋與有關問題研究》，《敦煌學輯刊》2007年第3期，第5—22頁。

39. 朱關田《〈唐鄭虔墓誌〉淺釋》，《書法叢刊》2007年第6期，第32—37頁。

40. 陳尚君《對〈全唐文新編〉的一些看法》，收入氏著《漢唐文學與文獻論考》，上海：上海古籍出版社，2008年，第98—99頁。

41. 李海葉《〈新唐書·宰相世系表〉之"豆盧氏"源出考》，《中國邊疆史地研究》2008年第4期，第127—132頁。

42. 柳金福《唐代博陵安平大房崔氏出土墓誌考》，樊英峰主編《乾陵文化研究》（四），西安：三秦出版社，2008年，第393—419頁。

43. 樊波、李舉綱《新出唐墓誌所見西域史事二題》，《西域研究》2009年第4期，第43—47頁。

44. 顧飛《洛陽出土唐褚庭詢墓誌考釋》，《洛陽師範學院學報》2009年第1期，第28—30頁。

45. 何漢儒《唐崔鄲誌探微》，《書法叢刊》2009年第1期，第38—43頁。

46. 李合群、陳文斐《河南開封縣出土唐代集州刺史韋孝謇墓誌及墓券》，《書法叢刊》2009年第3期，第42—49頁。

47. 劉滿《西北黃河古渡考（二）》，《敦煌學輯刊》2005年第4期，收入氏著《河隴歷史地理研究》，蘭州：甘肅文化出版社，2009年，第48—130頁。

48. 毛陽光《唐蕭齡之墓誌考釋》，杜文玉主編《唐史論叢》第十一輯，西安：三秦出版社，2009年，第383—388頁。

49. 仇鹿鳴書評《高橋繼男編〈中國石刻關係圖書目録（1949—2007）〉》，榮新江主編《唐研究》第十五卷，北京：北京大學出版社，2009年，第633—639頁。

50. 西安市文物保護考古所《西安市東郊棗園蘇村出土唐代齊璿墓前碑石》，《文物》2009年第8期，第83—86、96頁。

51. 佘静《北朝隋唐時期河南于氏家族研究》，黄留珠、陳峰主編《周秦漢唐文化研究》第七輯，西安：三秦出版社，2009年，第141—169頁。

52. 趙力光《新出柳公權撰〈韓復墓誌〉考釋》，《文物》2009年第11期，第91—96頁。

53. 鄭芳《〈新唐書·宰相世系表〉博陵崔氏訂補》，《和田師範專科學校學報（漢文綜合版）》2009年第2期，第95—96頁。

54. 李向菲《〈新唐書·宰相世系表〉尉氏劉氏世系勘正》，《中國歷史文物》2010年第2期，第81—84頁。

55. 馬建紅《〈唐刺史考全編〉拾補》，杜文玉主編《唐史論叢》第十二輯，西安：三秦出版社，2010年，第215—219頁。

56. 仇鹿鳴《近年來中古史研究的新進展·石刻》，收入《第四届中國中古史青年學者聯誼會會議論文集》，臺灣大學歷史系主辦，2010年8月。

57. 王甲興、王凱歌、王爾遷《唐代〈姚元慶墓誌銘〉價值及書法作者探討》，《中國書法》2010年第3期，第116—123頁。

58. 王義康《突厥世系新證——唐代墓誌所見突厥世系》，《民族研究》2010年第5期，第87—94頁。

59. ［日］梶山智史書評《中國石刻関係図書目録（1949—2007）》，［日］唐代史研究會編《唐代史研究》第13號，2010年，第127—136頁。

60. 吴炯炯《〈唐刺史考全編〉補正》，《中國歷史文物》2010年第3期，第83—88頁。

61. 鄭州市文物考古研究院《河南滎陽唐代邛州刺史趙德明墓》，《文物》2010年第12期，第43—51頁。

62. 仇鹿鳴書評《氣賀澤保規〈新版 唐代墓誌所在總合目録（增訂版）〉》，榮新江主編《唐研究》第十七卷，北京：北京大學出版社，2011年，第599—603頁。

63. 毛陽光《唐崔鄲墓誌考釋》，《四川文物》2011年第4期，第68—74頁。

64. 楊曉、吴炯炯《〈唐刺史考全編〉補正（二）》，《甘肅社會科學》2011年第1期，第173—176頁。

65. 趙望秦《〈唐刺史考全編〉補遺》，趙力光主編《碑林集刊》（十六），西安：三秦出版社，2011年，第250—289頁。

66. 鄭炳林、吴炯炯《韋孝謇墓誌考補》，郝春文主編《2011敦煌學國際聯絡委員會通訊》，上海：上海古籍出版社，2011年，第125—135頁。

67. 客洪剛《〈唐刺史考全編〉輯補》，《圖書館理論與實踐》2012年第1期，第58—61、93頁。

68. 楊富學《唐代僕固部世系考——以蒙古國新出僕固氏墓誌銘爲中心》，《西域研究》2012年第1期，第69—76頁。